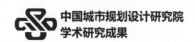
中国城市规划设计研究院
学术研究成果

2017—2018
粤港澳观察蓝皮书
粤港澳大湾区的未来与共识

中国城市规划设计研究院粤港澳研究中心
中国城市规划设计研究院 | 深圳分院　　　组织编写

范钟铭　方煜　赵迎雪　　等编著

中国建筑工业出版社

审图号：GS（2020）1347号

图书在版编目（CIP）数据

粤港澳观察蓝皮书. 2017~2018：粤港澳大湾区的未来与共识／中国城市规划设计研究院粤港澳研究中心，中国城市规划设计研究院深圳分院组织编写；范钟铭等编著. —北京：中国建筑工业出版社，2019.8

ISBN 978-7-112-23880-4

Ⅰ.①粤… Ⅱ.①中… ②中… ③范… Ⅲ.①城市群－区域经济发展－研究－广东、香港、澳门 Ⅳ.①F299.276.5

中国版本图书馆CIP数据核字（2019）第122749号

责任编辑：兰丽婷　石枫华　付　娇　毋婷娴
版式设计：锋尚设计
责任校对：张　颖

粤港澳观察蓝皮书（2017~2018）——粤港澳大湾区的未来与共识
中国城市规划设计研究院粤港澳研究中心
中国城市规划设计研究院｜深圳分院　组织编写
范钟铭　方煜　赵迎雪　等编著

*

中国建筑工业出版社出版、发行（北京海淀三里河路9号）
各地新华书店、建筑书店经销
北京锋尚制版有限公司制版
天津图文方嘉印刷有限公司印刷

*

开本：850×1168毫米　1/16　印张：15¾　字数：366千字
2020年9月第一版　　2020年9月第一次印刷
定价：208.00元
ISBN 978-7-112-23880-4
（34143）

版权所有　翻印必究
如有印装质量问题，可寄本社退换
（邮政编码100037）

编委会名单

主　　　任　　杨保军

主　　　编　　范钟铭　方　煜

副　主　编　　朱荣远　王泽坚　罗　彦　戴继锋

执 行 主 编　　赵迎雪

文 字 统 稿　　石爱华　赵　亮

图 纸 统 筹　　王　婳　许丽娜

主要编写人员　　樊德良　邱凯付　李福映　石爱华　何　舸　牛宇琛
　　　　　　　　李春海　李　鑫　蔡燕飞　赵连彦　白　晶　赵　亮

序
Preface

粤港澳大湾区历史源远流长，历经南越文化与中原文化、东方文化与西方文化的多次交融，以多元包容、开放创新的鲜明特点成为岭南文化的重要组成部分。在近现代，尤其是改革开放四十年来，粤港澳大湾区更是领全国风气之先，发挥了不可替代的作用，创造了世人瞩目的辉煌成就。目前，粤港澳大湾区以人口总量第一、经济总量第三，成为与东京湾区、纽约湾区、旧金山湾区媲美的世界四大知名湾区之一。

2017年3月5日，粤港澳大湾区被写入政府工作报告，上升为国家战略。在迈向新时代的历史进程中，粤港澳大湾区被赋予不断强化全球视野、继续引领改革创新的重大使命，从珠三角城镇群的"9个城市"正式进入"2+9"高度融合的"湾区时代"，并明确未来建设世界一流湾区和世界级城镇群，成为全球科技创新中心的发展目标。

中国城市规划设计研究院长期以来扎根于粤港澳大湾区的规划研究实践，尤其是深圳分院自1984年成立以来，更是一直跟踪和关注其发展，全面参与了9大城市、珠三角城镇群区域的各项规划，并开展了与香港和澳门方面的规划研究合作，有幸成为改革开放四十年来粤港澳大湾区成长的见证者和参与者。

长期的粤港澳大湾区项目实践积累，使我们认识到其发展中的很多创举都走在全国前列，对于其他地区具有很强的借鉴意义；遇到的很多问题又有自身的特点，对于区域发展和城市规划具有很强的理论探索价值。为总结粤港澳大湾区发展经验、提升其国际竞争力、推动我院技术进步和助力粤港澳大湾区发展，我院于2014年便依托深圳分院成立了粤港澳研究中心。经过近三年的酝酿，在2017年即"湾区元年"成功举办了首届粤港澳大湾区论坛，2018年又成功举办了第二届，并分别编写了《粤港澳观察蓝皮书2017》和《粤港澳观察蓝皮书2018》会议材料，其中集结了在深圳分院"城PLUS"公众号上发表的有关粤港澳大湾区的微信稿，由此以"湾区论坛+城PLUS+观察蓝皮书"三大部分互为支撑，形成一个对外集聚众家智慧、对内共商湾区发展的学术平台，其中《粤港澳观察蓝皮书》则是对其中学术观点的集结成册，希望为粤港澳大湾区发展献言献策。

当前，由于国际贸易增速放缓，金融市场持续动荡，逆全球化思潮抬头，世界经济整体上仍处于低迷状态。随着中国经济的崛起和中美贸易摩擦的升温，世界由"平"又变"弯"，全球范围国家与区域之间的竞争持续加剧。中国要继续发挥在全球的积极影响力，以"一带一路"建设实现互利共赢的"再全球化"过程，必然要从总量竞争走向品质竞争，从经济竞争走向综合竞争。粤港澳大湾区拥有"一国两制"、三个关税区、三种法律制度、香港-澳门-广州-深圳四个核心城市，以市场机制发挥主导作用，体制机制独特，空间关系复杂，不仅需要顶层的制度设计与国家的战略支持，更需要内部的合作与包容，从凝聚共识走向未来共赢。

2018年8月14日，中央正式成立"粤港澳大湾区建设领导小组"，由中共中央政治局常委、国务院副总理韩正担任组长，并于8月15日召开第一次全体会议，为粤港澳大湾区发展的顶层制度设计提供了组织保障。针对"一国两制"的制度特点，为保持香港、澳门长期繁荣稳定，实现区域协调发展和国家赋予的历史使命，建设高质量发展的典范，2019年2月18日，中共中央、国务院正式印发《粤港澳大湾区发展规划纲要》，明确五大战略定位，即充满活力的世界级城市群、具有全球影响力的国际科技创新中心、"一带一路"建设的重要支撑、内地与港澳深度合作示范区、宜居宜业宜游的优质生活圈，这成为指导粤港澳合作发展的纲领性文件，为粤港澳大湾区如何建设世界一流湾区和世界级城市群指明了方向。《粤港澳大湾区发展规划纲要》的发布，标志着以深圳市特区为突破口的40年改革开放之后，大湾区代表了中国改革开放的下一个现代化的崭新模板。从特区到湾区，从追赶融入到引领担当，从高速度增长到高质量发展，从全球化到"一带一路"，大湾区是一次从工业文明到生态文明跨越的地理再发现，是一种不同制度共同合作发展的新范式，是一个自主创新与全球生态共同驱动的新平台，是一部面向未来不同文化彼此包容而大气磅礴的新史诗。

要迈向高质量的生态文明与文化复兴发展阶段，粤港澳大湾区不仅要有国际的视野，协同互补、众城一心不断提升核心竞争力，在"一带一路"倡议中发挥重要平台价值，更要以人为本，解决内部的生态宜居、科技创新、交通互联、文化多元、体制协同等主要问题，为"湾区人"提供美好生活环境。

基于体制和空间的独特性，粤港澳大湾区更需要以独特的观察研究视角，以协商共赢为目标，提供多元包容的合作与交流平台，这需要我们每个湾区人和关心湾区发展的朋友来共同完成，需要"2+9"来共同努力。而无论是湾区论坛，"城PLUS"，还是观察蓝皮书，正是通过这些共同"论道湾区"的平台，可以让我们以"第三只眼"客观地观察和思考粤港澳大湾区，以其为载体，共同探索规划城市和粤港澳大湾区的未来，让粤港澳大湾区继续在规划探索、城市发展、世界湾区竞争方面绽放异彩。

作为粤港澳研究中心的主管领导，看到各项工作逐渐走向正轨，并取得良好的社会影响，我非常高兴！海不辞滴水，故能成其大；山不辞土石，故能成其高。之所以取得目前的成就，得益于整个深圳分院项目团队的辛苦付出，得益于各位专家的鼎力支持，得益于"2+9"城市的积极参与。今后，我们将继续以包容的心态，期待大家更广泛地参与进来。

今天，在《粤港澳大湾区发展规划纲要》正式印发之后，我们将持续观察跟进两年的《粤港澳观察蓝皮书》集结成册出版，虽然其中还有很多不足之处，但却有着重要的意义。千里之行，始于足下，对于粤港澳大湾区，我们需要长期不懈地跟踪研究，要沉淀下来，耐得住寂寞；要稳扎稳打，不急于求成；要拓展思路，广开言路，集聚众家智慧。

在大变革的新时代，在高质量的新阶段，我们需要更宽广的胸怀、更宏大的格局。我们相信，今后，通过更多人的共同努力，借助更先进的大数据平台，秉持世界眼光和人本思维，我们对粤港澳大湾区的关注和研究会变得更有深度、厚度和温度。面向国际，它将成为最具竞争力的世界一流湾区；面向国内，它将成为高质量发展的引领湾区；面向民众，它将成为美好生活的幸福湾区！

值此《粤港澳观察蓝皮书2017~2018——粤港澳大湾区的未来与共识》即将付梓之际，再次感谢所有组织者和参与者的努力和付出，祝愿粤港澳研究中心这一推动粤港澳大湾区发展的学术交流与凝聚众家智慧的平台越办越好，不断提供优质丰富的成果！祝愿粤港澳大湾区的未来更加美好，粤港澳大湾区的人民更加幸福！

内容提要
Executive summary

本书是在中规院粤港澳研究中心组织编写的粤港澳大湾区（部分章节简称为大湾区）两届规划论坛会议材料——《粤港澳观察蓝皮书（2017）》《粤港澳观察蓝皮书（2018）》的基础上，同时收录两届湾区论坛的会议成果及"城PLUS"相关微信文章，形成湾区综述、湾区观点、湾区论坛的三大部分系统结构编纂而成。

首先，在湾区综述部分，通过分析国家宏观形势，第1章提出三大判断、三大背景、四大价值、五大维度的湾区使命与价值；再通过第2章的生态湾区、创新湾区、互联湾区、文化湾区、协同湾区的五大湾区系统分析，提出中规院深圳分院深耕各大领域的独立见解与学术分析。

此外，中规院深圳分院的"城PLUS"公众号，囊括了长期关注粤港澳地区的各领域专家学者。本书在取得各专家学者认可的前提下，将自2017年以来的重点研究文章整理为自宏观战略到专题研究的"经略湾区""经略城市群与经略城市""宜居与服务提升""创新与经济驱动""交通与区域互联"及"战略地区发展"六大章节（第3~8章），针对专家学者关注的具体研究作全方位、多视角的汇集。

最后，粤港澳研究中心依托深圳分院力量，已连续两年成功举办粤港澳大湾区论坛，本书对两次论坛的所有主旨报告及分论坛发言进行了系统的文字整理，并紧扣论坛主题及分论坛议题，最终整理为第9章及第10章，从而形成本书自宏观战略至宜居、创新及交通具体板块，同时关注粤港澳三地的完整体系结构。

本书是关注粤港澳大湾区国家宏观战略及背景下的重要研究，受到了众多专家及研究机构的广泛关注与认可，对粤港澳大湾区区域及城市研究的学术与规划实践具有一定的指导意义和参考价值。与此同时，通过粤港澳大湾区论坛这个平台，我们希望所有关心粤港澳大湾区的专家、学者、规划师、管理者都参与进来，以建设世界一流湾区为目标，欢迎您通过邮箱 greatbayarea_caupd@163.com，或扫描下方二维码，关注"城PLUS"微信公众号。期待您的进言与投稿，让不同的声音和观点在这里交流和碰撞，为粤港澳大湾区的健康成长凝聚共识！

目录
Contents

V 序

001 Part A
第一部分
湾区综述

002	**第1章**	**湾区新时代：粤港澳大湾区的使命与价值**
002	1.1	全球视野与"一带一路"：三大判断
007	1.2	国家使命：三大背景
011	1.3	湾区价值：四大价值
014	1.4	湾区时代与发展预期：五大维度
017	**第2章**	**湾区新观察：粤港澳大湾区的热点与思考**
017	2.1	生态湾区：从流域到海湾，生态逻辑之变
029	2.2	创新湾区：掌控科技命门，转向创新链整合
038	2.3	互联湾区：实现真正跨境融合，任重而道远
047	2.4	文化湾区：从文化资源到文化自信，重现活力价值
055	2.5	协同湾区：围绕重点领域与地区，求同存异构建共赢机制

Part B 第二部分
湾区观点

第 3 章 经略湾区

- 3.1 大棋局中的大湾区
- 3.2 粤港澳大湾区是一个 OPP
- 3.3 大湾区：以虚的尺度解决实的问题
- 3.4 粤港澳大湾区城市群规划思考
- 3.5 "像由新生"OR 相由心生——粤港澳大湾区发展思考

第 4 章 经略城市群与经略城市

- 4.1 世界级城市群功能特征与发展趋势
- 4.2 全球和国家视野下珠三角的新挑战、新突围
- 4.3 香港的发展与机遇
- 4.4 后工业化时代"深港双城"关系初探
- 4.5 港珠澳大桥与珠海发展

117	**第 5 章**	**宜居与服务提升**
117	5.1	深圳 + 香港：构建粤港澳大湾区的中央国际都会区
120	5.2	在公园中建设人文城市：深圳华侨城的非典型实践
124	5.3	东莞生态园十年：海绵城市为术，区域整合为道

127	**第 6 章**	**创新与经济驱动**
127	6.1	湾区时代：中轴创新角色与要素集聚思考
131	6.2	香港在经济转型中的工业土地利用变化
136	6.3	大湾区的发动机——港深 FinTech（金融 + 科技）合作的构想

146	**第 7 章**	**交通与区域互联**
146	7.1	建设轨道上的珠三角
151	7.2	与世界级城市群的交通组织经验对比
155	7.3	流空间：广深都会性和网络化的大湾区

158	**第 8 章**	**战略地区发展**
158	8.1	自贸区，到底为城市带来了什么？
162	8.2	超越 CBD：前海人性化中心区营造的思考
166	8.3	立于国家责任，成于转型创新——广州南沙新区总体规划回顾与展望
170	8.4	澳门—横琴的磨合与未来

Part C 第三部分
175 湾区论坛

176	**第9章**	**第一届大湾区规划论坛收录（2017年）**
176	9.1	"一带一路"倡议下的国家区域空间格局之变
180	9.2	从"珠三角城镇体系"到"大湾区集合城市"
186	9.3	粤港澳大湾区的社会论述、区域协作和城市行动
192	9.4	澳门城市规划的探讨与分享
196	9.5	宜居湾区与绿色生态：宜居湾区背景下的规划治理思路探讨
199	9.6	粤港澳大湾区：开放创新与合作治理
203	9.7	大湾区：从南来北往的直线联系到各具特征的网络互通
207	**第10章**	**第二届大湾区规划论坛收录（2018年）**
207	10.1	粤港澳大湾区发展规划
211	10.2	深圳·雄安·大湾区：新时代高质量发展的规划启示
215	10.3	大湾区的独特性与空间规划展望
220	10.4	大湾区策略性合作的三项倡议
225	10.5	大湾区的机遇
229	10.6	宜居湾区视角下的品质提升路径探讨
232	10.7	创新湾区的政策梳理、空间解读及案例分享
235	10.8	互联湾区——效率、人本导向的"枢纽—网络"交通
239	后记	

Part A 湾区综述
第一部分

　　站在新的时空坐标上,粤港澳大湾区被赋予新的国家使命与时代要求,故其不仅要拥有全球视野,强化引领发展的核心竞争力,更要具有人本思维,即:关注生态宜居、产业创新、交通互联、文化发展和制度协同的全面发展。

　　聚焦湾区核心价值,我们尝试通过五大湾区关注热点,寻找差距,为提升"一国两制"下的粤港澳大湾区竞争能力与多元活力提供新的视角。

第1章
湾区新时代：
粤港澳大湾区的使命与价值

1.1 全球视野与"一带一路"：三大判断

2013年9月和10月，国家主席习近平先后提出共建"丝绸之路经济带"和"21世纪海上丝绸之路"（以下简称"一带一路"）倡议，得到国际社会的高度关注和许多国家的积极响应。2015年，国务院授权国家发展改革委、外交部、商务部发布《推动共建丝绸之路经济带和21世纪海上丝绸之路的愿景与行动》，提出了共建"一带一路"的顶层设计框架，为共建"一带一路"的未来描绘了宏伟蓝图。2017年，"一带一路"国际合作高峰论坛召开，推进"一带一路"建设工作领导小组办公室发布《共建"一带一路"：理念、实践与中国的贡献》，详细论述了"一带一路"倡议的合作初衷、合作框架、合作领域、合作机制和愿景展望。"一带一路"倡议为古丝绸之路这一历史融入了新的时代内涵，既是维护开放型世界经济体系，推动全球化可持续发展的中国方案，也是深化国际区域合作，加强文明交流互鉴，维护世界和平稳定的中国主张。

1.1.1 判断1：全球化陷入困境，贸易战成为常态，全球价值链发生结构性转变，全球治理需要新思路

当今世界，经济"金融化"、制造业"空心化"带来的问题日益凸显，尤其是在2008年的国际金融危机使传统发达国家经济陷入低迷之后，英国脱欧、美国退出跨太平洋伙伴关系协定（TPP）等国际组织等事件频发，在欧美右派保守主义和反全球化政治浪潮抬头背景下，贸易战开始成为新常态，全球化进程正在遭遇多重挑战。正如习近平主席在世界经济论坛2017年年会开幕式致辞中所指出的，经济全球化为世界经济增长提供了强劲动力，促进了商品和资本流动、科技和文明进步以及各国人民交往，但同时，经济全球化是一把"双刃剑"，增长和分配、资本和劳动、效率和公平的矛盾在世界经济处于下行期的时候会更加突出，反全球化的呼声反映了经济惠及全球化进程的不足。

与此同时，全球价值链正在发生结构性转变，微笑曲线两端的研发设计、科技创新、营销售

后等服务环节正在创造更多的价值，而实际商品生产所产生的价值份额正在下降。根据麦肯锡报告，在全球所有价值链中，研发上的资本支出与品牌、软件和知识产权等无形资产的收入份额正在增长，从2000年的5.4%上升到2016年的13.1%[1]。在这样的背景下，以中国为代表的发展中国家科技创新实力在不断加强，2000～2016年，中国R&D国内支出增长超过20倍，年均复合增速超过20%。2018年，在康奈尔大学、欧洲工商管理学院和世界知识产权组织每年发布的全球创新指数（GII）排行榜上，中国作为唯一的发展中国家，闯入世界上最具创新性的前20个经济体之列，位列全球17位（2017年位列22位）。与此同时，不容忽视的是，中国科技创新企业和互联网企业发展迅猛，以华为为代表的中国科技创新企业正加速跻身全球最领先的技术领域，以腾讯、阿里巴巴为代表的互联网企业正在全球快速建立起国际化的中资互联网生态。根据2018年《互联网趋势》（Internet Trends）报告中，2018年全球市值最大的20个互联网巨头被美国和中国包揽。其中，中国公司有9家，尽管排名相对靠后，但在数量上与美国几乎平分秋色。可以预见，充满创新活力的互联网经济使中国经济获得更强大、更可持续的发展动力，成为未来全球不容小觑的重要引擎。尤其可见，中国科技创新的发展撼动了发达国家的领先地位，不断强化了自身在全球价值链中的作用，也正在逐步重塑原有发达国家提供技术和资金、中国和东南亚国家提供劳动力的全球格局。

在世界处于大发展大变革大调整时期[2]，现代生产方式和通信技术的发展早已将全球许许多多的国家和城市联系起来，世界已经不可能退回到封闭孤立的时代。因此，面对全球化转型的困难挑战，世界需要的是改革而不是退缩，唯有加强合作才是根本出路。中国作为最大的发展中国家和全球第二大经济体，势必要担当起推动国际经济治理体系朝着公平、公正、合理方向发展的责任，推动经济全球化朝着更加开放、包容、普惠、平衡、共赢的方向发展，为世界和平发展增添新的正能量。正基于此，中国提出共建"一带一路"的合作倡议[3]，探索国际合作以及全球治理新模式，为促进全球和平合作与共同发展提供中国方案，为经济全球化改革转型提供新思路。

不同于欧美新自由主义思潮推动的以投资、贸易为核心的全球化过程，"一带一路"倡议倡导包容性全球化思路[4]，秉持"和平合作、开放包容、互学互鉴、互利共赢"的丝绸之路精神，既致力于维护经济全球化的成果，更坚守于构建健康发展的经济全球化理念。"一带一路"倡议推崇发展道路的多样性，强调不同地区发展战略的对接，推动与沿线国家寻找利益共同点；坚持开放包容和平等互利，突出共商、共建、共享的原则，寻找最大公约数；遵循和而不同的观念，致力于加深文化、社会、人员、技术的有序自由流动、高效配置和深度融合，在维护文化多元性的基础上，共谋发展、共求繁荣、共享和平，让全球化惠及更多的国家和地区，推进全球化健康发展。

目前，"一带一路"沿线国家的合作共识得到了更加广泛的认可，2017年3月17日，联合国安理会一致通过第2344号决议，首次载入"构建人类命运共同体"的重要理念，呼吁国际社会通过"一带一路"建设加强区域经济合作，敦促各方为"一带一路"建设提供安全保障环境，加强发展政策战略对接，推进互联互通务实合作。

1.1.2 判断2：全球贸易格局的大洋转化背景下，共建"一带一路"倡议将促进中国深度融入并引领全球供应链体系

自地理大发现以来，全球贸易格局逐步经历环大西洋时代——环太平洋时代——环印度洋时代的更迭。15世纪至20世纪初，随着新航线的开辟和殖民地贸易的拓展，工业革命促进欧美海上强国的经济崛起，开始主导世界贸易体系，世界贸易的重心从环地中海沿岸向环大西洋海上国家转移，欧美海上强国主导世界贸易格局。20世纪中至21世纪初，信息技术与全球化促进美国西海岸开发，日本、韩国、新加坡、中国台湾、中国香港等相继崛起。进入21世纪后，中国依靠出口和制造业实现了经济腾飞，成为世界第二大经济体，美国、中国、日本世界前三大经济体组成的环太平洋地区格局形成，世界贸易重心向环太平洋地区转移[5]。21世纪以来，环印度洋地区的中国、印度等新兴市场国家[6]开始崛起，世界经济向多极化迈进，全球增长呈现更加多元特征，形成多极主导的世界贸易新格局。从1960年到2017年，中国、印度、东盟等新兴经济体的进出口贸易占全球的比例从14%上升至28%，外国直接投资净流入规模占全球的比例从9%上升至28%，环印度洋地区成为全球经济发展的热点地区。在全球贸易格局的大洋转化的背景下，环印度洋地区将成为未来全球增长潜力空间最大的地区，也成为全球竞争的焦点地区。

此外，全球城镇人口格局重心及主要增量空间也将向环印度洋地区偏移。从城镇人口变化来看，从20世纪中叶至今，环太平洋地区的美、欧、日等发达国家城镇人口占世界的比例从1960年的43%下降到2017年的11%，环印度洋地区的中国、印度、东盟等新兴经济体的城镇人口占世界的比例则从28%上升到51%，全球城镇人口正在向环印度洋地区集聚。而根据联合国《2018年版世界城镇化展望》，世界上居住在城市地区的人口比例预计将从目前的55%增加到2050年的68%，新增城市人口中有近九成将居住在亚洲和非洲，而到2030年全球预计将有43座人口超过1000万的超大型城市，其中大部分都位于发展中国家。可以预见，未来"一带一路"沿线的亚洲国家将延续城镇人口增长，经历快速的人口增长和城市化过程，引领全球城市化中心从中国转向更广阔的发展中国家地区，为全球化增加新的发展动力，也为全球经济发展带来更大的机遇。

在全球贸易格局大洋转换和城镇人口格局重心转移的整体趋势下，共建"一带一路"倡议提出的设施联通将极大改变沿线亚洲地区的基础设施条件，推动欠发达地区的快速城市化进程，有助于沿线国家都获得更多更大的输入与输出机遇，给予更多地区融入全球供应链网络的机遇，从而推动全球化朝着更加开放包容、普惠共赢的方向发展。未来全球经济格局、贸易格局、生产格局和服务格局的变化意味着中国的贸易合作方向和角色也将发生巨大改变，中国、印度等国家集聚的环印度洋地区将成为全球增长潜力空间最大的地区，中国的国际贸易方向也将面临从太平洋转向印度洋，从以远程贸易为主转向远程贸易和近域贸易相结合的格局。中国作为"一带一路"倡议的发起者，必须充分利用自身优势，找准角色定位，将发展中国家和全球第二大经济体的作用发挥到最大，充分挖掘市场拓展潜力，提升资本竞争实力并发挥开发建设能力，不断提升综合国力，有效抵御外部风险，推动国际经济治理体系朝着公平、公正、合理的方向发展。

1.1.3 判断3：共建"一带一路"倡议，将促进中国有机会深度融入并引领"双循环"结构的全球供应链体系

近半个世纪以来，随着生产方式的转变、信息技术的进步以及新自由主义思潮的引领，西方世界国家的许多跨国企业逐步将制造环节外包，全球制造从过去的垂直一体化、大规模生产的福特主义方式，转向零部件"外包"、灵活生产的后福特主义方式[7]，全球范围的专业化分工越来越明显，供应链贸易大幅增长。改革开放之后，尤其是中国加入WTO以来，凭借低成本的土地、良好的基础设施、勤劳的技术工人和各项开放政策优势，大量承接欧美国家生产外包，崛起为世界工厂，并逐步从底层上升到中间层次，培育起深度分工、弹性高效的庞大供应链体系和面向全球的先进制造企业集群，并凭借超大规模制造企业集群的深度专业化，以及满足效率与弹性的双重能力，成功嵌入到欧美主导的庞大全球供应链体系。

尽管中国制造业由于成本上涨，面临着近几十年发达国家转入的生产环节向东南亚转出的挑战，但目前全球范围尚没有完全可以承接超大规模的中国制造业、劳动力和供应链的国家和地区，中国全球制造工厂的能力并不可能会被快速替代。同时，近年来"一带一路"倡议使中国本土企业获得输入与输出全球布局的重大机遇，越来越多的中国企业开始在全球范围不断拓展市场和产业链，向外输出技术、服务、设施、商品，在金融服务、生产制造、管理运营、销售贸易、能源开发、科技研发和基础设施建设等领域拓展海外市场、并购全球、布局全球，带动中国参与的全球价值链向微笑曲线两端升级，从制造业供应链向服务和创新供应链拓展，融入欧美（环太平洋、大西洋地区）主导的全球创新和资本网络，又反过来进一步推动中国制造和中国服务走向全球。

在共建"一带一路"倡议下，中国的转型发展将促使其在全球供应链和全球价值体系中的角色发生深刻变化。一方面，中国与西方发达国家构成高效率、高价值的供应链循环，中国向西方国家出口高端工业制成品，从西方学习引进技术、资金和服务，同时随着科研创新实力的提升，逐步融入欧美发达国家主导的创新网络；另一方面，中国与其他发展中国家将共同打造新的全球供应链循环系统，向发展中国家提供制成品、基础设施和技术服务，从发展中国家引进原材料、能源，带动更多发展中国家嵌入全球生产体系，实现共赢发展，共同提升在全球供应链中的价值与能级。在"一带一路"倡议的推动下，中国有潜力凭借其超大的规模性和具有包容性的转换能力，在更大范围形成链接更多国家和地区参与全球供应链体系的"双循环"结构，在两个经贸循环中发挥中介作用，有力拉动两个循环的要素流动和快速发展[8]。

"一带一路"作为应对全球治理体系和国际秩序变革的重要国际合作倡议，将有助于重构全球价值链、产业链与供应链网络，引领更多发展中国家和地区参与进入全球化进程，分享全球化红利。同时，"一带一路"倡议也将改变过去中国面向环太平洋的单向开放格局，构建起中国对环太

图 1-1 双循环结构下的枢纽——中国

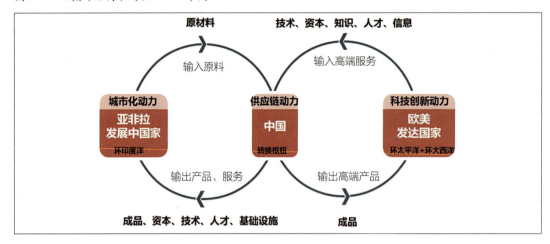

平洋发达国家和环印度洋新兴经济体并重的"双扇面"开放格局，推动中国在全球经贸"双循环"结构中的"枢纽引擎"角色，打开内外联动、全面开放的新局面。

【本节作者：樊德良、中规院深圳分院规划研究中心，研究员】

参考文献

[1] McKinsey Global Institute. Globalization in transition: The future of trade and value chains.

[2] 习近平. 决胜全面建成小康社会 夺取新时代中国特色社会主义伟大胜利——在中国共产党第十九次全国代表大会上的报告. 人民日报，2017-10-28（1-5）.

[3] 推进"一带一路"建设工作领导小组办公室. 共建"一带一路"：理念、实践与中国的贡献，2017.

[4] 刘卫东，宋周莺，刘志高. 以"丝路精神"推动世界和平与发展——学习习近平总书记关于"一带一路"建设的思想. 紫光阁，2017，（7）：16-17.

[5] 杨保军，陈怡星，吕晓蓓等. "一带一路"战略的空间响应. 城市规划学刊，2015，（2）：6-23.

[6] 世界银行. 2011 全球发展地平线多极化：新的全球经济. 中国财政经济出版社，2011.

[7] 刘卫东. "一带一路"：引领包容性全球化. 中国科学院院刊，2017，32（4）：331-339.

[8] 施展. 枢纽：3000 年的中国. 广西师范大学出版社，2018.

1.2 国家使命：三大背景

2008年，正值全球金融危机和珠三角转型关键之时，为缓解经济增长压力，促进区域协调发展，广东省出台《珠江三角洲地区改革发展规划纲要（2008—2020）》，对珠三角九大城市提出了差异化分工与协同化合作的要求，仅在构建开放合作新格局篇章中提出推进与港澳更紧密合作。今天，随着"一带一路"倡议的提出，粤港澳大湾区上升为国家战略，粤港澳地区协同发展的要求更加紧迫，对珠三角的思考也从流域思维转向湾区思维，港澳地区将在推动珠三角国际化，融入"一带一路"地区中发挥重要价值，珠三角也将为港澳拓展经济腹地，实现经济的繁荣稳定提供空间载体。与2008年相比，在新的国家使命下，粤港澳大湾区需要从新的维度思考未来发展远景。

1.2.1 背景1：国家使命之变

建设粤港澳大湾区是习近平总书记亲自谋划、亲自部署、亲自推动的国家战略。2015年3月，《推动共建丝绸之路经济带和21世纪海上丝绸之路的愿景与行动》首次提出要"深化与港澳台合作，打造粤港澳大湾区"；2016年3月，国家"十三五"规划再次提出要"推动粤港澳大湾区和跨省区重大合作平台建设"，强调要"携手港澳共同打造粤港澳大湾区，建设世界级城市群"；2017年3月5日，李克强总理在政府工作报告中首次提到粤港澳大湾区，强调研究制定粤港澳大湾区城市群发展规划。2017年7月1日，国家发展和改革委员会与广东省人民政府、香港特别行政区政府、澳门特别行政区政府共同签署了《深化粤港澳合作 推进大湾区建设框架协议》，明确了粤港澳合作的宗旨、目标、原则、重点领域、体制机制安排。2017年10月，党的十九大报告指出，要支持香港、澳门融入国家发展大局，以粤港澳大湾区建设、粤港澳合作、泛珠三角区域合作等为重点，全面推进内地同香港、澳门互利合作，制定完善便利香港、澳门居民在内地发展的政策措施。2018年3月7日，习近平总书记在参加广东代表团审议时指出，要抓住建设粤港澳大湾区重大机遇，携手港澳加快推进相关工作，打造国际一流湾区和世界级城市群。2018年中央政府工作报告首次将"粤港澳大湾区"纳入"区域协调发展战略"，提出要扎实推进区域协调发展战略，出台实施粤港澳大湾区发展规划纲要，全面推进内地同香港、澳门的互利合作。2018年8月15日，由中共中央政治局常委、国务院副总理、粤港澳大湾区建设领导小组组长韩正主持，召开了粤港澳大湾区建设领导小组第一次全体会议，指出"要强化规划引领，推动大湾区内各城市合理分工、功能互补，提高区域发展协调性，促进城乡融合发展，构建结构科学、集约高效的大湾区发展格局"。由此，粤港澳大湾区正式上升为国家战略，纳入国家统筹协调发展视野，并给予顶层设计的高度关注。党的十九大报告明确提出坚持"一国两制"，保持香港、澳门长期繁荣稳定，是实现中华民族伟大复兴的必然要求。并在"实施区域协调发展战略"中明确要求创新引领率先实现东部地区优化发展，建立更加有效的区域协调发展新机制。这就意味着我国区域协调发展战略进入新阶段，成为新时代推动我国区域发展的重大部署。2019年2月18日中共中央国务院正式印发《粤港澳大湾区发展规划纲要》，对于促进国民经济持续健康发展、全面建成小康社会、开启全面建设社会主义现代化国家新征程和构建区域发展新格局具有里程碑意义。

党中央决定建设粤港澳大湾区，是要充分发挥粤港澳综合优势，深化内地与港澳合作，进一步提升粤港澳大湾区在国家经济发展和对外开放中的支撑引领作用，支持香港和澳门融入国家发展大局，增进香港和澳门同胞的福祉，保持香港和澳门社会的长期稳定，让港澳同胞同祖国人民共担民族复兴的历史责任，同享国家繁荣富强的伟大荣光。

粤港澳大湾区作为新时代国家区域协调发展战略的重要组成部分，首先，有利于辐射带动泛珠三角区域发展。粤港澳大湾区是全国城镇人口最密集的地区，是中国重要经济增长极和对外贸易最发达的地区。粤港澳大湾区建设以泛珠三角合作为重要基础，辐射作用覆盖内地九个省区和港、澳两个特别行政区，将推动泛珠三角区域合作向更高层次、更深领域、更广范围发展。其次，粤港澳大湾区有利于进一步丰富我国区域发展的内涵、层次和形式，提升整体竞争力，为打造中国经济升级版提供有力的支持。面对新的国际、国内形势，粤港澳大湾区为我国全方位开放新格局提供了新的坐标和路径，能够更好地利用国内外两个市场、两个资源，探索经济的规则优势，在国家"一带一路"开放中发挥重要的平台功能，将其辐射半径延展至沿线国家，成为联通"一带一路"的重要门户，推动粤港澳企业联合"走出去"。最后，粤港澳大湾区也是数以千万计的移民人口聚集之地，是中国最为兼容并蓄、丰富多元的区域，人才和人力资源集聚效应十分显著。建立粤港澳大湾区有利于粤港澳区域更好地融入国家经济体系，确保粤港澳长期繁荣。

1.2.2　背景2：目标愿景之变

习近平总书记曾描绘粤港澳大湾区建设的愿景，即建设成为一个富有活力和国际竞争力的一流湾区和世界级城市群，成为高质量发展的典范。面向两个一百年的发展目标，未来粤港澳大湾区将承担更重要的国家责任：既要坚守中国改革开放排头兵的责任，更要向世界展现我国道路自信、理论自信、制度自信和文化自信；成为立足国内、辐射世界的现代服务枢纽，多元、流动的世界级产业创新发展中心和更具生态品质与文化特色的世界宜居湾区。

1.2.2.1　立足国内、辐射世界的现代服务枢纽

粤港澳区域是面向东盟等新兴市场的近域贸易和联通海陆通道的转换区域，是连接中国内陆和新兴海外市场的"超级联系人"，需要主动对接新兴市场，推进投资贸易一体化发展；未来粤港澳大湾区应进一步发挥香港这个亚洲国际都会的龙头作用，集中培育高端现代服务职能，以广东自贸

区（前海、南沙、横琴）为核心平台，建设双向开放的现代服务中枢；加快广州、深圳等中心城市的对外开放和国际化发展步伐，提升对外贸易、国际人口流动、金融国际化程度，增强全球资源配置能力，提升湾区城市在全球城市网络体系中的位阶。

1.2.2.2 多元、流动的世界级产业创新发展中心

粤港澳大湾区应在原有世界工厂的角色上进阶为世界产业创新中心，积极抢占世界科技产业链高端环节和关键领域，发展具有国际竞争力的高新技术产业与战略性新兴产业，积极培育未来产业；创造更加多元的创新空间，整合前海、南沙、横琴等国家战略新区和深圳海洋新城、东莞滨海湾新区、中山翠亨新区等核心湾区创新资源，创建国家级环湾创新走廊，构筑区域创新网络体系。

1.2.2.3 更具生态品质与文化特色的世界宜居湾区

粤港澳大湾区应率先探索以人为本、环保低碳、可持续发展的新型城市化发展道路，建设成为宜居宜业、低碳环保、充满活力、富有人文魅力的宜居湾区。同时，应重视软环境的建设，营造开放、多元、活力的湾区社会氛围，保护和强化以岭南文化、改革开放等为代表的文化特征氛围，吸引更多国内外优秀移民和人才集聚湾区。未来粤港澳大湾区将是充满活力的世界级城市群，是国际科技创新中心，是"一带一路"建设的重要支撑，是内地和香港、澳门深度合作的示范区，是宜居、宜业、宜游的优质生活圈。

作为中国最活跃的消费市场，粤港澳大湾区还应重视基于休闲消费和文化创意等相关服务业的发展，将文化与自然景观作为湾区经济发展的重要资源和强大动力，培育世界级休闲和消费目的地。

1.2.3 背景3：发展路径之变

1.2.3.1 要坚持规划的战略引领作用

国家制定的《粤港澳大湾区发展规划纲要》，统领珠三角九市和香港、澳门未来发展，推动内地与港澳深化合作。通过规划引领，将推动湾区城市的错位发展与相互借力，充分发挥核心城市的带动能力及港澳的独特优势，理清分工顺序，各展所长，紧密协作，构筑多中心网络化城市格局。广东省大湾区各城市应协同推进城市规划建设工作，以前海、南沙、横琴三大自贸区，深圳海洋新城等空间平台作为改革开放和创新发展的核心战略支点，努力放大大湾区区域合作的战略效应。

1.2.3.2 要创新协同发展治理机制

基于"一国两制"的总体框架，探索创新湾区协调新机制，进一步推动湾区治理精细化。粤港

澳大湾区的规划建设应进一步突破行政区划束缚，构筑覆盖生态环境治理、基础设施共建共享、社会经济协调发展等多领域的协调机制，构建以政府、市场和社会为主体的协商合作平台，并完善协调组织架构与法律法规保障。

1.2.3.3　要交通和基础设施建设先行

粤港澳大湾区建设中的首要一步是要建设现代化的综合交通运输体系，强化大湾区面向世界的交通门户枢纽地位，完善大湾区经粤东西北至周边省区的综合运输通道，提升大湾区对区域的带动辐射能力。统筹考虑轨道交通系统与城镇空间发展，推动环湾城际轨道线路的建设，提升口岸通关能力和便利化水平，加强大湾区的交通一体化建设。强化湾区信息化互联水平的提升，大力推进数字湾区的建设。统筹区域能源管理、自然资源的保护和开发以及基础设施建设的协同。

【本节作者：石爱华，中规院深圳分院规划设计二所，主任工程师；邱凯付，中规院深圳分院规划研究中心，主任研究员；李福映，中规院深圳分院规划设计四所，主任工程师】

1.3 湾区价值：四大价值

"一带一路"倡议是国家应对世界经贸和地缘政治格局调整的重要开放理念，其价值与意义在于作为推动内外联动的重要战略平台和应对抓手，改变了过去近四十年重点关注环太平洋的单向开放格局，将国内多个区域联系在一起，通过市场力量推动区域发展、促进区域互动，形成中国对环太平洋、环印度洋和新兴市场经济体并重的"多扇面"开放格局，促进与新兴市场经济体地区国家建立"兴衰相伴、安危与共、同舟共济"的命运共同体，共同迈向现代化。

"一带一路"倡议使粤港澳大湾区与内陆腹地和世界更紧密地联系在一起，成为支撑"一带一路"建设的战略节点。依托"一带一路"，粤港澳大湾区在建设世界级城市群与世界一流湾区的过程中，将在国内外市场链接、全球治理、改革开放、文化交流等方面发挥更重要的价值定位，从而成就其未来作为现代服务枢纽、产业创新发展中心和世界宜居湾区的目标愿景。

1.3.1 价值1：代表中国链接内陆与海外市场的重要经济枢纽

粤港澳大湾区作为我国面向东盟、南亚等新兴经济体的前沿阵地，经过改革开放近四十年的合作发展，已成为国家开放程度最高、经济活力最强的区域之一，其开放程度、产业层次、综合竞争力等优势，为其成为链接中国内陆和新兴海外市场的全球经济枢纽奠定了基础。

在"一带一路"倡议塑造的多向开放、经贸文化更高更深层面的交流格局中，粤港澳大湾区应把握"一带一路"倡议的多向开放思维，以良好的市场经济环境为基础，对接东盟、南亚等全球新兴市场，推动生产组织模式的转变，强化技术、信息、服务和标准的对外输出，全面提升全球生产组织和市场管理能力，增强国际化服务职能和培育创新能力，加强与沿线国家在港口航运、海洋能源、经济贸易、科技创新等新兴领域的全方位合作，提升在国际经贸体系中的影响力和话语权，推动国家从更高层次、更宽领域融入新兴市场，发挥重要的经济枢纽作用。

1.3.2 价值2：代表国家参与全球治理和竞争的世界级城市群

"一带一路"倡议推动我国由全球化的"世界工厂"向全球化的创新、服务、标准输出者转变，提升全球生产、贸易、创新网络地位，而这将面临更广泛、更高层级、更为激烈的全球化治理与竞争。相对于单个城市，城市群集聚了世界级的服务、创新、产业资源，能够从加加广泛的范围进行资源配置，对全球产业发展起到至关重要的作用。尤其是港澳地区，拥有自由的竞争环境与活跃的资本市场、优质的营商环境和高度法制化的社会环境以及与国际接轨的法律制度和贸易规则，对于推动湾区创新社会治理模式，改善全球治理环境具有重要意义。

粤港澳大湾区已然是崛起中的世界级城市群，作为世界级的制造基地、新兴成长中的高新技术、高端生产服务业集聚区和金融创新区域，粤港澳大湾区城市群应发挥市场成熟度、产业链分工协作、自主科技创新以及港澳的营商贸易环境等优势，继续提升核心功能，促进科技、产业、金融的深度融合与协同创新，建设全球科技创新中心与高端服务集聚区，引领国家创新发展，成为代表国家参与全球顶级竞争的核心主体。

1.3.3 价值3：中国改革开放的模范先锋与发展经验的输出示范区

相比于长三角、京津冀等地区，珠三角地区一直是改革开放的前沿阵地，先后经历了港资北上形成"前店后厂"、台资电子产业转移、外资全面进入等外向驱动发展阶段。利用国家赋予的优惠政策，以其独特的地理区位、土地和劳动力等优势，与外来资源相结合，创造了外向型快速工业化的珠三角发展模式。珠三角的发展正是以开放为导向，嵌入到全球化生产网络，实现了外资与本地市场的内外联动与有效契合。珠三角的改革开放引领了中国对外开放的整体方向，是国际社会观察中国对外开放战略的重要窗口，是国家改革创新经验与模式走向世界的示范。

珠三角发展模式以及港澳区域合作机制对"一带一路"沿线国家具有重要借鉴意义，尤其是在倡导包容性全球化价值导向下突显更为重要的意义。首先，珠三角长期积累的引进来发展经验以及相关的土地、市场等制度创新，在下一步走出去的过程中无疑可以为广大发展中国家提供重要参考价值，例如深圳蛇口工业区创造的"蛇口模式"，即以"经济特区+工业园区+港口运营"为范本的经验和做法，可以在"一带一路"沿线国家和地区进行推广。其次，粤港澳地区本身就是"一国两制"下互利协作共赢的地区，两区九市分属不同关税区，拥有不同法律制度和行政体系，一直在探索创新区域治理的新模式，在试图打破行政地域壁垒，消除要素便利流动、产业合理分工的制度性障碍，推进服务贸易自由化等多个方面，积累了跨境、跨制度差异发展与合作共赢的经验。

"一带一路"倡议的推进，面临着在不同制度、不同主体、不同社会条件下实现平等互利、共赢发展的挑战，粤港澳地区长期积累的合作机制创新、制度创新甚至发展经验教训等方面也将为跨地区的互利共赢提供很好的范本。因此，粤港澳地区的开放合作具备新的价值内涵——全国改革开放的先锋与发展经验的输出示范区。粤港澳地区通过深化改革开放，倡导国家全球化治理新模式，推进共商、共建、共享，可以在产品、技术和服务的走出去之外，以发展理念和经验的走出去，为新兴经济体提供新的发展思维，鼓励不同地区的开放创新、融合与多元化发展，推动跨区域的包容性增长。

1.3.4 价值4：促进东西方文化合作交流的窗口与国际交往中心

粤港澳地区是历史上丝绸之路的起点，与"一带一路"沿线国家保持稳定和持续的经贸文化交往，在科技、社会、文化等方面交流紧密。粤港澳与东南亚地区文化一脉相承，许多粤籍华侨以东盟为主要聚居地，侨胞是东南亚对华投资的主力军，大量对外开放一直以民间商业、经贸往来为主体，具有广泛的社会基础。珠三角长期是东南亚、欧洲和东亚最重要的旅游客源地，旅游已成为珠三角与国际开展文化交流的一种重要形式。同时，珠三角是21世纪"友好港口联盟"的倡导者，与东亚、欧洲、北美82个城市缔结了"国际友好城市"关系。此外，香港是中英文化交融发展地区，拥有多种语言和文化属性，且在国际化发展中积累了广泛的文脉、人脉联系，是重要的中西方文化交流纽带；澳门拥有丰富的文化遗产资源和独有的葡语文化，是与葡语系国家交流的重要桥梁。

粤港澳拥有独特的历史渊源、地理区位、多元文化、开放前沿等条件，使其在"一带一路"沿线国家尤其是东南亚地区的文化合作交流中扮演着窗口与交往中心的地位。粤港澳地区可以发挥香港、澳门和广州、深圳的国际化优势，充分利用侨乡、英语和葡语三大文化纽带，推进东西方文明交流互鉴，通过加强与东盟、南亚等沿线国家地区更广泛的人文交流，建立全方位的交流平台，丰富文化论坛、旅游节庆、学术科研交流等活动，加强海丝文化遗产保护和旅游推广，推进全方位深化的文化交流合作，促进沿线人民相知相交，推广互利共赢、平等合作、共同发展的价值理念，建立命运共同体，实现中国和平崛起。

【本节作者：百爱华，中规院深圳分院规划设计二所，主任工程师；邱凯付，中规院深圳分院规划研究中心，主任研究员；李福映，中规院深圳分院规划设计四所，主任工程师】

1.4 湾区时代与发展预期：五大维度

历经四十年的改革开放，依托港澳积累的发展优势，以高度市场化的制度环境和开拓创新的进取精神，粤港澳大湾区取得了辉煌的成就，成为世界级的湾区与城市群。但与此同时，长期以空间拓展和经济增长为主导的发展模式，也导致整个大湾区的生态系统被破坏、科技创新成本高涨、交通设施建设滞后、文化保护力度不足、制度瓶颈较为突出。未来，要完成湾区新的使命与价值，需要至少从以下五个维度做出努力。

1.4.1 维度1：坚守宜居价值，营造生态湾区

粤港澳大湾区山海相依，一湾相连，以珠江水系为核心孕育了优质的海湾生态系统，但是，由于过度挖山填海，导致生态系统的完整性受到破坏，大量围填海也造成岸线与海口生态环境和海水质量下降，再加上环境治理缺乏区域与长效协调机制，导致跨界地区水环境污染尤其严重，黑臭水体分布较为普遍。优质的生态环境和完善的生态系统是大湾区维系发展的基本条件，更是参与世界级一流湾区竞争的必备要素，要打造世界一流的湾区，必须具备世界一流的生态环境，尤其是海湾生态系统，更需要我们细心呵护，谨慎对待。

未来，粤港澳应从湾区生态系统的整体性出发，努力创造更为宜居的生态环境，做好生态系统的修复工作，完善生态设施建设，建立跨界的生态共同保护、共同建设的协调机制，真正地营造生态型宜居大湾区。

1.4.2 维度2：强化科技引领，营造创新湾区

每一次科技革命都将引领世界经济的一轮腾飞与全球区域以及城市竞争格局的巨大变化，因此，科技引领始终是区域与城市核心竞争力的决定性要素。粤港澳大湾区在全球产业转移的浪潮下，在以信息技术为主的科技革命的推动下，形成全球不可替代的产业与供应链网络并成为世界工厂，也形成以香港、深圳、广州等为主导、以"金融+科技+制造+商贸"为特征的科技创新服务走廊，引领着整个大湾区的产业升级与重构。

但时至今日，我们还停留在以追赶型为主的应用创新阶段，基础创新的薄弱还无法摆脱"弱芯之痛"，我们还缺少核心技术，还无法摆脱"贸易战"对我们的掣肘。

今后，大湾区需要整合区域科技教育、研发创新、高新制造等优势，加大教育、科技、研发等投入力度，尤其是重视基础创新，发挥区域内高等教育资源，引入国内外高端教育机构、研发力量

与科技人才，利用广深港澳科创走廊等战略性空间，以科学城、产业园等多种方式，率先培育引领大湾区发展的科技创新引擎，并与其他区域的创新空间形成共享的创新网络，推动整个湾区的产业发展从"世界工厂"的供应链向"世界科创引领区"的创新链转型，从而提升其在"一带一路"地区乃至全球的科技竞争力。

1.4.3 维度3：优化枢纽网络，营造互联湾区

依托高密度的机场群与港口群，粤港澳大湾区已基本成为全球的门户枢纽，并形成了多中心的网络式空间结构。但与其他世界级湾区和城市群相比，粤港澳大湾区更多依赖于高速公路和快速路来满足内外交通，城际交通、城市轨道等建设相对滞后，由于"一国两制"带来的分割效应和湾区内部各城市发展诉求存在较大差异，湾区内部交通系统协调难度较大，尤其是跨湾交通更是存在严重瓶颈，虎门大桥的拥堵、深中通道与港珠澳大桥建设的持久争论与超长周期就是最好的例证。因此，从内部来看，粤港澳大湾区与高效互联互通的现代化的综合交通运输体系目标还有较大距离；从外部来看，大湾区与内陆腹地之间的综合交通通道也迫切需要加快建设。

粤港澳大湾区需要建立良好的城市群之间的竞合机制，促进现代化综合交通体系服务能力的提升，建设世界级的港口群与机场群，同时也更需要加强跨境、跨湾、跨腹地的交通枢纽与通道的建设，促进湾区内部要素的便利流通与高效配置，发挥湾区对腹地的辐射带动作用。

1.4.4 维度4：激活特色价值，营造文化湾区

粤港澳大湾区本就同宗同源，作为中西方文化交流的纽带，英语、葡语、粤语等多种文化并存，而改革开放后尤其是深圳等城市外来人口的涌入更是带来极为丰富的移民文化，形成了多元包容的文化特质，使大湾区的发展能够始终保持创新的活力。"来了，就是深圳人"，正是这种多元包容的文化精神，让深圳以创新城市的魅力登上全国乃至全球城市竞争的舞台。

长期以来，我们沉浸在经济高速发展的成就中，忽略了对文化资源的保护，更缺少对其文化价值的深入挖掘，与世界一流湾区相比，我们缺少对自身特色文化的空间场所展示以及促进文化发展和交流的文化设施的建设，例如国际一流的学校、艺术馆、博物馆、展览馆等相对不足，无法提供丰富的文化精神消费产品。包括我们对待城市更新的方式，到底是在保留还是消灭这些文化活动载体的场所和人群？通过大量的城市更新，以后还会"来了，就是深圳人"吗？

今天，我们对文化资源保护与价值挖掘日益重视，希望大湾区能够成为文化复兴与自信的先行与示范，更加关注文化的保护与合理利用，按照世界一流湾区的标准完善各类文化设施，让湾区成为人们创造价值的物质场所以及人们享受价值的精神家园，让大家"来了，就是湾区人"。

1.4.5 维度 5：突破制度壁垒，营造协同湾区

依托"一国两制"的制度优势，粤港澳大湾区率先崛起，形成了从早期"前店后厂"到今天"金融+科技+制造+商贸"的产业分工模式。随着深圳等城市的崛起，香港与内地之间产业势能差距在缩小，产业以垂直分工为主逐步过渡到相互协作，从以制造业为主过渡到以创新为主的全产业链，更需要人、信息、物、资金等要素的自由流通，需要标准和规范与国际的对接。

虽然深圳、广州的经济总量已经追上香港，香港、澳门也面临着产业适度多元化和经济持续发展的困境，但港澳无论是在与国际对接还是社会治理和营商环境，金融、科教、旅游等产业方面都具有绝对竞争优势，尤其是在"一国两制"下，这种优势将更为突出。粤港澳大湾区要在"一带一路"中发挥重要引领作用，建设世界一流湾区，不仅要体现在经济总量上，更要体现在具有国际竞争力的社会治理、专业服务业等方面。因此，"一国两制"未来仍是粤港澳大湾区区别于其他湾区的最大优势，可以继续发挥港、澳面向国际，深圳等九大城市面向内地的两个窗口和扇面优势，内部相互学习借鉴，产业上联合创新、协作升级，制度上逐步改善与突破，实现整个大湾区在发展上与国际的接轨以及对"一带一路"沿线地区的引领。

因此，一方面，粤港澳大湾区需要国家层面的顶层设计，在重点领域进行突破，建立良好的区域协调机制，推进社会治理的国际化。另一方面，在重点地区，如前海、南沙、横琴等国家新区和自贸区进行探索，衔接建设标准与规范，拓展经济合作领域，探索制度改革与创新，实现粤港澳优势资源的最佳配置。同时，深圳等九大城市利用港澳拓展国际合作，为内地企业走出去提供平台与服务，港澳利用深圳等九大城市推进产业多元化、拓展内陆经济发展腹地、实现长期繁荣稳定。

【本节作者：石爱华，中规院深圳分院规划设计二所，主任工程师；邱凯付，中规院深圳分院规划研究中心，主任研究员；李福映，中规院深圳分院规划设计四所，主任工程师】

第2章
湾区新观察：
粤港澳大湾区的热点与思考

2.1 生态湾区：从流域到海湾，生态逻辑之变

粤港澳大湾区的核心生态资源是海湾，东江、北江、西江等河流是联系海洋与陆地的纽带，海洋、河湖、陆地相互依存，构成了海陆一体的生态系统。以湾为核，以海定陆，海陆统筹，是思考与解决大湾区生态环境问题的关键所在。

2.1.1 核心特征：海陆一体且资源丰富，但有过度开发之忧

2.1.1.1 生态条件优越，自然资源丰富

大湾区北依环形山区绿色生态屏障，南临海洋蓝色生态屏障，西江、北江、东江等区域性生态廊道纵横交错，生物多样性丰富，是国际候鸟迁徙停歇越冬中转站和栖息地。区域生态系统类型多样，森林生态系统占比达54%，并分布有100余个自然保护区、风景名胜区、森林公园、湿地公园、郊野公园等生态保护区。湾区及周边海域油气和天然气水合物等能源开发利用潜力大，地热、海沙、地表水及地下水等资源丰富，滩涂和浅海区等后备土地资源发展潜力大[1]。

2.1.1.2 城市生态系统基本稳定，环境质量有所提升

根据中国城市建设统计年鉴，大湾区各城市建成区绿地率和人均公园绿地面积逐年增加，休闲生态空间不断扩大，到2017年，大湾区城市建成区绿地率平均为41.59%，绿化覆盖率平均为45.31%，人均公园绿地面积平均为19.11平方米[2]，各城市主要绿化指标基本达到国家生态园林城市标准，城市生态系统相对稳定。区域内主干江河水质保持良好，饮用水源水质达标率、城镇污水处理能力和生活垃圾无害化处理量等指标得到一定提升，空气主要污染物年均浓度得到有效控制[3,4]。

图 2-1 大湾区生态资源分布

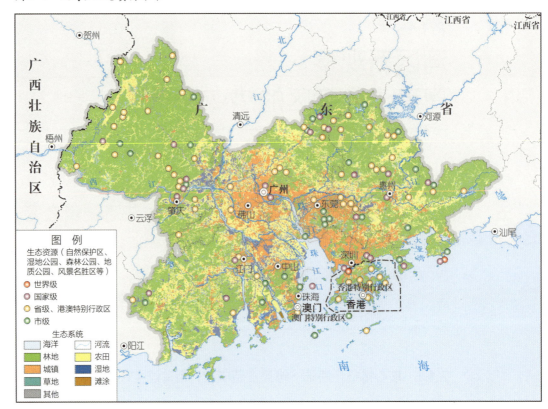

图 2-2 大湾区 2017 年各市绿化指标统计

图 2-3 大湾区各市历年绿化覆盖率变化趋势

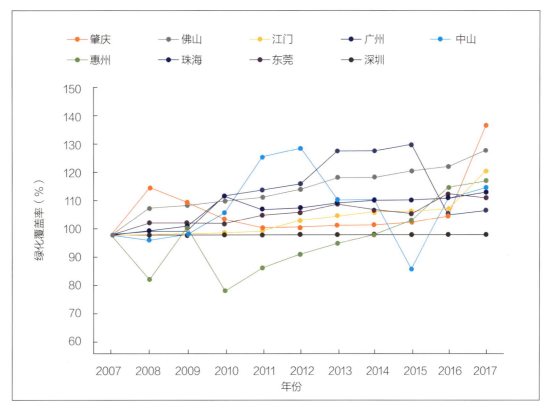

2.1.1.3 生态空间减少，生态格局破碎化

改革开放以来，大湾区处在快速城镇化过程中，建设用地扩张规模大、速度快。根据遥感解译结果，2000~2015年，大湾区建设用地增长3396平方公里，年均增长约5%。城镇扩张占用了大量生态用地，海陆之间的生态过渡带、城乡农林过渡带、山海之间的生态廊道等被人为活动破坏和阻断，导致区域生态格局趋于破碎化，也引发生境破坏、光污染、城市热岛效应等一系列问题。

2.1.2 热点思考：拥湾发展，大量围填海带来大湾区生态解体之忧

2.1.2.1 热点事件：我国全面停止新增围填海项目审批

2017年11月，国家海洋局和广东省人民政府联合印发《广东省海岸带综合保护与利用总体规划》，提出坚守自然岸线保有率的自然资源利用上限，全面实施围填海限批，规划围填海控制线259平方千米，建立区域节约集约用海的新模式。2018年7月，国务院《关于加强滨海湿地保护严格管控围填海的通知》指出，我国将完善围填海总量管控，取消围填海地方年度计划指标，除国家重大战略项目外，全面停止新增围填海项目审批，同时，我国将严格限制围填海用于房地产开发、低水平重复建设旅游休闲娱乐项目及污染海洋生态环境的项目。

图 2-4 大湾区建设用地演变

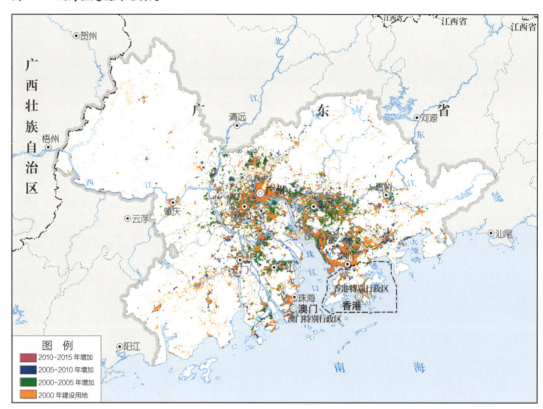

2.1.2.2 观点：海洋生态系统大面积被人工化改造，湾区亟须海陆统筹一体化发展和精细化管理

1. 大湾区围填海过程速度快、面积大、范围集中

根据历史遥感影像解译，1973~2017年，大湾区填海造陆面积总计约758平方公里，仅低于渤海湾地区所填海的907平方公里，高于长江三角洲地区以及旧金山湾区、东京湾区[5]。仅深圳、珠海、香港、广州四地的填海面积就达到575平方公里，占大湾区总填海面积的75%以上。大规模的填海造陆也导致珠江口海湾面积缩减了15%以上，面积超过270平方公里，若按此速度估算，到2035年海域面积将再减少109.8平方公里，超过一个深圳湾的面积。

世界主要湾区有资料记录以来的围填海面积统计　　　　　　　　　　　　　　　　表 2-1

地区名称	粤港澳大湾区	渤海湾	长三角	旧金山湾区	东京湾区
围填海面积（平方公里）	758	907	576	619	250

注：粤港澳、渤海湾为1973~2017年的数据，旧金山为1849年以来的数据，东京湾为1868年以来的数据。下同。

图 2-5　世界主要湾区有资料记录以来的围填海区域分布

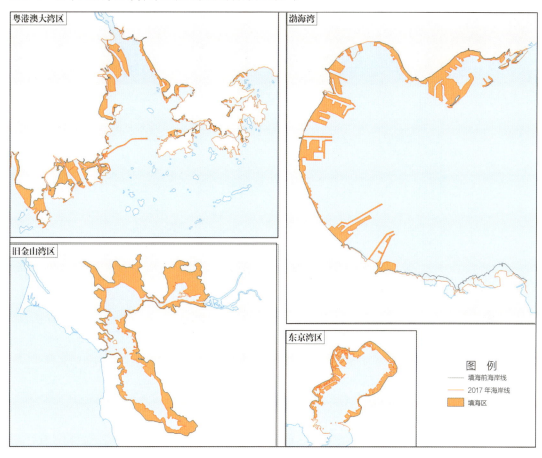

图 2-6　珠江口海湾 1973~2035 年面积变化及预测

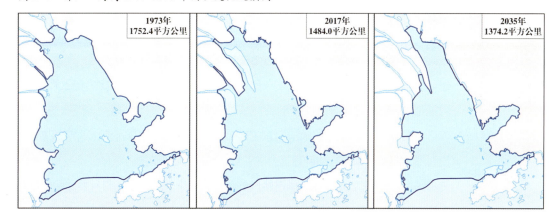

2. 填海造地成为战略地区空间拓展的主流

大湾区核心城市的土地开发强度已超过或接近开发强度警戒线30%，如深圳、东莞、珠海、广州分别为48%、47%、35%、25%，香港为24%。受限于土地资源紧张，这些城市要摆脱传统发展路径制约，只能调整旧有经济产业结构和城市空间布局，将眼光转向海洋。随着前海新区、南沙新

图 2-7 大湾区围填海空间分布

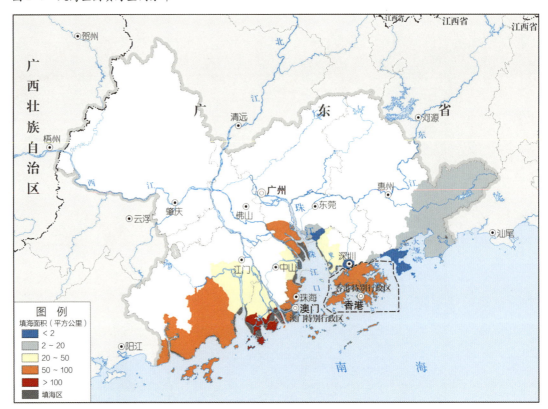

区、横琴新区、翠亨新区、东莞滨海湾新区、澳门新城区、深圳海洋新城等一大批新城、新区陆续开始围填海建设,向海洋要空间、要资源、要发展,向海发展已经成为大湾区经济发展的主流。

3. 自然岸线持续减少

大湾区海洋生态系统的人工化改造也反映在自然岸线变化上。根据遥感图像解译和相关研究成果,1973年,大湾区人工岸线占比仅10%,主要分布在香港地区;到2016年,人工岸线占比达65%,虽然这一比例低于全国70%和渤海湾95%的人工岸线占比,但上升速度较快。与世界主要湾区相比,大湾区海岸线长度最长,是渤海湾的近2倍,是旧金山湾区和东京湾区的3倍以上;大湾区和旧金山湾区自然岸线占比均为35%左右,渤海湾和东京湾区的自然岸线占比极低。2017年出台的《海岸线保护与利用管理办法》规定,2020年全国自然岸线保有率不低于35%(不包含海岛岸线),大湾区自然岸线比例已超过或接近这一限制,几乎无可开发岸线余量。

世界主要湾区2017年自然岸线长度统计　　　　　　　　　　　　　　　　表2-2

湾区	大陆岸线总长度(公里)	自然岸线占比(%)
粤港澳大湾区	2181	34.5
渤海湾	1268	3.5
旧金山湾区	672	35.1
东京湾区	651	2.1

图 2-8 世界主要湾区 2017 年岸线类型分布

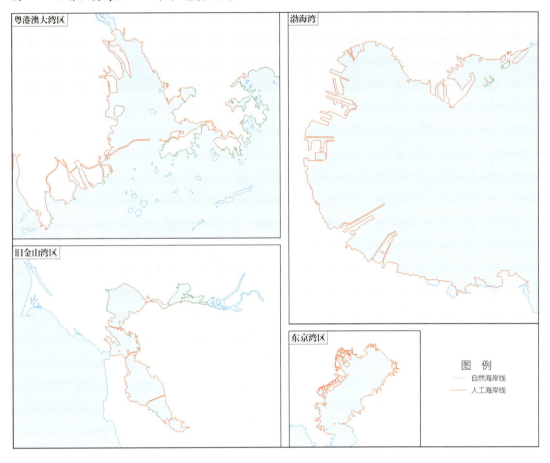

图 2-9 大湾区 1973~2016 年岸线类型变化

图例 —— 自然海岸线 —— 人工海岸线

4. 有待实施海陆统筹，提高海岸带空间治理能力

2017年10月，党的十九大提出，"建设生态文明是中华民族永续发展的千年大计，必须树立和践行绿水青山就是金山银山的理念""坚持陆海统筹，加快建设海洋强国"。在建设海洋强国目标的引领下，在全国大力推进新型城镇化和生态文明建设的背景下，在自然资源约束的条件下，未来大湾区需要提高开发质量，加强海陆统筹，实施基于生态系统的海岸带综合管理，优化海岸带综合保护与利用空间格局，以海岸线为轴，以分类分段功能管控为抓手，实现精细化管理，协调海域陆域功能对接，提高海岸带空间治理能力。

图 2-10 大湾区 2017 年自然岸线分布

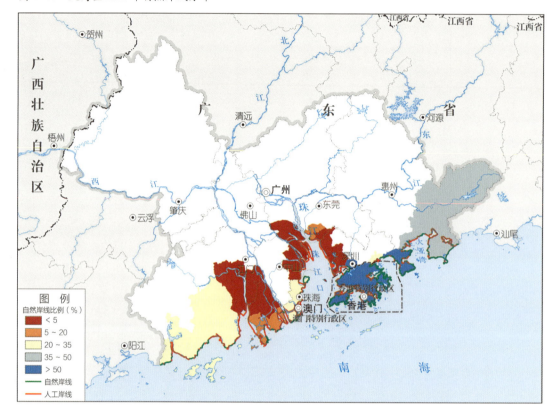

2.1.3 热点思考：成长的代价，一湾清水何处寻

2.1.3.1 热点事件：珠三角黑臭水体治理不力被中央环保督察组"点名批评"

2016年，广州53条重点整治河涌中，47条属劣Ⅴ类水体[6]；深圳15条主要河流中，12条主要河流属劣Ⅴ类水体[7]；东莞劣Ⅴ类水体比例为40.0%[8]；惠州14.3%的断面水质为劣Ⅴ类[9]；佛山7条主要内河涌中4条水质为劣Ⅴ类[10]；珠江口及周边区域大部分近岸海域水质劣于第四类海水水质标准[11]。2017年4月，广东省珠三角地区因黑臭水体整治不到位，被中央第四环境保护督察组"点名批评"；2018年6月，中央第五环境保护督察组对广东省开展"回头看"工作，经现场督查发现，广州、深圳、东莞未上报黑臭水体占全国的80%。

2.1.3.2 观点：控源截污不到位，水污染流域长效治理机制未形成

1. 重点城市污水管网建设滞后，污染物直接排放未得到有效控制

2016年，广东省纳入监测的入海排污口有近一半位于珠三角，大湾区有4个排污口超标[11]。大湾区入河废污水量占广东省的50%以上，广州、深圳、佛山、东莞等核心城市污水网管收集率和处理率均不高，水污染物排放量大，最终汇入海洋，污染近岸海域。以深圳为例，截污是深

圳治水攻坚的重点，目前，深圳污水处理厂的日处理能力已大于实际污水量，只有加快推进管网完善，才能提高污水收集率，使污水处理厂的效能得到充分发挥。然而，截至2016年底，深圳市污水管网缺口达4600多公里，全市污水收集率不足50%。此外，广州市"十二五"规划建设1884公里污水管网，实际建成590公里，只完成目标任务的31%；东莞市城市污水管网"十二五"规划要求建设1080公里，仅完成240公里，37座污水处理厂中35座管网建设未配套到位[12]。

2. 治水工作过于急功近利，缺少系统和整体谋划

一些城市不能坚持长期治水工作，急功近利，统筹协同不够，导致整体收效甚微，如深圳市在茅洲河等流域污染治理中，大量采取箱涵截污，导致清污不分、雨污不分，截污效果大打折扣。东莞市黄沙河（同沙段）经过督察治理后，还存在控源截污工程不彻底，多处污水直排入河，多处垃圾堆放在河岸内，以及上游支流情况水质较差导致污染物直接入河的情况，仍属于未消除黑臭水体。为了有效整治城市黑臭水体，应根据黑臭成因、污染程度和治理目标，因地制宜、综合部署，制定系统化的污水治理策略和方案，从城市水系统、流域水循环、区域生态建设等方面进行城市水体综合治理[13]。

3. 缺乏流域水污染联防联控机制，跨界河流污染严重

大湾区流域干流水质良好，但部分跨界河流和流经城市的局部河段污染较为严重，水体黑臭现象明显，广佛漖表涌、牛肚湾涌，深莞茅洲河、石马河，深惠淡水河等跨界水体污染问题突出。大湾区水环境治理应打破行政区划壁垒，逐步建立流域水污染联防联控体系，充分发挥流域协作机制监督作用，强化跨界断面和重点断面水质监测和考核，建立完善水质监测信息共享机制。同时，实施大湾区入海污染物总量控制，从流域统筹，合理规划布局入海排污口。

2.1.4 热点思考：上善若水，海湾水生态共治是最大的共识

2.1.4.1 海陆统筹，构建分类治理模式

大湾区海湾众多、河网纵横、山区环绕，海洋、河流、森林等不同生态系统既相互联系又存在差异。区域生态环境治理必须具有系统性思维，由海向陆寻找生态环境问题产生的机理和治理方式，建立陆海统筹的生态系统修复和环境污染防治区域联动机制。基于大湾区的自然生态特征，遵循"以海定陆、以水定城"的理念，将大湾区各市辖区（县）划分为海岛区、珠江口湾区、沿海区、沿江区、沿河区5种类型，构建生态环境分类治理模式，让生态建设与环境治理更具针对性和可实施性。

2.1.4.2 海岛区

海岛区包括97个岛屿，分别属于5个城市。海岛是大湾区的核心自然资产，在海洋经济发展中

具有重要的经济和生态价值。该类地区实行分类开发保护，对于无居民海岛应加强海岛保护和受损海岛的整治修复，完善海岛防护林带建设等；对于有居民海岛应加强生态保护，合理控制海岛开发建设规模等。

2.1.4.3 珠江口湾区

珠江口湾区包括香港、澳门2个特别行政区以及14个沿海区（县），分别属于5个城市。海岸带是湾区社会和经济活动最活跃的区域，拥有一片美丽、洁净、宽广的海洋是打造世界一流湾区的基础。该区域拥有大湾区最重要的海岸带资源，分布有前海新区、南沙新区、横琴新区等一大批国家级、副省级新区、新城，是承载大湾区未来发展的核心区域。该类地区应以建设珠江口宜居湾区为目标，集约高效利用土地资源，严格控制围填海区域、面积和海岸带开发强度，并推动珠江口湿地修复，实施入海污染物排放总量控制制度等。

2.1.4.4 沿海区

沿海区包括除珠江口湾区以外的其他8个沿海区（县），分别属于4个城市。该类地区应加强自然海岸线保护，修复受损的海洋生态环境，推进美丽海湾建设，合理发展海洋捕捞和旅游业，加强重点港口和渔港环境污染治理。

2.1.4.5 沿江区

除沿江且沿海的区（县）外，包括53个沿西江、北江、东江三大主干江河的区（县），分别属于7个城市。与世界级湾区相比，大湾区的近岸海域水质较差，特别是珠江口近岸海域水质常年为劣四类，而江河是连通海洋与陆地的通道，改善海洋水质的前提是治理上游河流水体污染。该类地区应重点加快城镇污水处理设施建设与改造，削减污染物排放量，强化水污染协同治理和流域联防联治，积极防治农业面源和固体废物污染，加强耕地土壤污染监测及生态修复，加快推进森林生态体系和城市森林绿地建设。

2.1.4.6 沿河区

沿河区包括31个沿河道支流的区（县），分别属于7个城市。该类地区虽然没有主干江河过境，但分布有众多支流水系。应强化陆地污染源头治理，加快城镇污水处理设施建设与改造，强化农业面源污染治理，推进农村环境连片综合整治，加强山地原生生态系统保护，建设以连片山地为核心、以森林植被为主体的天然生态屏障。

生态环境治理区划分 表2-3

类型	市/特别行政区	市辖区（县）
海岛区	江门	台山市管辖海岛
	珠海	金湾区、香洲区管辖海岛
	深圳	南山区、盐田区、大鹏新区管辖海岛
	香港	香港管辖海岛
	惠州	大亚湾区、惠东县管辖海岛
珠江口湾区	珠海	香洲区
	中山	南朗镇、民众镇
	广州	南沙区、番禺区、黄埔区
	东莞	虎门镇、长安镇、沙田镇、麻涌镇
	深圳	宝安区、南山区、福田区、罗湖区
	澳门	全境
	香港	全境（除岛屿）
沿海区	江门	台山市、新会区
	惠州	大亚湾区、惠东县
	珠海	斗门区、金湾区
	深圳	盐田区、大鹏新区
沿江区	肇庆	封开县、德庆县、高要市、端州区、鼎湖区、四会市
	佛山	三水区、南海区、禅城区、顺德区、高明区
	江门	鹤山市、江海区、蓬江区
	广州	白云区、天河区、越秀区、荔湾区、海珠区、增城区
	中山	坦洲镇、神湾镇、板芙镇、大涌镇、横栏镇、古镇镇、小榄镇、东凤镇、南头镇、黄圃镇、三角镇、阜沙镇、东升镇、港口镇
	惠州	博罗县、仲恺区、惠城区
	东莞	厚街镇、洪梅镇、道滘镇、南城街道、东城街道、莞城街道、万江街道、望牛墩镇、中堂镇、高埗镇、石碣镇、石龙镇、茶山镇、石排镇、企石镇、桥头镇
沿河区	肇庆	怀集县、广宁县
	江门	开平市、恩平市
	广州	花都区、从化区
	中山	西区街道、沙溪镇、石岐街道、东区街道、南区街道、五桂山街道、三乡镇
	惠州	惠阳区，龙门县
	东莞	大朗镇、大岭山镇、寮步镇、东坑镇、横沥镇、常平镇、谢岗镇、樟木头镇、黄江镇、塘厦镇、清溪镇、凤岗镇
	深圳	罗湖区、光明新区、龙华新区、龙岗区、坪山新区

图 2-11 生态环境治理区划分

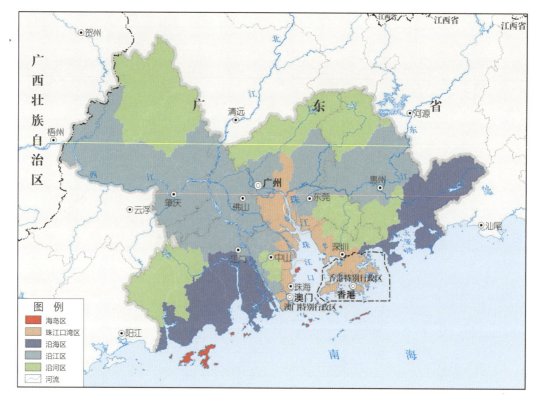

【本节作者：何舸，中规院深圳分院城市基础设施研究中心，研究员；牛宇琛，中规院深圳分院城市基础设施研究中心，研究员】

参考文献

[1] 粤港澳大湾区自然资源与环境图集. 北京：国土资源部中国地质调查局，2017.

[2] 2016年中国城市建设统计年鉴. 北京：住房和城乡建设部，2017.

[3] 2016年广东省环境状况公报. 广州：广东省环保厅，2017.

[4] 粤港澳珠江三角洲区域空气监测网络2016年监测结果报告. 粤港澳珠江三角洲区域空气监测网络质量管理委员会，2017.

[5] Martín-Antón M, Negro V, del Campo J M, et al. Review of coastal Land Reclamation situation in the World. Journal of Coastal Research, 2016, 75（sp1）：667-671.

[6] 2016年广州市环境状况公报. 广州：广州市环境保护局，2017.

[7] 2016年度深圳市环境状况公报. 深圳：深圳市人居环境委员会，2017.

[8] 2016年度东莞市环境状况公报. 东莞：东莞市环境保护局，2017.

[9] 2016年惠州市环境质量状况公报. 惠州：惠州市环境保护局，2017.

[10] 佛山市2016年环境状况公报. 佛山：佛山市环境保护局，2017.

[11] 2016年广东省海洋环境状况公报. 广州：广东省海洋与渔业厅，2017.

[12] 中央第四环境保护督察组的反馈意见. 北京：环境保护部，2017. http://www.mee.gov.cn/gkml/hbb/qt/201704/t20170413_411481.htm，2017.

[13] 胡洪营，孙艳，席劲瑛，等. 城市黑臭水体治理与水质长效改善保持技术分析. 环境保护，2015（13）：24-26.

2.2 创新湾区：掌控科技命门，转向创新链整合

2.2.1 核心特征：全球超级的供应链，高效的创新转化力

2.2.1.1 长期"世界工厂"的地位孕育出全球不可替代的产业链与供应链网络

过去10年，来自大湾区的"中国制造"占据了全世界70%的鞋和玩具市场，50%以上的个人电脑、手机、彩电、空调以及40%的纺织品市场。经过长期加工贸易的积累，大湾区产业层次多元、梯度差异明显，有像富士康、比亚迪、伯恩光学等上万甚至上10万、30万人的超级大厂，也有散布于佛山、东莞各个镇的工业区和以配套为主的村镇型小企业。大湾区的生产制造以精密制造见长，智能硬件生产容易找到精准性供应商，企业间形成较为完善的生态网络，低成本与短交易优势突出。全球每5部智能手机就有1部产自东莞，一部手机，有一千多个零部件，60%的供应商都聚集在深圳、东莞两地。强大的产业链及供应链网络是大湾区参与全球竞争的核心竞争力。

图2-12 珠三角及香港出口贸易去向及占比[1]

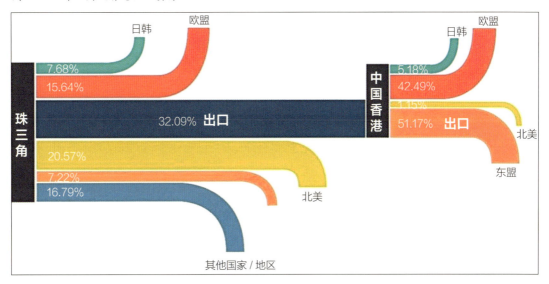

2.2.1.2 硬件创新与应用创新成为大湾区创新的重要标签

强大的科技成果转化能力是大湾区创新的突出特点，其产业链能快速响应创业者的各种需求，将全球各种技术创新嫁接应用到产业链上，快速转换成产品。作为"硬件产业的硅谷"，深圳完善的生产生态系统为设计—孵化—生产—运营提供一站式服务。制造一个机器人，在硅谷集齐零部件

图 2-13 创新模式的差异

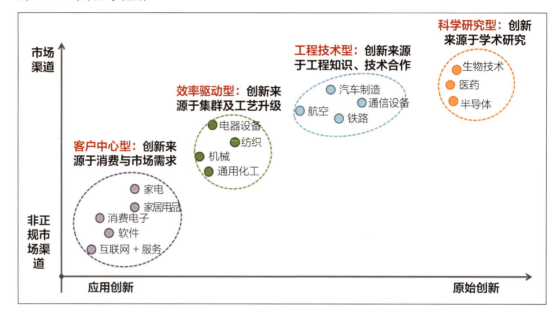

需要一个星期，而在深圳只需一个下午，且成本相当于硅谷的1%到5%。柔宇科技创始人刘自鸿曾说过："如果说硅谷是全球技术创新聚集地，可以接触最前沿的信息，那么深圳就是拥有非常密集的电子产业供应链资源，可以把技术快速转化为产品"[2]。

2.2.1.3 链接海陆超大规模市场，大湾区是全球产业体系的巨型枢纽

大湾区集聚各种创新链、产业链、物流链，链接庞大的内需市场与海外市场，不断向原材料产地输出资本、制成品、基础设施和就业机会，同时向西方发达国家提供各种工业品和创新落地的机会，涌现出一批拥有全球要素配置能力和服务全球市场能力的企业。大湾区拥有兼顾弹性与效率的产业链及供应链网络，参与全球各种产品的生产，发挥着难以复制的作用。近些年以大湾区为代表的中国供应链网络全球化扩张，进一步强化了"全球技术+中国制造+全球市场"格局，成为全球产业转移的"终点站"[3]。

2.2.2 热点思考：如何抓住供应链向创新链转化的命门

2.2.2.1 热点事件："中兴事件"折射出大湾区基础创新缺失的命门

2018年4月16日，美国商务部工业与安全局（BIS）以中兴通讯未对涉及历史出口管制违规行为的某些员工及时扣减奖金和发出惩戒信，和其在2016年11月30日和2017年7月20日提交给美国政府的两份函件中对此做了虚假陈述为由，做出了激活对中兴通讯和中兴康讯公司拒绝令的决定。受拒绝令影响，中兴通讯公司主要经营活动无法进行。

图 2-14 国内主要城市创新水平的差异

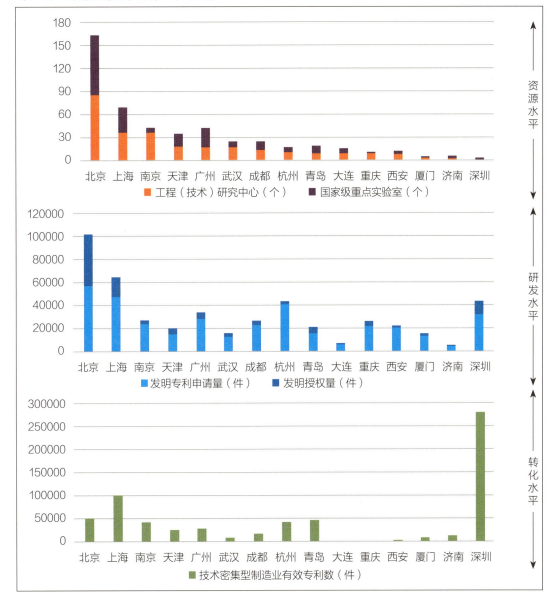

2.2.2.2 观点：兼顾基础创新与应用创新，是大湾区实现产业链向创新链转变的关键

"中兴事件"虽然不能完全代表大湾区企业的整体面貌，但对大湾区企业是个镜鉴。缺失核心芯片的供应链网络更像是一堆"巨婴儿"，有体无脑，大而不强。实事求是地讲，在芯片等科技领域，大湾区与国际领先的湾区仍存在巨大的差距，亟待加快基础创新化解"巨婴症"。

基础创新的突破必须扎扎实实培育基础创新的土壤，健全基础创新的生态体系。通用芯片的应用系统非常复杂、研发投入巨大、产业链冗长，需要市场的不断检验认可实现技术迭代升级，难以借由足够的人力和单个企业在技术上取得突围实现终端的快速应用。当前芯片等科技领域是系统性的落后，需要从基础性研究着手，发挥政府与市场的各自作用，不断培养数学、物理等基础学科的人才，再逐步掌握工业研发设计等核心技术。

2.2.2.3 观点：加强重大科技资源开放共享，深化产学研合作，才能破解大湾区弱"芯"之痛

1. 不缺基础性、前沿性研究平台

粤港澳大湾区集聚了香港大学、香港科技大学等5所世界百强大学，拥有中山大学、华南理工大学等国内知名重点高校，汇聚散裂中子源、超算中心、中微子实验室、国家基因库等重大科技基础设施和40多家国家重点实验室。

2. 基础创新的势能难以发挥，科技成果转化率较低

例如，香港在发光二极管技术、薄膜太阳能光伏技术、云计算、生物医学、纳米材料和电动汽车等方面具备技术领先优势，但科技成果的产业化落后。反观其他湾区，以大企业主导创新为特色的东京湾区科技成果转化率高达80%以上；旧金山湾区斯坦福大学的学术成果则培育了谷歌、惠普、雅虎、思科、英特尔等一批全球知名公司。

3. 加快科技资源成果的开放共享是大湾区破解基础创新不足、关键技术缺失难题的重要路径

未来可在以下方面进行探索：建立粤港澳大湾区科技资源开放共享管理体系，加快推进湾区内大型科学仪器开放共享；支持珠三角企业与港澳高校、科研院所共建研发机构和技术转移机构，开展研究开发、成果应用和推广等；鼓励各创新主体围绕重点产业、技术领域组建一批跨区域产业技术创新联盟，推动关键技术攻关；组织高校和科研院所形成粤港澳大湾区科技成果目录，推动科技成果与产业、企业需求有效对接，加快推动科技成果产业化[4]。

2.2.3 热点思考：香港再工业化、再创新，必须着眼于大湾区视角

2.2.3.1 热点事件："香港再工业化、再创新"折射出制造与创新的重要关系

2017年香港特区政府创新及科技局局长杨伟雄提出，为推动香港"再工业化"，特区政府将在土地、技术、资金和人才方面提供全面支持。近期香港科技发展白皮书《跑赢智能新时代》也明确提出香港建设"国际科技创新中心"的发展目标。最近在与香港院士的通信中，习近平总书记强调"促进香港同内地加强科技合作，支持香港成为国际创新科技中心，支持香港科技界为建设科技强国、为实现中华民族伟大复兴贡献力量"。作为世界最自由的经济体，香港正发力扭转制造业空心化的趋势，着力建设国际科技创新中心。

2.2.3.2 观点：加强与内地尤其是深圳的合作，共建国际产业创新中心，破解香港制造业空心化的难题

1. 工业发展地位尴尬，政策扶持不足

香港曾经提出"数码港""矽港""中药港"等产业项目，最终都未能实现，反映出工业在香港经济版图的尴尬地位。香港制造业的利润空间小且回报周期长，而投入房地产和金融领域的资本收益可达数倍或数十倍，这一客观现实致使很少有人或企业愿意专注于发展制造业。另外，工业在香港社会难以得到充分支持。香港回归后，应业界迫切要求，政府推出了中小企信贷基金、创新及科技基金等支持措施，但这些措施欠缺统一和全面的规划，制造业扶持政策往往卡在立法会环节，难以兑现[5]。与之形成对比的是，新加坡的制造业从劳动密集型成功转型为资本、技术和知识密集型，附加值不断提升，制造业和服务业成为经济增长的双引擎。当前，香港研发强度、工业企业研发支出占比、研发人员密度、风投资金量等系列指标难与新加坡相比，反映出香港产学研严重脱节，陷入恶性循环，发展高技术产业难上加难。

香港工业楼宇使用用途[6]（单位：百万平方米）　　　　　　　　　　　　　　表 2-4

工业楼宇总量	总量（建筑面积）	制造业	物流业	非商业用途
工业用地	9.93	0.83	5.37	3.73
其他指定用途（商贸）用地	15.16	1.04	5.04	9.08
住宅（甲类）用地	0.28	0.04	0.12	0.12
住宅（戊类）用地	1.59	0.21	0.67	0.71
综合发展区用地	0.89	0.06	0.44	0.39
总量	27.85	2.18	11.64	14.03

2. "香港研+内地造"的模式也许更适合香港建设国际创新科技中心的发展路径

以目前的产业格局来看，香港与内地尤其是与深圳合作不失为一个现实的路径。内地完善的生产网络尤其是深圳领先的科技产业创新网络可以为香港优质科研成果、风投资本提供创新孵化的土壤。香港可以加强与深圳的科技、教育和现代服务业合作，融入国家的发展大局，共建世界新硅谷。

2.2.3.3 观点：深圳需要突破"高成本"的魔咒，确保实体经济的健康发展

1. 降成本、保空间、留人才、优环境成为深圳加强实体经济发展的必然选择

受土地厂房租金、员工工资等要素成本上升影响，深圳一批企业开始有计划地在周边、内地开展产业转移。外迁的制造业不乏先进制造业，尤其是一些大中型企业。2014年中兴通讯将生产基地迁往河源；2015年比亚迪在汕尾投资建设新能源汽车产业基地；2016年华为终端转移至东莞

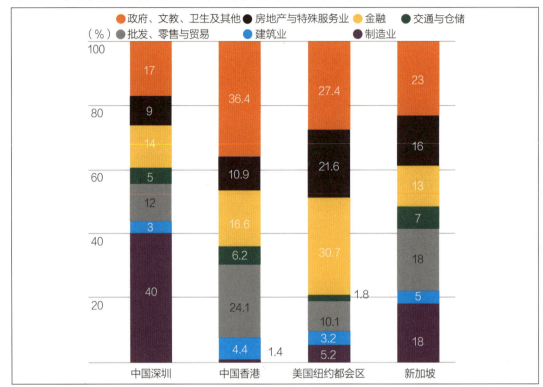

图 2-15 中国香港、中国深圳、新加坡、美国纽约都会区经济结构比较（2014 年）

松山湖；大疆科技早在2013年就在东莞买地；富士康更是早早地将生产线移到了郑州和贵州；欧菲光、兆驰股份、兴飞科技、海派通讯等企业将生产线搬迁至江西南昌。"深圳总部、研发+东莞、惠州生产制造"的模式成为很多公司的常态。制造环节加速转移到深圳以外，迁走的不仅是一个大型企业，更是一个产业链的迁移，很多上下游配套的企业也随之迁走，加速深圳产业空心化的危险。

2. 拓展与其他城市合作的飞地经济是深圳未来的有效途径

一方面，基于目前形成的"深圳总部、研发+东莞、惠州生产制造"的模式，推广飞地经济模式是深圳的必然选择，通过主动加强与周边城市的联系，合作共建产业园区，以合理的利益共享机制确保"飞出地"和"飞入地"两地共建的主动性和积极性。另一方面，深圳必须保障内部创新产业的发展空间，通过划定工业红线，避免无序更新带来的产业空间不断被侵蚀的风险。当然，"飞地经济"与"工业红线"并非完全能解决高成本的问题，如何确保该留的产业留得下、创新源头活水不断，仍需深圳保持改革先锋角色，创新城市经营思维，完善一系列政策与机制。2018年深圳加快创新区域合作共建模式，基于深汕合作区原有的合作模式——两地管理，深圳市主导经济管理和建设，汕尾市负责征地拆迁和社会事务，转变为深圳全面主导、直接管理、汕尾积极配合的合作模式，一方面拓展深圳城市发展空间，另一方面为汕尾融入大湾区提供对接平台，开国内飞地治理模式的首创。

2.2.4 热点思考：湾区创新空间何以发挥创新引领作用

2.2.4.1 热点事件：《广深科技创新走廊规划》引发创新模式的思考

2017年9月，《广深科技创新走廊规划》对外发布。规划提出，打造中国"硅谷"，形成全国创新发展重要一极，对标美国硅谷、波士顿地区等全球知名的科技创新区域，沿广深轴线形成高度发达的创新经济带，辐射带动全省创新发展。广深科技创新走廊成为大湾区建设全球科技产业创新中心的重要举措。

2.2.4.2 观点：创新走廊核心在于实质性破除城市间壁垒，推动区域协同创新

协同创新、完善湾区创新生态，成为大湾区创新的必然之路，而科创走廊正是由城市创新走向湾区创新、由应用创新走向基础创新的重要选项。香港空心化、澳门单一化、深圳产业空间房地产化、广州商贸模式平庸化的问题，推动大湾区建设国际科技产业创新中心。靠城市自我完善发展难以破解以上困境。科创走廊核心不在于构建多少个创新节点，不在于依托哪一条交通走廊，而在于实质性破除城市间壁垒，补齐各短板，促进要素自由流通，发挥集成优势，打造协同联动、灵活流动的湾区创新生态系统，构建"全球资金+一流科研院校和人员+大中小协作的科创制造企业+灵活流动的产业创新服务体系"。

2.2.4.3 观点：大湾区应立足于不同地区创新模式的差异，鼓励多元化集群式协同创新

大湾区各地区产业基础、发展路径不同，创新模式同样存在差异。东岸电子信息产业发达，兼具集聚与区域化布局特征，形成多样化的创新空间，园区、城区、社区成为创新活力地区，随着创新企业区域化布局以及创新联系网络化，创新能力高的地区呈现带状连绵特征；西岸以电气机械产业为主，呈现小集聚、大分散的特征，创新更多依附于园区或专业镇发展，呈现节点创新模式。未来随着大湾区创新动力、创新模式更加多元化，创新的空间组织特征无疑将更加多样化。湾区创新应当是和而不同的集群协同创新。

东岸未来需要构建更为紧密的创新网络，进一步发挥香港知识创新、深圳广州技术创新、东莞制造的联动模式，形成以大学为核心的知识生产中心、以科技园区为核心的创新转化中心和以城市中心为核心的交流中心，形成各类科技创新企业广泛联系的网络。

西岸未来具备更多想象的空间。一方面，西岸如中山、顺德等地区可专注于专业化的园区式/小镇型集群创新，在一定范围内集聚创新载体、企业和配套环节，建设专业化集群，进一步培育链接全球制造业网络的特色小镇，孕育隐形冠军。另一方面，"有风景的地方就有新经济"。随着港珠澳大桥、深中通道等通道的开通，东西两岸联系强化，西岸依托良好的山海城资源，具备更好的潜力培育新经济，可借鉴西雅图、波兹曼的发展模式，突出多元文化融合，吸引创新企业总部和研发机构的集聚发展。

图 2-16　2011 年以来新成立的高技术制造业企业分布图

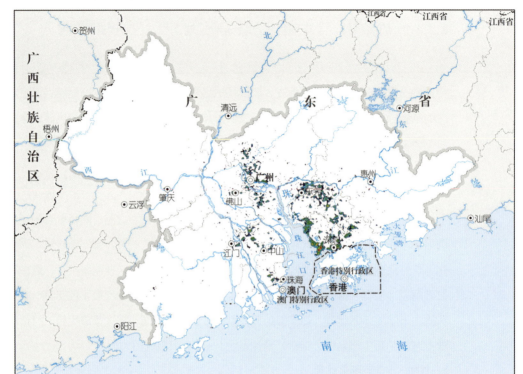

图 2-17　电子信息产业企业分布图

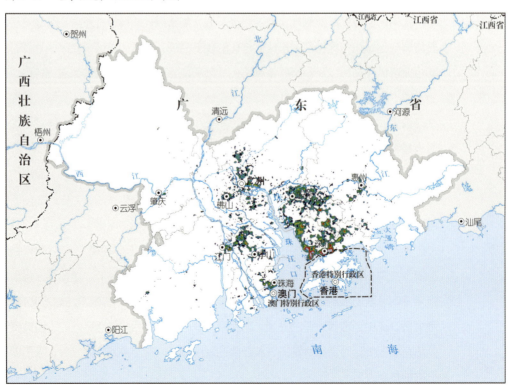

图 2-18 机械装备企业分布图

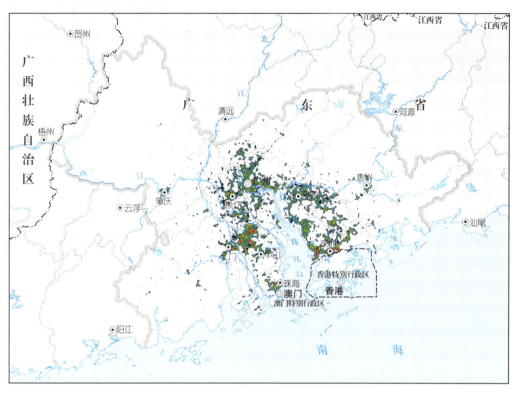

【本节作者：李福映，中规院深圳分院规划设计四所，主任工程师】

参考文献

[1] 李珊，麦夏彦，黄玫瑜，李敏胜. 构建珠江三角洲全球供应链优势——面对美国贸易保护主义的挑战. SYSU 城市化研究院，2018.8.

[2] 麦肯锡全球研究院. 中国创新的全球效应，2015.

[3] 罗振宇. 时间的朋友（2017）. 得到，2017.

[4] 长城智库. 粤港澳大湾区科技创新发展现状、问题与建议. 2018.

[5] 陈笑天，谢振忠，李杨. 以粤港澳大湾区建设破解香港去工业化魔咒. 中国经济报告，2017（9）:105-107.

[6] 梁焯辉. 香港在经济转型中的工业土地利用变化. 城 PLUS，2017.

2.3 互联湾区：实现真正跨境融合，任重而道远

2.3.1 核心特征：全球门户枢纽初成，互联互通仍存瓶颈

"跨境与融合"是粤港澳大湾区互联互通发展的主题，"一国两制"制度下的"跨境"话题是粤港澳大湾区独有的特色。"跨境"是湾区发展中最值得持续关注的焦点话题，同时也是湾区发展的最大挑战。

充分利用"跨境"的优势，交通先行，推动交通基础设施的互联互通是促进粤港澳大湾区发展的关键工作之一。在通常的概念中，"边界"往往被视为隔离、分隔等消极因素，而纵观人类发展的历史，很多边界地区往往是最具活力，也是合作和创新要素最集聚的地区。深圳能够在短时间内从小渔村成长为特大城市，创造人类城市发展的奇迹，也得益于深圳位处边界地区的优势。因此，在讨论"跨境"这一粤港澳大湾区独有特色时，应当关注到湾区跨境的互通程度将弱化地区的概念，并形成整体大于部分之和的效应。从功能上讲，国际机场、国际港口等重大对外门户枢纽也带有一定程度的边界属性，这些地区同样也会带来创新与合作的机遇。因此，粤港澳大湾区需要在新的形势下，抓住发展机遇，以交通基础设施互联互通为先导，促进湾区不断从"跨境"走向"融合"。

在关注基础设施的互联互通之外，粤港澳大湾区更要关注数字、信息等"看不见的基础设施"。数字和信息的互联互通是社会更充分发展的平台，实现数字和信息的互联互通也是提升湾区的整体竞争力与国际化程度，推动"互联湾区"建设的主要工作之一。目前粤港澳大湾区存在不同的制度和政策体系，需要完善制度设计，在营商环境、电子商务、资质认证、国际标准等方面突破约束，打破壁垒，实现物流、人流、资金流、信息流等的便捷、快速流动，实现"看不见的基础设施"间的互联互通，建立更加包容、共享的发展平台。

2.3.1.1 全球门户枢纽初步建成，面向内陆的互联互通有待提升

大湾区作为中国对外开放程度最高、全球贸易最活跃的地区，依托机场、港口持续强化与海外市场的联系是其交通发展历程中最显著的特征，特别是伴随着对外贸易高速发展的20余年，这个地区已形成了规模位居全球前列的机场和港口群，其全球门户枢纽地位初具雏形。2017年，大湾区集装箱吞吐量接近8000万TEU，约占全国港口集装箱吞吐总量的1/3、全球总量的1/10。"全球十大集装箱港"中，大湾区占据3席（深圳、香港、广州）；大湾区机场群客货运吞吐量超过2亿人次、800万吨，约占全国机场客货运吞吐量的1/5和1/2。在"2017年全球最繁忙机场排行TOP50"[1]中国区9家机场中，大湾区有3家机场入选（香港、广州、深圳）。广州、深圳机场国际航线持续增长，新增

图 2-19　2017 年世界知名机场群客货运吞吐量对比[2]

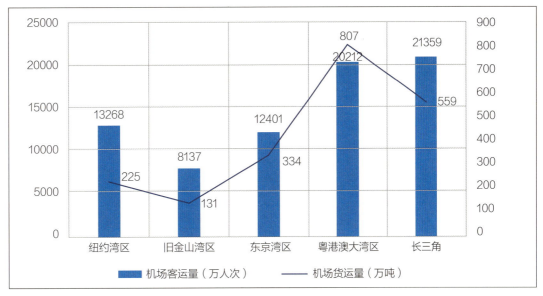

图 2-20　2017 年"全球十大集装箱"一览表[3]

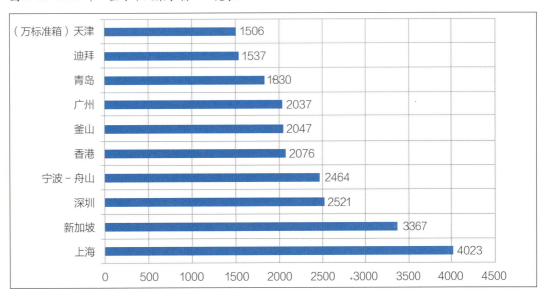

国际通航城市分别达20余座和19座。

相对于与海外广泛的联系，大湾区与内地其他城市群的快速联系无疑是短板。截至2017年，广东省铁路网密度全国排名14位，人均铁路拥有里程倒数第三。尤其时速350公里的高铁目前仅有京广—广深港客专，海铁集装箱多式联运薄弱，与成渝、关中、北部湾、长三角城市群尚未建立高效的联系通道，面向内陆城市群的客货运集疏运体系不畅、通道不足、时效性差，特别是与长三角相比差距明显，直接造成大湾区腹地狭小，难以支撑湾区域产业链的布局和对泛珠三角地区的带动发展。

图 2-21 现状高快速客运铁路运行速度图[4]

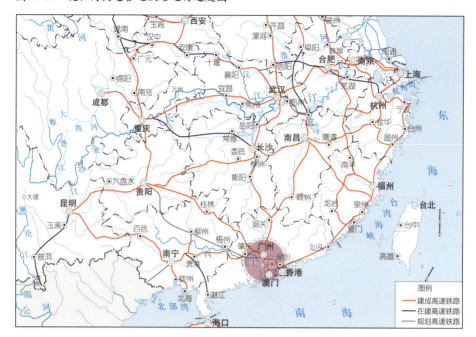

图 2-22 华南地区双层集装箱铁路通道

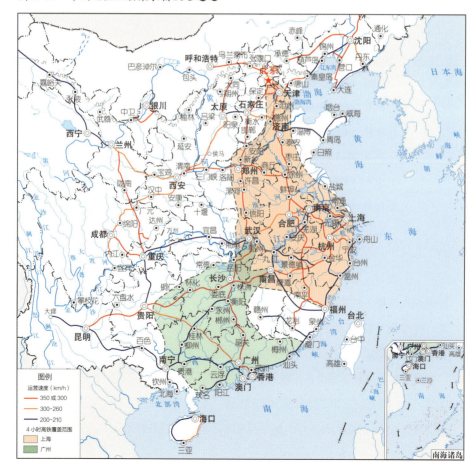

2.3.1.2 单核集聚逐渐向"枢纽—网络"组织转变，但城际交通建设滞后于城市群发展

随着广珠城际、广佛肇城际、佛莞—莞惠城际的建成，以广州为核心的"环型+放射线"的高速公路、城际轨道网日趋完善。但随着区域性产业链的布局以及生产和服务功能空间的分离，这种"单中心"组织模式难以适应多中心网络化的湾区空间格局。随着穗莞深城际、广深港高铁、港珠澳大桥的开通及在建的深茂铁路、深中通道，湾区正在由单核集聚向"枢纽—网络"的组织模式转变。

大湾区高速公路网密度已接近国际发达大都市区的密度水平，但城际轨道设施存在规划建设滞后、尚未成网、覆盖不足、服务水平不高、未能深入中心区、建设时序有待优化等问题，导致现状城际交通过度依赖公路，难以适应区域内对便捷、舒适、高效、低碳的出行要求。例如，广深通道全方式断面客流现状为1.51亿人次，但由于广深城际铁路容量有限、广州南站远离中心城区，导致广深通道公路分担多达1.06亿人次，占比高达70%。

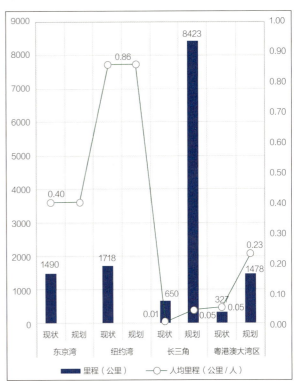

图 2-23　粤港澳大湾区与其他地区城际轨道建设及规划对比图 [5]

2.3.1.3 跨境交通设施建设逐步推动，但数字和信息互联互通水平亟须提高

大湾区既有实行"一国两制"的香港和澳门特别行政区，也有深圳、珠海两个经济特区以及前海、南沙、横琴三大自由贸易区。在大湾区一体化发展大背景下，跨境设施迎来新一轮的规划建设契机，各大自贸区、机场、港口及各市均对既有跨境设施容量和通关模式提出了新的要求，例如，深圳市正在推进莲塘、皇岗、福田、罗湖口岸的改造，珠海市在推动拱北口岸改造并谋划金湾机场口岸的建设，刚刚开通的广深港高铁、港珠澳大桥等均进一步推动跨境设施与区域交通设施的互联互通。

随着粤港澳合作从传统商贸、工业集聚走向高附加值科技创新集聚的发展，如深港科技创新特别合作区（河套）、前海深港现代服务业合作区、南沙新区、横琴新区等战略合作平台的发展越来越依赖于科技、创新、教育等数字与信息的融通，如何通过新型数字供应链的建设推动湾区融合发展成为新时代互联湾区发展亟待解决的问题。

图 2-24 按跨境频率及目的地划分的深港经常跨境人士变化趋势[6]

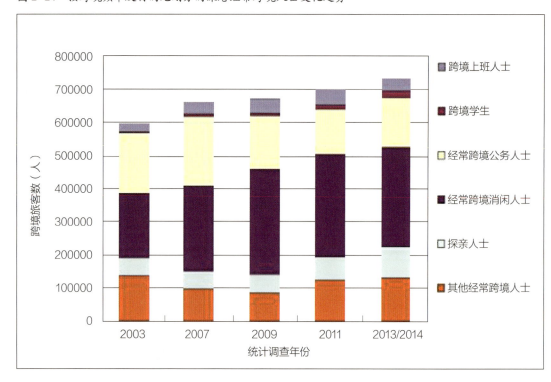

图 2-25 居于内地的香港居民往来香港及内地的平均每日旅客人次[6]

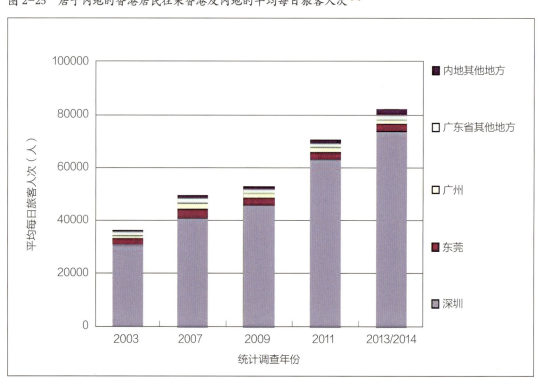

2.3.1.4 各个城市充分重视交通政策，但区域协调机制尚未建立

湾区各城市间的交流日渐频繁，跨城通勤、多城置业、换城居住（养老）等现象已日益普遍，湾区融合发展已成为现实的生活需求。自2010年以来，跨越深莞惠边界客流年均增长12.5万人次/日，目前日均已超过190万人次/日；根据滴滴出行、手机移动信令等大数据分析，2017年区域内"城际通勤"的人数较去年同期增长了近3倍，夫妻双方分别在广州、深圳工作的达15万对。为适应区域融合发展，各市在规划合作机制、交通运营机制上进行了积极探索，包括地铁跨市联通运营、跨城公共交通、跨境巴士、跨市联合交通执法等。但这种协调机制往往仅限于两市之间，未能达成更大范围的共识，急需建立一套大湾区交通基础设施规划建设的协调机制。

2.3.2 热点思考：背后的利益博弈，机场重组与虎门大桥之殇

2.3.2.1 热点事件："广东三大机场重组构想""虎门大桥节日交通瘫痪"引热议

1. 事件1：广东三大机场重组构想

中国城镇化促进会于2017年6月启动名为"建立产权融合的粤港澳航空运输改革试验区"的课题调研工作，广东省国资委提出对广州、深圳、珠海三大民用机场进行重组，并交由广东省机场管理集团统一管理运营。据报道，广东省国资委一度提出设想：三大机场合并后，广州机场已有的国际航线深圳机场不必再开设。该重组设想引起巨大争议，尤其受到深圳市的强烈反弹。深圳市有关人员表示，深圳要打造国际化城市，倘若深圳国际航空业务止步不前，深圳参与国际产业分工也必然受制约。在深圳看来，以行政力量而非市场力量主导机场合并，无异于重走计划经济老路，不利于深圳机场的发展。

2. 事件2：虎门大桥节日交通瘫痪

2017年9月30日、10月1日虎门大桥交通陷入瘫痪，堵车路段长达几十公里，拥堵时长超过20小时，场面堪称惨烈。从高德地图发布的《中国高速公路出行大数据报告》中可知，节日里莞佛高速东莞段最塞车，位列全国节日十大拥堵高速之首。

2.3.2.2 观点：大湾区区域基础设施规划建设需要强有力的协调机制

机场群和虎门大桥看似是不一样的话题，但从湾区基础设施建设历程来看，均把公众引向了"区域协调发展"的话题。实际上大湾区的基础设施建设速度、投入资金不亚于其他地区，拥有最具规模的机场群、港口群，发达的高速公路网和庞大的高铁、城际轨道建设计划，但由于重大交通基础设施建设的后面往往涉及城市间的利益博弈，推进过程中存在较大阻力，需要协调多个利益相关方，而且现状往往以行政级别或话语权而不是实际建设需求来决定。如2001年成立"珠三角五大机场研讨会（A5）"，所达成的协议并不对各大机场构成强制性约束，对

湾区机场群的协同发展未能发挥实质性作用；另以跨江通道为例，港珠澳大桥"双Y"和"单Y"之争，深中通道建设时序、深茂铁路是否公铁合建等等均存在较多争议。未来随着各市对跨境、跨行政边界交通设施诉求的增加和基于湾区整体交通效率的考量，机场与港口的重组或者协同发展、新一轮城际轨道线网规划修编、新增跨江通道的布局及其建设时序等均是区域协调的热点话题。

借鉴世界上著名城市群与大都市区的规划建设经验，在大湾区"一国两制"的政策环境下，以整体利益最大作为政策目标，创新大湾区协调机制，统筹协调交通基础设施的规划、审批、建设，实现"行政异城，经济社会同城"的目标，是重要的顶层设计和互联湾区的核心工作之一。

2.3.3 热点思考：湾区联动进入新时代，湾区发展需要"内外兼修"

2016年11月18日，总长26公里的广深港高速铁路香港段宣告全线贯通，并于2018年9月23日全线通车。这标志着粤港澳进入湾区联动时代，粤港两地形成"1小时"生活圈。

粤港澳大湾区的交通联系需要内外兼修，对外需要打通与周边城镇群的联系通道，对内需要以城际铁路服务支撑湾区内部跨境联系。

粤港澳大湾区作为中国经济最多元、最具活力的地区之一，随着湾区产业升级和区域产业空间布局的发展，与内陆腹地之间的高铁客流持续增长，面向长三角城市群、海西城市群、北部湾城市群、成渝城市群的高铁通道有待完善或提升。

目前跨境铁路仅有百年前兴建的广九铁路，港深西部快轨进展缓慢，跨境模式仍以一线边境口岸通关为主，难以应对湾区深度融合的区域发展需求。未来应站在大湾区视角，着力提升至香港、澳门跨境城际铁路的服务标准，整合制度界面的优势，创新通关模式和口岸布局模式，提供港、澳与湾区内各城镇，特别是深港科技创新特别合作区、前海、横琴等为代表的湾区重大跨境合作平台之间便捷的跨境交通服务，实现以香港、澳门为中心1小时交通圈基本覆盖湾区内圈层的目标，支撑香港、澳门与湾区其他地区的融通。

2.3.4 热点思考："看不见的基础设施"建设逐渐成为湾区融合发展重点

粤港澳大湾区成为全国两会热点，数字技术推动大湾区融合发展。自粤港澳大湾区2017年写入《政府工作报告》以来，社会各界不断提出有关大湾区的各种意见和建议。2018年全国两会期间，粤港澳大湾区成为与会代表和社会各界的关注议题，马化腾在《关于加快粤港澳大湾区建设 推动区域融合发展率先突破的建议》中提出，推动大湾区融合发展的关键领域和环节实现更大突破，如在居民生活方面，试点推行身份证明"E证通"，使大湾区居民在一部手机上承载多张证件，包括身份证、回乡证、电子港澳通行证等，实现一机在手、便利通行；在出入境便利化方面，探索运用人脸识别技术整合内地与香港、澳门出入境核检需求，提高通行效率。

湾区需要畅通两地信息流，创造粤港澳统一的信息基础设施和软环境。数字和信息资源日益成为重要的生产要素，推动着全球产业分工深化和经济结构调整。而现状大湾区各政府部门、地区、企业、科研、高校等之间往往是互不关联的"数据孤岛"，特别是与港澳之间的数字与信息跨境互通成为制约粤港澳大湾区科技创新活动和新空间发展的重要因素之一。如何优化协同机制，实现大湾区数字与信息的互联互通，全面整合与提升数字与信息产业链，是大湾区重塑和优化空间与产业布局、城市功能版图的机遇。

2.3.5 热点思考："一城一策"与湾区长远发展的取舍

为应对小汽车带来的交通拥堵，深圳、广州推出机动车"限外"政策。自2018年7月1日零时起，非广州市籍中小客车驶入广州市中心范围连续行驶时间最长不得超过4天，再次驶入须间隔4天以上。法定节日、召开中国共产党广东省代表大会、中国共产党广东省委员会全体会议、省人大会议、省政协会议和广交会期间不实施"开四停四"措施；政府公务车辆、邻近城市通勤的车辆可以申请豁免。在此前，深圳已将限行的区域扩大至全市域范围。

"一城一策"需要兼顾城市利益与湾区长远发展。广州、深圳等城市的限牌、限外政策的实施，以划定限行区域、限行时段等方式制约外地车辆进入城市核心拥堵区域，在一定的程度上有效缓解了城市的道路拥堵状况，但往往给区域交通运行带来诸多问题。例如，广州、深圳限牌后周边城市小汽车上牌数量上升，限行后外地车辆可能暂时减少，也有可能刺激市民购买更多车辆，以应对日常出行需求，同时停车难的问题更为严重，也不利于城市间的交流。因此，需要在更大区域对政策的影响进行深入评估，与周边城市进行协调，减少区域壁垒，并提供完善的配套设施。

【本节作者：李春海，中规院深圳分院交通规划设计研究所，所长；陈斌，中规院深圳分院交通规划设计研究所，研究员；李鑫，中规院深圳分院交通所，研究员；蔡燕飞，中规院深圳分院交通规划设计研究所，研究员；赵连彦，中规院深圳分院交通规划设计研究所，研究员】

参考文献

[1] "2017年全球最繁忙机场排行TOP50" CADAS分析师团队（www.CADAS.com.cn）．http://www.cadas.com.cn/cadas/home/info?id=20180312173649000001/abfb70a86e315272a4738074bcd3a6f9．

[2] 纽约湾区机场包括肯尼迪、纽瓦克、拉瓜迪亚、斯图尔特机场，旧金山湾区机场包括旧金山、奥克兰、圣何塞机场，吞吐量数据来源纽约与新泽西港口事务管理局官网（http://www.panynj.gov/）；东京湾区机场包括成田、羽田机场，吞吐量数据来源

CADAS 分析师团队（www.CADAS.com.cn）；粤港澳湾区、长三角机场吞吐量数据来源中国民用航空局"2017年民航机场生产统计公报"，（http://www.caac.gov.cn/XXGK/XXGK/TJSJ/201803/t20180307_55600.html）.

[3] 中国港口协会日前公布2017年全球集装箱港口100强榜单.

[4] 铁路布局及运营速度为截至2018年7月数据.

[5] 珠三角城际轨道数据来源《珠三角城际轨道交通规划实施方案》，广东省政府和原铁道部联合印发，2012；东京湾城际轨道指JR普线，数据来源《轨道上的世界——东京都市圈城市和交通研究》，刘龙胜等著，人民交通出版社，2017；纽约湾城际轨道指北方铁路，数据来源纽约与新泽西港口事务管理局官网（http://www.panynj.gov/）；长三角城际铁路数据来自"百度百科"，仅供参考.

[6] 香港规划署. 南来北往——2013至2014年跨界旅运调查. 2016. http://sc.isd.gov.hk/TuniS/www.info.gov.hk/gia/general/201612/29/P2016122800630.htm.

2.4 文化湾区：从文化资源到文化自信，重现活力价值

2.4.1 核心特征：同宗同源，多元包容，发展稍显滞后

2.4.1.1 大湾区文化特征：蕴含中华文化的底蕴，联接中西文化的纽带

历史上，大湾区所在地的人口组成主要为南粤族群，其中广府人[1]占60%。南粤族群语言相通，以粤语、客家话为主；饮食相同，粤菜自清朝起就走出国门，至今仍在全球具有极强的影响力，被誉为"最高端的中国菜"；文化相近，作为原生性文化的岭南文化，以农业文化和海洋文化为源头，融汇中原文化与西方文化，文化基因中包含务实、开放、兼容、创新特质，这种共同的文化基底与共鸣使得大湾区的文化认同感与内部团结性十分显著。

图 2-26 历史上大湾区所在地人口集聚过程

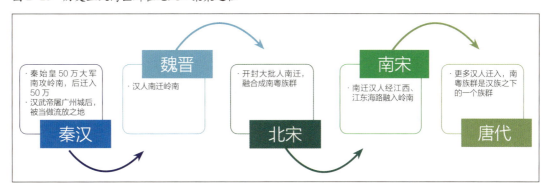

2.4.1.2 大湾区文化组成：主要包含岭南文化、海丝文化、近现代革命文化、国际交往文化等多种类型，彰显开放、包容、中西合璧特质

岭南文化是大湾区文化的重要组成部分（广府文化为主），它以广州为中心，吸取了由中原相继传入的儒、法、道、佛各家思想并不断迭代。20世纪六七十年代，又受到强势崛起的香港、澳门文化的深刻影响，注入了新的特征。而海丝文化则源于两千多年前，是国际商贸活动与文化交流的重要展现。近现代革命文化包含以广州为代表的革命文化策源地；以深圳、珠海等为代表的改革开放以后的历史建筑和风貌区，反映了我国改革开放窗口与市场经济发展前沿阵地的示范意义。国际交往文化体现在：香港的电影文化与国际旅游目的地的重要地位；澳门作为葡语系国家的文化交往与国际旅游目的地；广州在历史上的商贸文化发祥地，当今的亚非拉集聚区；深圳蛇口国际文化集聚区；江门五邑"中国第一侨乡"[1]等。

---

1 广府人是居住于岭南以粤语为母语的汉族群体，拥有粤语、粤剧、粤曲、粤菜等岭南文化的南粤人群。

2.4.1.3 大湾区的文化地位：自古以来是中华文化自信的重要展示平台之一

一方面，粤语作为汉唐汉语，更能体现中华文化的底蕴，粤语诵读更能表现古诗歌的旋律优美，更代表中国传统文化的正宗部分；联合国正式把粤语定义为是一种语言（language），而不是方言（dialect），并认定粤语为日常生活中主要运用的六种语言[1]之一。另一方面，大湾区是中国最早对外开放和最强大国力展示的窗口，千年商都广州是中国历史上唯一没有关闭过的通商口岸，兼容开放之风源远流长[2]。如今，坐拥香港、澳门以及前海、南沙、横琴三大自贸区，大湾区始终是代表着中国最开放、最活跃、最包容的先锋地区，未来仍有责任进一步强化创新和引领的作用，向世界展示中国的活力与魅力。

2.4.1.4 大湾区的文化指标：与国际城市群对比仍稍显滞后，城市群内部东西两岸尚不均衡

大湾区具有极好的文化基底，在新一轮的城市竞争中，与世界级城市群相比，在知名大学数量、国际组织总部数量、世界媒体500强数量、国际会议、国际友好城市、国际赛事等方面仍有所差距，而港澳在诸多方面起到了带动作用，已经具有国际领先的水平[3]。

珠三角城市群与世界级城市群文化指标对比　　　　　　　　　　　　　　　　　　　　表2-5

序号	文化相关指标	珠三角城市群（含港澳）	美国波士顿城市群	英国中南部城市群	日本太平洋沿岸城市群
1	世界大学TOP200（所）	0（5）	18	10	6
2	核心城市国际组织总部（含领事馆）数量（处）	50	113	181	—
3	"世界媒体500强"媒体数量（家）	3（18）	43	32	35
4	举办国际会议次数（次）	18（141）	176	20	149
5	国际友好城市数量（座）	94（271）	158	165	97
6	举办国际性体育赛事次数（次）	13	13	8	12

城市群内部，文化繁荣的地区主要集中在粤港澳大湾区内部的核心圈，湾区外圈层仍有较多区域有待进一步增加相关设施，同时，东岸地区的文化设施、文化产业发展基础和速度明显快于西岸[4]。目前，整个湾区还缺乏世界级的文化设施、事件或活动引领，以实现向生活湾区与文化湾区的升级和转变。

2.4.2 热点思考：形成大湾区自身不断创新、更加包容的文化标签

2.4.2.1 热点事件：从"来了，就是深圳人"到各城市"抢人大战"

2012年，由深圳大学生团队设计的"来了，就是深圳人；来了，就做志愿者"的公益广告享

1　联合国认定的日常生活中主要运用的六种语言为：英语、普通话、粤语、俄语、法语、西班牙语。

誉全国，海报写道："因为大家都是离开家的人，所以我们欢迎您……因为您是深圳辉煌三十年的恩人，所以我们欢迎您……"。从线上到线下，从互联网到户外空间，深圳精神迅速走红，充分展示了城市最大的包容、开放、亲切与温馨。结合2011年4月出台的《关于实施引进海外高层次人才"孔雀计划"的意见》，深圳在全国率先以最大的包容吸引"孔雀东南飞"，几年来一直不断探索加大人才政策力度，2017年3月出台的《深圳经济特区人才工作条例（草案）》进一步放宽了人才落户条件。

与此同时，2018年各个城市陆续掀起"抢人大战"，包括南京、成都、西安、长沙、珠海、杭州、天津、北京、深圳、吉林、郑州、石家庄等，纷纷出台落户、创业、科研、安居、就业等方面的优惠政策积极抢夺人才，觉醒于六年之后的人才抢夺，反映出各个城市开启对人力资本红利的争夺，意识到人力资本的创新性和创造性才是支持区域经济长期可持续发展的重要支撑。

2.4.2.2　热点事件：从"白石洲村旧改"到"水围村改造"

城中村是实践"来了，就是深圳人"的巨大载体，很多人落脚深圳的第一站就是城中村，没有城中村，就不可能有深圳形形色色的各类人群，城中村是深圳一道令人惊叹的、独特而靓丽的风景。

2018年6月，深圳最大的城中村白石洲村开始启动拆迁，4月底5月初白石洲风和公寓的近200名租户收到管理处通知，要求于6月5日前搬离，村内原来居住的15万人面临搬迁。一方面是城市化的浪潮，一方面是梦想孵化器的消逝，让人不禁感叹，深圳包容的城市意象该如何安放？

同时间，2018年7月，深圳水围村启动更新改造，对旧改进行全新探索，通过把水围村打造成一个宜居、宜商、宜业的社区，成为福田乃至深圳城市更新的标杆，水围村从此摇身一变升级成为水围1368文化街区，成为深圳首个城中村人才公寓。

2.4.2.3　观点：共同构建大湾区"我是湾区人"的文化认同感，强化"鸡尾酒文化"的大湾区文化标签

大湾区自古就有同宗同源的文化基底和族群凝聚力，以深圳为代表的大湾区，早在各个城市抢人大战之前就展现了开放、包容的城市特质，这也是大湾区引领创新、容纳百川的展现。在不断推进的城市化浪潮中，深圳也在不断探索城市更新方式，留存城市生长的印记与文化积淀，在实践中探索，留存、彰显城市发展过程中城市文化的创新方式。

放眼未来，在新的城市竞争时代，如何能构建全新的"我是湾区人"的文化认同感、如何延伸出"来了，就是湾区人"的文化共鸣，是大湾区建设文化湾区的本源诉求。湾区人的精神内涵，应当包含开放、包容、创新、进取、勤奋、健康、睿智等特质，大湾区应该不断创新，为更多的新湾区人提供生活、生产空间，延续这种包容、创新的基因。同时，湾区人不仅仅包含原本的广府人、客家人等，还包含来自全国各地的新湾区人，也包含来自世界的各国友人。

未来大湾区的文化特质应是多元、包容、开放的"鸡尾酒文化",容纳全球各地的各类人才,汇集各类国际组织与机构,包含多元文化产业和艺术气息,从而成为世界级的宜居宜业目的地。一方面发挥香港国际组织机构集聚的辐射带动效益,借助广州领事馆集聚与亚太地区总部和联合主席的职能,吸引国际组织与机构;一方面加强对国际优秀人才的吸引力度,形成更适宜全球各地人士的宜居宜业氛围,针对欧美国家、东南亚国家、非洲国家等不同的外籍人士,形成更有针对性的、更满足需求的、更品质化的国际社区,借助已有的港澳外国人集聚区、广州四大外国人集聚中心、深圳蛇口、珠海横琴等地区,加强品质化、特色化建设,真正形成外籍人士的第二家园。

"鸡尾酒文化"也需要更广阔的空间载体加以支撑,从深圳城中村改造的不同现象可以看出,纵然城镇化的大潮席卷而来、势不可挡,大湾区依然在摸索、创新出更多的可能性去真正包容湾区人,通过多样化的空间配给、品质化的环境与人性化的服务,让大湾区真正成为更多人宜居宜业的理想空间。各个城市也应当在城市发展的战略中积极考虑文化相关要素,让城市更有底蕴与魅力。

大湾区主要城市提出的文化相关发展目标　　　　　　　　　　　　　　　　　表2-6

序号	城市	文化相关目标
1	香港	宜居、具有竞争力和可持续发展的亚洲国际都会
2	澳门	建设世界旅游休闲中心
3	广州	国家历史文化名城;海丝之路发祥地、岭南文化中心地、近代革命策源地、改革开放前沿地
4	深圳	文化繁荣的城市,树立多元、现代、可持续的文化价值观——建设有文化品质与历史积淀的城市;建设现代国际文化名城,树立文化强市形象
5	珠海	与港澳共建国际都会,城乡共美的幸福之城,文化旅游之城
6	佛山	国家历史文化名城,珠三角地区西翼经贸中心;文化强市,提升城市文化软实力;天下四聚、武术之乡
7	东莞	虎门销烟发生地,侨乡聚集地,改革开放先行地
8	中山	特色的地域历史文化,大湾区精品宜居城市
9	肇庆	远古岭南土著文化发祥地之一,旅游运营中心、商贸物流中心
10	惠州	绿色化现代山水城市,客家侨都
11	江门	侨乡特色的生态型宜居典范城市,发展文化创意和休闲旅游业,侨楼泉风、粤剧之乡(中国第一侨乡、中国曲艺之乡—粤剧)

2.4.3 热点思考:激活文化价值、促进文化延续,建设一流文化湾区

2.4.3.1 热点事件:从海丝申遗花落泉州反思大湾区文化影响力有待提升

自2016年国家文物局启动"海上丝绸之路·中国史迹"项目申报世界文化遗产以来,首批海

丝申遗点所在地市包括广州、南京、宁波、丽水、漳州、莆田、江门、阳江等8座城市，其中，广州是古代海上丝绸之路上起始时间早、持续时间长、港口大、航线广的重要港口城市，南越国—南汉国宫署遗址、南越文王墓、光孝寺、南海神庙及码头遗址、怀圣寺光塔、清真先贤古墓共6处海丝遗产点作为申报点申请世界文化遗产。同时，泉州将万寿塔、六胜塔、石湖码头、江口码头和真武庙、洛阳桥、天后宫和德济门遗址、梅岭德化窑遗址、开元寺、清净寺、草庵、清源山、伊斯兰教圣墓、土坑村、九日山摩崖石刻共计14个海丝遗产点列入申遗申报点。

2017年，中国联合国教科文组织全国委员会秘书处正式推荐海上丝绸之路最具代表性的港口城市"古泉州（刺桐）史迹"作为2018年世界文化遗产申报项目。

2.4.3.2 热点事件：落实习近平总书记视察广州历史街区要求，探索文明传承、文化延续的方式

2018年10月24日，习近平总书记视察广州市荔湾区西关历史文化街区永庆坊，提出"城市规划和建设要高度重视历史文化保护，不急功近利，不大拆大建。要突出地方特色，注重人居环境改善，更多采用微改造这种'绣花'功夫，注重文明传承、文化延续，让城市留下记忆，让人们记住乡愁"。要求以广州为代表的大湾区各个城市，在未来发展中注重"文明传承、文化延续"，挖掘城市文化魅力地区，促进大湾区的可持续发展。

2.4.3.3 观点：挖掘文化底蕴空间，塑造文化魅力平台

大湾区内有众多历史文化名城、名镇、名村。2005年，由22座位于澳门半岛的建筑物和相邻的8块前地所组成、以旧城区为核心的澳门历史城区被列入世界文化遗产名录，这些具有深厚文化底蕴的空间都是大湾区未来发展的宝贵财富，依托文化空间，通过城市更新、微改造、乡村振兴等方式的结合，可以塑造出更多的文化魅力平台，成为城市未来的人气目的地与创新产业集聚区，从而提升湾区的长远竞争力。

图 2-27 大湾区各城市历史文化资源

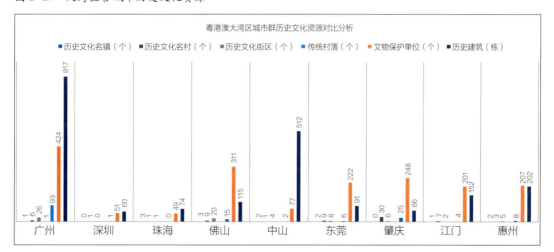

2.4.3.4 观点：以文化设施、文化事件为触媒，加强大湾区文化影响力与品牌建设

推广文化品牌的辐射效益，加强文化产业输出。香港、澳门是著名的旅游目的地，具有广州、佛山、中山、肇庆、惠州、东莞、江门等众多历史文化名城，香港电影曾享誉全球，深圳的动漫产业蒸蒸日上。深圳、广州等在会展方面具有坚实的基础，中国（深圳）国际文化产业博览交易会（文博会），是中国唯一一个国家级、国际化、综合性的文化产业博览交易会。广州艺博会是中国最早、华南规模最大的艺博会，2018年由一年一季，升级为一年两季，影响力辐射全球，已经成为国内艺术家及艺术机构实现走出去、国外艺术家及艺术机构实现走进来所依托的重要平台。

但与京津冀、长三角城市群相比，大湾区目前在文化影响力和文化品牌方面仍显得相对薄弱[5]，京津冀城市群以首都千年文化著称，长三角地区以海派文化享誉世界，如何激发大湾区文化影响力，提升其在世界湾区中的地位，是一个重要的课题。

世界知名城市的文化设施与活动　　　　　　　　　　　　　　　　　　　　　　　　　　表2-7

城市	文化演出	会议展览	市民活动
纽约曼哈顿	百老汇、大都会歌剧院	自然博物馆、大都会博物馆、现代艺术展览馆	中央公园、纽约公共图书馆
伦敦	伦敦大剧院、南岸艺术中心	大英博物馆、泰特现代美术馆、国家海事博物馆	伦敦眼、英国科技馆
东京	东京新国立剧场、三得利音乐厅	高达博物馆、东京国际展览中心	台场滨海公园、日本科学未来馆
新加坡	滨海音乐厅、维多利亚剧院	国家博物馆、红点设计博物馆、新加展览中心	滨海艺术中心、滨海湾花园、SEA海洋馆
香港	文化中心、红磡体育馆、艺术中心	会展中心、历史博物馆	科学馆、尖沙咀海滨长廊、西九龙文化区

大湾区未来一方面要加强重大文化事件的拉动作用，如在东南亚、"一带一路"沿线国家中，加强中国文化传播与中华文化圈的形成；进一步推进海丝申遗工作；推进南粤古驿道的宣传与建设，带动文化活动开展和沿线文化场所建设[6]。另一方面，也应以旗舰文化项目为带动，集聚博物馆、艺术馆、美术馆、展览馆、会展中心等设施，增加节事活动，建设文创与艺术湾区，如2017年12月2日，筹备七年的深圳海上世界文化艺术中心正式向公众开放。作为招商蛇口与英国国立维多利亚与艾伯特博物馆独一无二的国际合作项目，这意味着艺术机构间一种新的国际文化合作模式在中国生根发芽，这一成功实践也再次成为引领创新的典范。

关于大湾区文化活动的策划设想　　　　　　　　　　　　　　　　　　　　　　　　　　　　表 2-8

类型	活动名称	设想城市
体育类	奥林匹克运动会、亚洲运动会、世界大学生运动会、国际马拉松赛	广州、深圳、珠海等
艺术类	国际电影节、中国国际动漫节、国际音乐节、国际粤剧节等	香港、澳门、广州、深圳、珠海
海洋类	国际海洋节	深圳、珠海、澳门等
会议类	世博会、OPEC、上合峰会等，中国进出口商品交易会、高交会、深交会	香港、澳门、广州、深圳、珠海
其他类	国际旅游节、国际购物节、国际美食节	大湾区所有城市

2.4.4　热点思考：以湾区大学推动文化交流融合，成为促进科技创新的利器

2.4.4.1　热点事件：各地大学竞争战折射出大湾区的潜力

在传统的教育版图中，直辖市和省会城市是高校的聚集区，如今包括非省会城市在内的众多城市纷纷掀起新一轮"高校争夺战"，深圳、青岛、苏州等纷纷制定了相应政策，大力吸引国内外优质高等教育机构。大湾区在教育方面具有一定的优势，一方面是依托港澳拥有顶级的教育资源，另一方面是已有众多院校集聚形成良好的教育基础。

目前的大学教育资源中，广州有84所全日制大学，香港有10所大学（含学院），澳门有8所大学，深圳、东莞、珠海、惠州等共有5所左右。但国际知名大学主要集聚在香港，香港在中国拥有最多世界顶级大学。

2.4.4.2　热点事件：九校联盟与粤港澳高校联盟

中国九校联盟暨香港大学（港大）于2018年4月12日至4月14日在港大校园举行研讨会和交流活动。此次研讨会和交流活动由香港大学主办，教育部部长陈宝生、香港特别行政区行政长官林郑月娥分别为研讨会致辞，并共同见证香港大学与C9高校主要参会代表现场签署"共建教学合作平台宣言"。此宣言的签署旨在加强中国高等教育界的教学交流，探索人才培养合作的新模式，从而共同引领中国高等教育的发展。香港大学与内地高校九校联盟分别为：复旦大学、哈尔滨工业大学、南京大学、北京大学、上海交通大学、清华大学、中国科技大学、西安交通大学和浙江大学。

"粤港澳高校联盟2018年大学校长高峰论坛"于2018年7月9日在广州中山大学举行，来自粤港澳三地28所联盟成员高校代表出席。粤港澳高校联盟由中山大学率先倡议，并与香港中文大学和澳门大学共同发起，于2016年11月15日正式成立，迄今已汇聚粤港澳三地28所高校，其中包括中山大学等12所广东高校，香港中文大学、岭南大学、香港大学在内的9所香港高校，以及澳门大学、圣若瑟大学等7所澳门高校。联盟致力于深化三地学生交流和科研合作、协同创新，提升区域合作层次和水平，携手打造"粤港澳一小时学术圈"。三地教育行政部门对大湾区高校建设达成共

识,在2035年,大湾区将基本构建起与现代化经济体系相适应的高等教育共同体,基本建成中国教育对外开放的国际教育示范区。

2.4.4.3 观点:依托香港优质大学资源,启动"紫荆花联盟",建设湾区大学

目前国内众多大学的建设趋势都以建设分校的形式,在全国布点。珠海已经在全国率先开启了成功建设分校的经验,已有北京大学、清华大学、哈工大深圳研究生院、中山大学、暨大分校等众多分校;澳门大学也在横琴建立校区;深圳通过新建南方科技大学拓展创新高等教育模式。

未来可依托香港国际顶尖的教育资源,在整个大湾区内布点建设分校或建设湾区大学,从而大力提高大湾区的高等教育水平。借鉴美国的常春藤盟校的方式,当时最早包括哈佛大学、宾夕法尼亚大学、耶鲁大学、普林斯顿大学、哥伦比亚大学、达特茅斯学院、布朗大学及康奈尔大学8所名校,后面又增加了25所,从而成为美国最顶尖的学校。大湾区可以探索推进"紫荆花联盟",加强优质教育资源的整体提升,在大湾区内率先拓展建设联盟体系,建设湾区大学,从而推动湾区的融合与文化的交流,并成为促进科技创新的利器。

【作者:白晶,中规院深圳分院规划设计四所、主任工程师】

参考文献

[1] 中国国际经济交流中心. 粤港澳大湾区城群发展规划研究,2017.

[2] 广州市人民政府. 广州历史文化名城保护规划,2014.

[3] 广东城乡规划设计院.2017年度粤港澳大湾区空间发展年度评估报告,2018.

[4] 艾媒咨询集团. 2017-2018中国粤港澳大湾区专题研究报告,2017.

[5] 张延群,许立勇,王瑞雪. 京津冀一体化中的文化协同发展——与长三角——珠三角城市群的比较. 河北工业大学学报(社会科学版),2015(9).

[6] 广东省住房和城乡建设厅,广东省文化厅,广东省体育局,广东省旅游局. 广东省南粤古驿道线路保护与利用总体规划,2017.

2.5 协同湾区：围绕重点领域与地区，求同存异构建共赢机制

2.5.1 核心特征："一国两制"下的体制不同，市场动力下的诉求差异

2.5.1.1 "一国两制"为粤港澳大湾区提供了基底保障

由于香港、澳门等城市历史的因素，粤港澳大湾区存在显著的制度差异。此外，基于"一国两制"及国家对湾区内协同发展的重视，作为经济特区的深圳及珠海在制度层面也保有一定优惠政策，与香港、澳门、广州组成湾区城市的差异化定位。但由于湾区内城市之间行政管理的复杂性和体制的巨大差异性，在重大事项方面仍需要国家层面的统筹协调，而这一点在其他湾区城市群中罕见。1998年成立的"粤港合作联席会议"、1999年成立的"粤澳合作联席会议"、2003年内地与港澳关于建立更紧密经贸关系的安排（CEPA），2004年、2005年、2006年分别签署的《补充协议》《补充协议二》和《补充协议三》等全面实施的自由贸易协定，以及基于此而不断发展的联络协调会议支持机制等，例如，2018年由国务院副总理韩正主持、港澳特首积极加入的粤港澳大湾区合作小组制度，均是在"一国两制"基础上的进一步发展，这一体制在未来较长时期内也仍将是整个湾区协同发展的基石和潜在引擎。目前对在湾区层面创新共同建设的"飞地经济"这一重要平台进行探索，包括通过自由贸易区形式建设前海、南沙、横琴，以及通过托管形式建设深汕合作区等。

2.5.1.2 湾区城市间各自诉求、竞争位重叠，协同发展艰难

香港、广州与深圳近年来经济发展互有成效，整体实力基本不分轩轾，并在湾区整体层面引发了城市的龙头之争。这与京津冀城市群中北京的地位、长三角城市群中上海的地位，乃至国际湾区中的东京、纽约、旧金山等城市地位均有明显差异。除湾区整体层面，区域内的城市定位也存在协同认知的差异，如珠三角西岸的珠海、中山及江门受限于经济实力及资源潜力，未能形成良好的竞争-合作关系。目前，湾区内城市对自身发展的诉求缺乏统一的规划和定位，且并未找到有效共治、共识、共赢的发展路径，致使竞争位重叠及资源争夺的现象比比皆是，总体协同发展困难重重。

2.5.1.3 "市场化推进"是协同发展的内在推动力

从历史回溯总结及对比其他城市群（如京津冀）的协同方式，可发现市场化是粤港澳大湾区城市发展至今最为重要的动力和推手。香港自1950年代起即奉行让自由经济的"无形之手"进行市场力量的自行调节，而因香港曾在湾区经济发展中的引领地位，这种理念在某种程度上也通过"港资"在中国内地的辐射影响整个湾区，并以经济先行的方式特别是在改革开放初期某种程度上促进了湾区的协同发展。

内地经济进入发展高速期后，香港经济推动作用虽因内地经济自身提升而有所下降，但仍在经济制度、活力以及对接国际等层面具有湾区内其他城市难以匹敌的优势，而内地的经济腹地、空间、人口及资源等要素也是湾区未来发展的本底优势，因此在各自优势下未来以经济促进区域协作仍有广泛潜力。而对于湾区未来的发展愿景，除结合"一带一路"背景应对全球竞争的高级经济协同层面外，还需要进一步深化到环境共治、社会共享、资源流通、信息服务等综合层面。而纵观历史发展及其他地区协同综合发展的案例（如欧盟起建于煤钢等经济要素的协同机制），如要打破目前存在的重重壁垒实现真正的湾区协同，经济效益即"市场化推进"依然是有效的内在推动力和实现路径。

某种程度上，"一国两制"制度优势转化为竞争力优势需要在新时代创新实践，需要继续调动市场化积极性，做到人流、物流、信息流、资金流的充分贯通从而形成区域协同的动力。

2.5.2 "一国两制"在当代形势下的认知深化及充分利用

2.5.2.1 恪守自由市场原则向来是香港维持经济繁荣和国际竞争力的基石

美国传统基金会在2018年2月2日发布《年度经济自由度指数报告》时称，香港是唯一一个总分超过90分的经济体，在财政健康、营商自由、贸易自由和金融自由方面，获得全球最高分。而作为极具竞争力的金融和商业中心，香港是全球最具弹性的经济体之一，其自由经济体优势在于其优质的法律制度能够确保知识产权保护与法治。此外，其对腐败的低容忍、政府高度透明化，提升了政府廉洁度。从政府至民间团体对于经济体自由度的高度重视、高效的监管和对全球商业的开放，强化了创业氛围，这些均使得香港这座城市在整个湾区具有独特的国际化对接优势。

"一国两制"的制度安排、中央政府的全力支持、自由开放的市场、大量的专业人才、广泛的国际经验、优越的地理位置，这些均是东方明珠香港这座城市对于全球经济化的独特优势，并因此营造了其法治和司法的独立以及简单的税制及低税率、自由开放的贸易、公平的竞争环境和高效的公营部门的服务，这些层面成为湾区对接国际的重要因素。

2.5.2.2 央企作为"一带一路"建设的骨干力量,应借助香港的平台及优势开拓海外市场

2017年12月,香港特区政府和国家发改委签署了《关于支持香港全面参与和助力"一带一路"建设的安排》,在金融与投资、基础设施与航运服务、经贸交流与合作等六大领域重点推进。目前,中央企业在香港的上市公司有121家,市值为4.8万亿港币,是香港资本市场的重要组成部分。而未来借助香港平台应对国际市场的大陆相关企业预计将会持续增加。

目前已有11家中央企业计划或已经在香港设立财资中心,五家中央企业成为香港经管局基建融资办公室的合作伙伴。国有企业与香港各界携手共同开拓"一带一路",有利于双方把握新机遇,不断拓展新空间,也有利于促进优势互补,共同抵御风险,共赢发展。香港拥有完备的金融体系,是重要的国际金融中心和全球最大的离岸人民币市场。香港可为国有企业参与"一带一路"、开展国际化金融提供多元化投资渠道和资源配置平台。

因此,针对制度方向的融合与协同,正确客观地认知并利用香港在"一国两制"制度下的优势,才是实现各自需求和利益的重要途径。

2.5.2.3 深度合作的前海制度创新经验需推广到其他合作区乃至整个湾区,以达到资源、人流、物流贯通的最终目标

前海作为全国唯一一个深港现代服务业合作区,2017年,前海蛇口自贸区新增注册港资企业2482家,新增注册资本3140.32亿元;截至2017年底,片区累计注册港资企业7102家,注册资本8705.42亿元。2017年6月深港陆空联运改革试点在蛇口海关前海湾保税港区启动,实现第一票货物在前海湾保税港区完成查验前置、打板出区、直通香港的业务测试。以出口"卡车航班"的方式,对口岸中控货物采取非侵入式查验,解决货物拆箱后重新打板的问题,构建深港贸易无缝链接通道,化解了原有通关时间不确定、香港空运转口不可预期两个长期困扰我国出口贸易的痛点,也为打造以前海为中心的"全国揽货——前海集聚——香港直飞"出口贸易生态圈创造了条件。

此外,为帮助港企北上拓展珠三角和内地市场,解决其面临的注册、税务、法律和劳务等问题,并支持内地企业通过香港拓展"一带一路"机遇,2017年3月,深圳市前海香港商会发起成立"内港通",包括政务一站通、对接、信息和培训共4个平台。2017年共新引进港澳创业团队81家,截至2017年12月底,梦工场累计孵化团队304家,其中港澳国际团队158家。截至目前,前海累积为香港大学生提供1500个实习岗位,接待近2万名香港学生前来交流学习。2017年4月,前海"YOU+青年公寓人才驿站"正式开业,解决了港澳创业青年的居住难题。2018年3月15日,前海管理局宣布,前海就业的港澳人士可以免办《台港澳人员就业证》,至此,从2005年开始在全国实施的"台港澳人员内地就业实行就业许可制度"在前海率先取消。

2.5.3 热点思考：港珠澳大桥引发区域竞争，价值难以发挥

2.5.3.1 跨珠江口湾区通道只有统筹协调，才能实现湾区东西两岸的融合

港珠澳大桥的立意由来已久，从1983年提出建设连接香港和珠海的伶仃洋大桥开始，对大桥结构和走向几经讨论和修正，最后确定为连接香港大屿山、澳门半岛和广东省珠海市[1]。在方案策划过程中涉及港深城市之间的竞争，也不断地引发湾区西岸片区协同的问题讨论，前后历时35年之久。

受香港产业资源及资本技术等辐射作用，珠三角经济发展主要以东岸为主要引擎，并以深圳为代表取得了奇迹般的飞升和转型，珠江西岸的珠海、中山与江门受限于空间要素等制约，在直接对接香港资源的竞争中处于劣势，造成了珠江东西两岸在经济及城市发展上的巨大差异。对香港资源的承接一直是西岸关心的问题，香港自身也需要在深圳崛起之后寻找新的潜在市场、廉价劳动力补充及土地成本考量等。深圳也同样存在除对接东莞、惠州之后的产业及空间问题。因此，修建以港珠澳大桥为代表的跨江通道在区域及城市发展层面均有一定的现实意义和价值。此外，随着湾区内城市的发展，人口体量也考验基础设施的跟进，致使建设除虎门大桥之外的跨江通道成为人们关注和业界探讨的热点话题，并有着港珠澳大桥迟修20年的声音及讨论。

随着港珠澳大桥的通车，其与其他跨江通道之间的关系（深中通道、虎门二桥、深珠高速等）以及如何协调发展避免恶性竞争将成为未来重要的探讨方向。其中深中通道已经进入到施工建设阶段，与港珠澳大桥之间将形成直接竞争关系。深中通道与港珠澳大桥一样都是连接珠三角东西两岸交通的通道，其建设将对西岸造成多大的影响等问题，需要区域内的城市进行更为全面和长远利益的协同商讨。

2.5.3.2 应根据前期规划，构建港珠澳大桥对西岸城市的协调机制和响应举措

由于大桥规划建设的历史原因，"三地三检"的制度安排若不进一步进行接驳优化，将难以带来预期的便捷性，与珠三角其余粤港澳合作节点相比也就不具备优势。在目前安排下，从香港CBD抵达珠澳人工岛（边检前）需65~70分钟，其中包括：香港境内车程40分钟、香港边检换车5~10分钟、大桥车程20分钟。随着广深港高铁和珠三角城市轨道交通的建设，这一时空距离不具明显竞争力。而根据《港珠澳大桥工程可行性研究报告》交通需求专题分析，港珠澳大桥香港与内地之间客运交通包括私家车、旅游巴士，货运交通包括货柜车、普通货车。由于跨界公路口岸通过能力有限，加之香港和内地驾驶习惯不同、车辆状况不同、交通法律法规存在差异等原因，珠港公路口岸对跨界客车实行配额制度。除车辆需按条件申请许可跨界的配额外，还设有口岸配额，即在

车辆的通行许可证中指定过境的口岸。由此可见，在港珠澳大桥的具体规划设计以及通勤、收费等运营及管理中，均需要以协同湾区的视角进行深度探讨[1]。

根据2008年《珠江三角洲地区改革发展规划纲要（2008～2020）》，珠海被定位为珠江口西岸的核心城市，应与中山和江门构建最为便捷的交通联系，突出交通枢纽的地位。但实际上，由于珠海的经济规模偏小，中山和江门日益呈现出离心化的发展趋势。受城市发展的影响，珠海的对外出口通道东多西少，虽然珠海与江门、中山陆地相连，但多年来三市之间并没有形成完善的区域性路网。因此，珠海与中山、江门之间的城市发展关系，以及对于港珠澳大桥的影响均需要进一步站在湾区以及西岸整体层面进行思考[2]。目前，港珠澳大桥已经于2018年10月24日顺利贯通，根据国务院交通运输部公布的数据，其运行的第一个月，即已到达共约179万人次，平均每日约6.4万人次，最高约10.3万人次的客运数字。而在2019年春运开始的前10天，大桥累计车流量达到约3.55万车次，日均3550车次，是开关首日的4倍。在春运期间，大桥还对7座以下（含7座）小型客车免收通行费，根据香港入境处公布的数据，单大年初二，超过13.9万人次经港珠澳大桥出入境，并随后持续刷新单日通车记录。由此可见，港珠澳大桥已逐步切实改变珠江西岸地区与香港之间客货运输通道以水路为主和陆路绕行的状况，为三地居民的通行提供极大便利。但在腹地的带动发展及影响力层面，仍需西岸城市及港澳与内地机制的进一步合作。

2.5.4 从市场对接到全面协同的跨境合作园区

2.5.4.1 内地需强化落实"以人为中心"的保障与服务，充分发挥高端产学研园区的吸引力及竞争力

1997年，深圳对深港界河 深圳河进行治理，并将当时靠近原来属于深圳的一块面积约1平方公里的土地落在了香港界内，这块土地就是落马洲河套地区。国务院在1997年7月1日颁发第221号令，就河套区的权属问题做出澄清，规定业权仍归深圳所有，香港拥有该区域的管理权。时至2008年，深圳和香港两地政府初步达成共识，可考虑以高等教育为主，辅以高新科技研发和文化创意产业。2011年，深圳和香港两地签署合作协议，同意按照"共同开发、共享成果"原则，合作推进该地区发展。直到2016年下半年，深圳和香港两地政府才终于形成共同开发的共识，并获得国家认可。2016年底，双方就土地业权问题、共同开发机制达成一致。

2017年1月，深圳和香港两地签署《关于港深推进落马洲河套地区共同发展的合作备忘录》。而根据《备忘录》，河套地区的开发项目以公益性为主，通过与世界各地优质的研究人才交流合作，联系国内外顶尖高等院校、科研机构及企业建立科研合作基地，成为科技创新的高端新引擎、深港

合作新的战略支点与平台，共同建设具有国际竞争力的"深港创新圈"。

以建设产学研高度融合、发挥高端竞争力为目标的落马洲河套地区，未来将由港深双方共同推广"港深创新及科技园"，吸引港深两地及海外企业、研发机构和高等院校进驻，推动园区发展。由此可见，新时期粤港澳合作进入到高端化阶段，科技研发、金融贸易、专业服务等服务贸易成为主要合作方向，而这些领域的核心资源是人才。人才无障碍流动是跨界服务贸易合作的基础，因此，围绕人才发展的体制机制协同、文化价值衔接、社会治理创新成为此阶段跨界合作最被关注的顶层设计。根据目前的数据表明，尽管在经济及硬件上具有优势，但内地在服务、文化等软件方面仍需加强，以更有力地吸引香港、澳门的人才。

2.5.4.2 撬开由"市场化推进合作"到"全面综合协同"的路径，目前仍需在市场化进程本身中去探寻

市场化的初级阶段将主要面对工程落地的具体情况。而对比香港与内地规划标准，在土地性质、建筑密度、开发强度、公共设施类型、公共设施配置标准、道路设计标准、市政设施标准等方面均存在明显差异，导致空间建设模式与形态具有明显差异，城市建设标准差异直接导致了市民生活习惯、对生活品质定义的差异。例如香港居住密度较内地高，采用小班制和密集的学校分布实现较小的就学半径，而在内地则较难实现，不仅涉及城市规划建设标准，还涉及管理运营层面的标准和规范；又如香港较内地更加重视对社会弱势群体的保障和关怀，在社会福利设施方面制定完备的体系，包含长者地区中心、长者邻舍中心、长者日间护理中心、早期教育及训练中心、特殊幼儿中心、展能中心、庇护工场、长期护理院、残疾人士地区支援中心、精神健康综合社区中心，而这些设施在内地城市并没有完整配备。诸如以上种种差异因素构成了港澳与内地生活质量层面的不同，成为跨界人才流动的第二大制约因素。

此外，在资金层面也会遇到模式差异的问题。香港力行市场经济和服务型政府职能，较少以政府为主体操作各类发展平台和园区的建设，这与内地发展模式形成了显著差异，例如内地政府可直接利用国有企业，透过PPP模式等方式主导基建和产业投资，也常常在招商引资中给予目标企业各类政策优惠，而香港政府奉行"公平市场"原则，不会引导资本和企业的投资计划。因此香港与内地的政府间合作大多分布在政府直接投资的交通市政设施，而经济产业合作平台则由于对话平台、要素投入模式不对等，常常陷入推进缓慢或"剃头挑子一头热"的僵局。

由此可见，由"市场化推进"协同机制的全面深化，还需要市场能动性尤其是香港经济引领及

内地城市对接国际化的愿景和切实行动，除了在观念上对协同机制及区域整体观的重视，还需对现有市场规律、发展阶段及未来经济问题等进行研判才能找到答案。

【作者：赵亮，中规院粤港澳研究中心，研究员】

参考文献

[1] 住房和城乡规划建设局. 基于港珠澳大桥影响的港珠澳协同发展规划总报告. 2016.

[2] 中国城市规划设计研究院. 港珠澳大桥建设对珠海城市空间格局的影响研究. 2010.

Part B 第二部分
湾区观点

除粤港澳观察蓝皮书和大湾区论坛，中规院深圳分院的"城PLUS"同样也是大家关注粤港澳大湾区的平台，只要您有内容、有思想、有热情，就可以深抒己见，发表您对大湾区的思考与观点。无论是大棋局、虚尺度实问题、中轴创新、深港FinTech合作，还是流空间，这些已有的文章，可以引发您对大湾区深度的思考！

第 3 章
经略湾区

3.1 大棋局中的大湾区

3.1.1 拆解"一带一路"大棋局

3.1.1.1 关键棋子之一：互联互通的基础设施

作为"一带一路"的第一步战略，基础设施的互联互通不仅仅涉及一大批巨型跨境基础设施工程（比如枢纽港口、国际机场、高速铁路、高速公路、输油管道、LNG管道、输电电网、通信光纤等）的规划、设计、建设、管理和运营，更涉及与这些硬性基础设施相配套的"软性基础设施"建设（比如政策、法律、投资、服务等）。

从国家全球战略来看，"一带一路"的互联互通基础设施已经完全超越了国家及地区间的相互贸易功能，而主要作为承担国家产业输出的载体功能。一方面，需要借助高质量的基础设施网络，为国家解决能源、原材料等跨境供应和输运的后顾之忧，另一方面，也需要将国内相对过剩的工业生产能力向其他地区进行转移。在这个输运和转移过程中，不仅仅要考虑中国制造（made in China）的产品输出问题，更要考虑中国创造（made by China）的产业输出问题。

3.1.1.2 关键棋子之二：有自由竞争力的产业输出

中国创造（made by China）的产业输出，其核心是"有自由竞争力的产业"输出，例如，深圳华为（通信）、大疆（无人机）等就是这样的典型企业和产业。自由竞争力来源于充分的市场竞争，并在长期的竞争中产生了"自我进化基因"。这种自我进化能力是全球化产业输出的基础，民营企业多具有这样的潜质，而具有先天垄断性优势的国有企业则常常缺乏这种内在的竞争适应进化能力。

产业输出的基本模式，包含了诸多步骤，例如，企业地区总部输出、产业园模式的拷贝和输出、产业链就地孵化、产业标准输出等，既可以向经济相对"落后"地区（如非洲、东南亚等）正向输出，也可以向经济相对发达地区（欧美等国家）逆向输出。产业输出不仅是产品输出，更是一种"生产关系的输出"。通过产业输出，可以在全球建立以中国为圆心的经济地理空间，并通过一连串的产业梯度扩散与等级扩散，形成具有全球控制力的跨国分工体系和产业集成网络。

3.1.1.3 关键棋子之三：人民币国际化

产业输出必然伴随着货币输出，因为产业输出的本质是一种"产业资本"（而非商品）的全球化扩张生产过程，这个过程如果没有相应的金融资本（主权货币）作为交易媒介，就必然是难以持久的。产业资本生产与金融资本生产之间存在着高度的正相关性，它们就像是一枚硬币的正反面，互为支撑、互为表里。如果把国家产业输出看作是一条驶向大洋的船，那么人民币国际化就是帆和桨。

人民币国际化必须坚持自己的货币价值观。因为货币不只是一种交易媒介，同时也是一种价值观传递媒介（货币最终会归之于信用，而信用的核心则在于价值观）。也就是说，金融资本不仅是工具，更是一种价值观。金融的本质是传递基于价值观的国家信用，而不单是传递基于利润投射的商品价格。如果离开了这一基本原则，那么，人民币国际化就有可能偏离"商品交易的初始伦理道德"，而走向一种新的货币霸权（类似于美元一样以金融产品为工具进行财富掠夺的扭曲货币形态）。

3.1.1.4 关键棋子之四：新的全球丝路文化

实际上，包含人民币国际化、有竞争力的产业输出、基础设施互联互通等在内的所有这些关键战略，都与文化价值观有关。最终，我们需要建构一种新的全球丝路文化。这种新丝路文化不仅仅是一种地域现象，更是一种超地域现象。不仅仅是一种国家现象，更是一种超国家现象。甚至不仅仅是一种狭义的文化现象，更是一种广义的超文化现象。

那么，四个关键棋子中，谁为核心？从国家全球战略来看，上述四个关键性棋子之中，有竞争力的产业输出是最核心的因子，因为产业输出是其他三个因子的载体。所谓皮之不存，毛将焉附？如果没有强有力的产业输出作为轴心价值，互联互通的基础设施就有可能成为极低效率的跨境固定资产投资，人民币国际化也会成为没有"硬通货"支撑的无本之源，而新的全球丝路文化，则会成为意识形态化的空中楼阁。

3.1.2 粤港澳大湾区如何发挥关键棋子的核心价值？

与长三角、京津冀这两大城市群相比较，有竞争力的产业输出也许是粤港澳大湾区城市群所具有的最重要的整体性优势。从改革开放至今，粤港澳大湾区内的几乎所有城市都集聚了一大批具有自由竞争力的民营企业，以及有自主创新性和国际输出能力的全球化产业。这种整体性优势决定了至少在较长一段时间内，粤港澳大湾区都会是国家全球战略中最重要的外向型产业输出基地。

3.1.2.1 大湾区的核心价值：一种独特的"空间关系资本"

当然，上述所谓整体性优势，不仅仅体现在一批企业和产业项目上，而是体现在一种独特的基于全球产业空间重组所形成的新型区域关系。这个"空间关系"是粤港澳大湾区最核心的整体价值，它超越了单个产业（企业）本身，是一种具有高附加值的"空间关系资本"，它使整个湾区成为超紧密的"空间资本共同体"。粤港澳大湾区的空间关系资本，其基本特征主要体现在以下几点：

（1）市场化地区：粤港澳大湾区已经成为一个高度发达的"市场化连绵地区"。

（2）引领性企业：以深圳为代表，粤港澳大湾区内已经产生了一大批引领性的全球化企业。

（3）全产业链：粤港澳大湾区已经形成了多种类型的完整产业链，这些产业链贯穿于整个区域之中，成为具有超级整合能量的巨型空间结构。

（4）自我迭代：湾区内几乎所有企业（特别是民营企业）都已经过了多轮自我升级、自我迭代的演进历程。

（5）竞争优势：很多企业都已经在国内（以及国外）广阔市场经过了激烈的市场竞争并获得了一定的竞争优势。

（6）生产服务业支撑：区域内几个中心城市（如香港、广州、深圳等）都有较为发达的生产性服务业作为支撑，可以帮助企业最便捷地走向国内和国际市场。

（7）内向型金融服务：以深圳、广州为中心，湾区内已经形成了非常发达的内向型金融服务业，有助于有竞争力的企业获得国内金融资本的支持。

（8）外向型金融服务：以香港为中心，湾区内已经形成了非常发达的外向型金融服务业，有助于有竞争力的企业获得国际金融资本的支持。

3.1.2.2 内部空间关系重组之一："贸工技金"模式

粤港澳大湾区已经形成了独具特色的区域生产环流，这种区域生产环流的基本模式就是"贸工技"模式，未来，将进一步向"贸工技金"模式进化。

以贸易为先导、以工业为基础、以科技为核心、以金融为支撑，这种"贸易—工业—科技—金融"的生产环流将是粤港澳大湾区独具特色的区域发展模型。它同纽约湾区（金融为先导）、旧金山湾区（科技为先导）、东京湾区（工业为先导）相比，是一种较低成本的创业模式，对市场更加敏感。

"贸工技金"模式的基本过程是：借助第一线的国内和国际贸易，可以在第一时间发现市场中最有潜力的商品，然后以最低成本大批量加工生产，再投入一定的科技因子，使其成为自主品牌，最终，再通过金融平台融资获得更大的发展空间。

与上述生产环流相对应的湾区城市走廊是：广州（贸易）—东莞（工业）—深圳（科技）—香港（金融），其中，广州是以贸易为中心功能，东莞是以工业为中心功能，深圳是以科技为中心功能，香港是以金融为中心功能。这正是"广深科技走廊"及"港深硅谷"的主要内涵。最终，粤港澳大湾区将形成全球唯一的差异化分工又相互合作的"多中心湾区城市群"。

3.1.2.3 内部空间关系重组之二：双环流的交融

粤港澳大湾区内的生产环流和生活环流将完全交融在一起，成为一个完整的能量循环。生活环流是指以日常生活的时间循环为线索的生活链条，即"旅游—度假—休闲—娱乐"，按照日常生活的时间周期长短，包括：旅游（3~5天）—度假（2~3天）—休闲（1~2天）—娱乐（0.5~1天）。

与生活环流相对应的湾区城市走廊是：澳门（旅游）—珠海（度假）—中山（休闲）—佛山（娱乐），其中，澳门是以旅游为中心功能，珠海是以度假为中心功能，中山是以休闲为中心功能，佛山是以娱乐为中心功能。这正是"环珠江生活走廊"的主要内涵。

最终，当生产环流与生活环流完全交融在一起时，所有的湾区城市，都将兼有生产和生活的双重功能（但有所侧重），成为完全平等、相互独立、功能互补、各具特色、循环交融的组团分布状态，粤港澳大湾区将会形成全球唯一的"多组团湾区城市群"。

在上述双环流交融关系中，将会形成两种非常有意思的空间关系，即相邻共生关系和相对互补关系。

相邻共生关系（两个地理相邻的城市必然具有先天性的共生需求）：广州—东莞，东莞—深圳，深圳—香港，香港—澳门，澳门—珠海，珠海—中山，中山—佛山，佛山—广州。

相对互补关系（两个地理远离的城市必然具有先天性的互补需求）：广州—澳门，东莞—珠海，深圳—中山，香港—佛山。

3.1.2.4 内部空间关系重组之三：全要素之共享

在上述粤港澳大湾区的多中心格局和多组团格局基础上，还需要进一步打破城市经济壁垒、打破城市行政边界、打破城市社会束缚，促进原本属于城市内部的经济、社会、文化要素等在整个湾区内自由流动、自由组合、自由共享。这种"全要素共享"将是未来粤港澳大湾区的最重要空间关系。

下面提出一些湾区要素共享的未来构想方案：

1. 大学智慧要素共享

类似美国东海岸的常青藤大学联盟，将粤港澳大湾区内的优质大学资源（比如香港就有5个全球排名100名之内的国际名牌大学，广州也有2个全国一流大学，深圳未来也将拥有数个潜在的一流大学）整合在一个统一的平台之上，如"紫荆花联盟"，有利于提升湾区的整体智慧等级。

2. 金融服务要素共享

以深交所和港交所为核心,将大湾区内的优质金融平台资源整合在一起,可以大幅提升国内外金融资本对湾区内各类产业的服务和支撑,如"湾流基金会",帮助其最便捷地走向全球。

3. 科研技术要素共享

以香港、深圳、广州等城市中的先进实验室群为核心,将大湾区内的优质科技研发机构紧密联系在一起,互通信息、互用设备、相互孵化、相互激发,可以加速产品和技术迭代,如"珠三角联合实验室",整体性地提高区域科技竞争力。

4. 创客人才要素共享

以深圳华强北创客产业链为核心,将大湾区内最有创意和创业精神的科技、艺术人才汇聚起来,如"华强北创客环",通过一系列跨城市、跨地区的交流活动,引导各类人才之间的流动、合作、竞争。

5. 贸易信息要素共享

以广交会为核心,将大湾区内的贸易信息资源集中在一个统一平台之上,如"海丝信息港",将物理性的海上丝绸之路转变为信息性的海上丝绸之路。这种转变将大大扩展大湾区贸易渠道和贸易质量,进而推动产品制造和研发的迭代速度,提升产业的市场化敏感程度。

6. 生态要素共享

以广东省生态控制线、珠三角绿道系统和香港郊野公园系统为核心,建构横跨整个湾区的全联通湾区公园,如"大湾区公园",保护和促进湾区生态系统内的生物跨城、跨区、跨境流动。

7. 生活休闲要素共享

以区域性的城际轨道网络为核心,建构覆盖整个大湾区的大生活乐园(乐活)系统,如"大湾区共境生活圈",包括美食、时尚、戏剧、社交、旅游、教育、医疗、康复、养老等在内,让整个湾区的人都能快捷、便利、无障碍地共享这些生活服务设施。

【作者:张宇星,深圳大学建筑与城市规划学院,研究员 发表时间:2017年10月19日】

3.2 粤港澳大湾区是一个 OPP

3.2.1 什么是 OPP（obligatory passage point，强制通行点）

OPP来自法国科技社会学学者Michel Callon 1986年的一篇重要文章[1]。文章阐述了他和另外几位科技研究学者和社会学学者在研究科学技术的社会学时，建立的"行动者网络理论"（actor-network theory，简称ANT）。

ANT把人以及没有主动意识的机器、设施等，都看成具有相同权重的行动者，OPP 通常出现在这些行动者一起形成网络的初始阶段。OPP就像是一个漏斗的尽头，它迫使所有相关的行动者为了某个项目、议题或者规划等汇聚到了一起。

什么"事件"可以成为OPP，取决于是不是会出现这样的情况，即经过了OPP，以后发生的事情都因此而改变了：某个项目、议题、规划或者解决某个问题的行动者们从此形成了特定的网络。在这个网络上，内部或者本土的（local）行动者们既相互关联，每个本土行动者又被赋予一定的自主权与外部（global）的行动者们协商与沟通。OPP出现在这些行动者形成网络前期，是将以前没有共识的东西"翻译"（translation）成为一个大家可以沟通或认同的共同议题，一起寻求解决方案的特定承启点。

李克强总理在政府工作报告中提到要规划发展粤港澳大湾区。这个概念对于广东、香港和澳门而言，意义重大。之所以把它与"一带一路"进行比较，是因为两者都是"OPP"。

所谓大湾区是个OPP，意为大湾区不是有清晰边界和政策内容的"帽子"，而是取代了"大珠三角"的一个说法（discourse）。以字面的解读，粤港澳三个平级行政单元构造一个"湾区"，并以行政主导型体制的广东牵头。这不同于"珠三角"（不含港澳）前面加个"大"字，因为大珠三角这个说法没有明确的主导主体和行动者。更重要的是，粤港澳大湾区是以国家政府工作报告的形式出现和确认，体现着一种国家层面的战略考虑。

相信在粤港澳大湾区，就像"一带一路"OPP一样，"行动者"主体自动自觉地将自己的项目、规划或者行动汇聚在大湾区这个"强制通行点"，包括一些已有的行动方案，如绿道规划、水资源的区域管理、港澳

图 3-1　OPP 漏斗功能示意图

企业的国民待遇等。笔者以为，这的确可以化解目前本区域存在的不少问题，如香港政府过于保守和缺少主动，又比如广东省缺少非政府机构（NGO）对政府和市场行为的制衡，因此，期待粤港澳大湾区在既有的"一国两制"情况下演进出新局面。

那么，作为一个研究区域和城市对外交通运输的学者，我有什么可以"汇聚"到这个OPP的东西呢？有一个，叫做"粤港澳贸易都市群"，核心是进一步国际化。

3.2.2 粤港澳贸易都市群的发展背景

40年的改革开放，35年的特区建设，20年的港澳回归，粤港澳从来没有像现在这样的融合与发达：每天有超过70万人次，跨境进出香港到澳门和广东。而以常住人口计算，湾区的年人均收入已经进入发达地区的水平。

但是，我们仍然感觉湾区是有严重分割和有巨大差异的区域，体现在社会、文化和民众认知的方方面面。

无法预测湾区内存在的差异在未来10年内会有什么改变，虽然边界两边的房价和薪金水平会继续接近。那么，在这种背景下，我们可以做什么，让整个湾区一起提高，并是健康的提高呢？

我的答案是：进一步国际化，全方位地改善湾区与外部的交流，并实现交流过程的"健康"。

3.2.3 粤港澳贸易都市群的交流特征

过去20年，粤港澳大湾区变成了世界物流进出量最大的地区，世界集装箱吞吐量前十五名的大港有三个，还有一个世界航空货运量第一的空港，加上一个很少人注意的吞吐量已经上亿吨、为石化产业链服务的珠海高栏港。这些"流量"其实就是本区域经济成长的一个侧写：我们曾依赖大进大出式的外向经济，收益于制造业和流通业。

粤港澳大湾区为了对外交流建起了世界最大的港口群和五个机场。而香港、深圳、广州的机场这三个"行动者"竟然都在扩建中！

那么，在未来的20年，我们还可以依靠这个模式继续从与世界的交流中获益吗？我的答案是：必须坚持这个模式。一旦停止这种交流，这个近7000万人口的城市化地区便无法发展，我们依靠提供产品和服务使自身得到发展，但未来的交流内容或有很大不同。

3.2.4 未来交流的新内容和新特征

未来希望通过以下4个层面开展更加丰富的交流。首先，更多消费型流通，包括深度旅游、文化艺术交流、教育学术交流、体育交流等。其次，更多质量型流通，包括有品质认证、可溯源的商品贸易以及非贸易物品的流通（跨境电商）。再次，更多元的渠道，包括从实体体验到网店和手机网红，让不熟悉的国际品牌与本地消费者见面。最后，更多元的市场，更多来自南亚、东南亚、非洲、中东和拉丁美洲的需求和供应链。

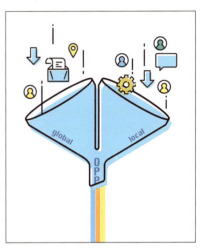

图 3-2　OPP 对 global 和 local 两种模式的有效融合示意图

就粤港澳大湾区而言，它将从一个世界级的生产中心变为世界级生产中心+世界级消费中心。从流通意义上，就是全球生产网络（GPN）[2]与全球消费网络（GCN）[1]的叠加。

就全球生产网络而言，本地区有大量的跨国公司的母公司（如和黄、华为、招商局）和子公司（如富士康、宝洁）；就全球消费网络而言，这里有很多世界级速递公司的亚太区枢纽（如在广州的联邦快递、在香港的DHL和在深圳的顺丰与UPS）。每个门户城市都是一个"行动者"。湾区内不同的社会制度虽然造成要素流通上的不对称，却给多个门户用自己的优势分别覆盖不同的流通要求带来了机遇：成本优先型供应链，例如，广州南沙港的货运、珠海机场的客运；品质优先型供应链和消费渠道，例如，香港空港；可能存在进口优先型门户，例如，广州南沙B2B2C的保税备仓模式；出口优先型的门户，例如，香港B2C的空邮小包模式。让整个湾区生产更好的产品，消费更好的产品，并以更环保和更高效的方式与世界交流，这会是未来粤港澳大湾区合作的重要方向。

3.2.5　结语：国际化是品质湾区的推手

对外交流，会客观地要求我们进一步国际化。国际化的含义，是要求我们用更高的标准进行交流，而这恰恰是粤港澳大湾区品质提升的最主要推手。在"一国两制"的制度下，要切合实际去求同存异，形成更广泛的共识，共同推进整个湾区向前。根据行动者网络理论，一旦OPP形成，还需要各个行动者对此有兴趣，并不断参与和实干（perform），通过有形的（material，比如基础设施）和符号意义上的（semiotic，比如各种论坛和策划）两方面推动湾区前行。我在这里提出通过国际化作为推手，形成品质湾区，在产品制造、信息与物流、金融服务、环境保

1　关于GCN，王缉宪在2016年的北京国际地理年会（IGC 2016）上首次正式提出这个概念。他定义全球消费网络为："在全球范围内将产品或者服务送达最终消费者所在地，或者将消费者送达产品或者服务的消费地点的网络，前者主要是物流（含运输）网络，后者主要是旅游及其他特有服务（火山灰温泉、整容等）形成的服务网络 [包括运输、景点、邮轮、住宿（e.g. Airbnb）等] 和其他跨境非实物服务，如金融与信息消费服务（包括网上教育、网上咨询等）"。

护、市民生活与消费等方面全面强调提升品质，就是抛砖引玉，希望更多有识之士借大湾区这个OPP，打开各种渠道，寻找各种路径，踏出一片区域合作的新天地。

【作者：王缉宪，大湾区香港中心及"一带一路"香港国际中心研究总监　发表时间：2017年4月19日】

参考文献

[1] Callon, Michel. Elements of a sociology of translation: Domestication of the Scallops and the Fishermen of St Brieuc Bay. In John Law（Ed.）, Power, Action and Belief: A New Sociology of Knowledge? London: Routledge, 1986:196-233.

[2] Henry Wai-chung Yeung, Neil M. Coe. Toward a Dynamic Theory of Global Production Networks Authors. Economic Geography. 2015, 91（1）: 29 - 58.

3.3 大湾区：以虚的尺度解决实的问题

粤港澳大湾区概念的正式提出，可以看做是一个"OPP"（obligatory passage point，强制通行点），这个OPP成为所有行动者互动网络上的一个共同的中介点：它像一个纽带，让内部或者本土的行动者们既在特定的网络上相连，又有一定的自主权与外部的全球行动者们协商与沟通。

"粤港澳大湾区"为我们提供了一把打开区域合作新局面的钥匙，相关各方都用这把钥匙打开自己那扇门，走进一个合作的新天地[1]。

3.3.1 大湾区：重新构建粤港澳空间尺度

然而，当说法变成了现实，大湾区的提法实际上便在一个非行政区的层面或者尺度上形成了一个空间构建。

每一个地理尺度，都定义并框定了一些特定的主体，控制与挑战都是围绕这些主体展开。不同的社会行动者会主动地去限制、创造和改变这些空间或者非空间的尺度和层级关系，以便谋求他们的利益[2]。

根据构建主义的政治地理学思维，"尺度"是社会的一种构建。空间尺度刻画了社会竞争的地点、内容和结果。从这个角度看，尺度的产生可以说是提供了一种语境，在这个语境中，新出现的尺度可能造就更多基本和可以把握的空间政治[3]。

因此，我们可以把粤港澳大湾区的提出和确认，看作是某个特定的行动者（中央政府）为了谋求某种改变，而在既有的空间尺度之上构建出一个全新的场域，通过这个场域获得新的权力和权威，以实现在既有的尺度架构中无法实现或者得到的东西。这就是西方政治经济地理学中的"尺度政治"在中国生动的体现。

——那么，粤港澳大湾区作为一个新的空间尺度，能为我们带来什么好处呢？

3.3.2 以虚的"尺度"，解决实的问题

建构大湾区这个新的空间尺度，其作用是什么？这取决于现有的尺度有哪些问题需要由新尺度架构去处理。这里说的尺度，包括但不限于层级型的行政架构，以及在粤港澳还存在"一国两制"特殊政治制度和社会边界及分区，还涉及中央对湾区内不同行政单元甚至不同类型的企业存在的明显政策差异。

我个人认为，应该至少有三类问题属于现有尺度没有处理好的。

3.3.2.1　第一类：既有尺度体制所忽视的问题

例如，在珠三角，海水污染、船舶污染等区域性污染问题涉及大湾区中的很多城市，但从来没有被作为一个共同问题去协调和处理。

再如，珠江航运，虽然航道整治是交通部珠江航运管理局负责，但航运方面，却缺少在大湾区层面的治理与协调。跨界的航运企业对于香港某些做法（比如不合理的驳船泊位长度）虽多有怨言，但在要求港方改进时却不得要领。

3.3.2.2　第二类：地方权力结构差异造成的问题

例如，在中国内地的城市，因为"级别"或者所谓行政资源的原因，发展"保税区""保税港区""自贸区"的机会是不同的。这会造成对外资金流动、信息流动的差异或者不公平。现在，这些不同层级的空间都可以纳入"大湾区"这一新空间的覆盖中。

3.3.2.3　第三类："一刀切"的政策设置带来的问题

每个特定地域或者行政尺度上，都有一些特定的制度或者政策是在那个特定范围内"一刀切"的。具体而言，可能是劳工假期、税收与补贴、企业准入制度、运输价格的制定，甚至政府公务员入职标准、网上信息管理标准等。然而，很可能因为广东与港澳的特定关系，整个湾区需要一些相通或者基本一致，至少是协调的标准或者管理，例如，在广州南沙开辟按照港澳某些标准管理的区域，这些标准不仅仅限于"自贸区"需要的贸易环境。

针对上述三类问题，大湾区应该设定追求经济效率和竞争力、社会公平、环境友好的可持续发展的总目标。这可持续三原则总目标不仅是湾区内各个空间层次的行动主体都可以也应该接受的目标，它同时也是寻求上位（大地域尺度）对湾区的支持和寻求下位（低层级政府）的支持所需要的。

3.3.3　"网络"与"平台"：湾区建设的基本机制

应该强调，大湾区不应该成为传统的层级架构中新的一层，而应该成为以网络为基础的一个跨层级跨尺度的平台。这涉及两个基本概念，一个是网络，一个是平台。

3.3.3.1　网络：健全机制，激励连接

网络，指通过经济社会政治及文化的互动而相互关联甚至依赖的一组社会行动者。现实中，很多网络都是跨地理尺度的，也不一定依赖相关的尺度政治。促进湾区发展，就是希望产生和激励一些可以打破既有尺度的机制（网络就是其中之一），让事情在一个以前关注不够的层面得到改善。

这里举两个例子。一个是粤港澳五大机场主席联席会议。这是一个管理者网络或者可以看做是

一个空港企业网络。他们每年开一次会,其中一个最重要的议题,就是如何一起推动空域的进一步开放。

第二个例子,是香港、广东、澳门三地旅游界的协会。香港旅游业协会的成员包括1700多个旅行社等机构。这些旅行社与澳门和广东的相关企业和协会有千丝万缕的联系。而他们共同面临各种跨境旅游的问题,这些问题也不限于大湾区范围,但很多都不是自己能解决的。在没有大湾区这个尺度之前,有些问题成了皮球,被踢来踢去:他们需要一个可以直面问题制造者和政策制定者的平台。

如果从湾区角度考虑,可以把上述各种网络分为两大类型:

1. 主题型

即按照关注议题形成的网络,比如珠三角有空域问题,它只涉及有机场的城市。珠三角有五机场机管局主席联席会议,这就是主题型网络。欧盟有"非军事化"地区和城市形成联席会议,讨论如何解决军事基地减少后带来的经济和社会问题,这也是主题型网络。

2. 地域型

即按照空间上关联的地区,或者相似地域类型形成的网络,比如,欧盟有边境地区发展项目委员会这类的机构和项目(INTERREG program),专款专用,研究和资助那些有相类似的边境区域发展不足问题的地区。

也有一些网络是上述两种类型合一的,比如珠江的西江航运问题相关的运输组织,他们既有特定的主题,也仅仅涉及特定的区域和城市。

——粤港澳大湾区应该成为让这些网络发挥作用的一个平台。

3.3.3.2 平台:简化层序,对等沟通

平台,是指一种以网络为基础、通过连接实现双方或者多方直接交流的构建。成功的平台提供者是一个有中介控制权,但以减少中介环节,提高平台使用者之间的交流量和交流质量为本的经营者。我们每天用的手机微信,就是这样的一个平台。

在今天的经济生活中,我们已经看到平台带来的颠覆性作用,或者叫做平台革命[4]。平台经济是所谓新经济的核心,它体现了"以消费规模经济为本""去中介化""弱化层级""边缘弱化"等特质,形成了一种与以往链式连接不同的、更直接有效的模式。对于越来越重视公民意愿的社会,这种模式早晚要进入空间治理的世界。

因此,如果大湾区以平台方式运作,就可以充分利用平台这种构建的优点:

1. 跨尺度连接

平台具有的"边缘弱化"和"去中介化"的特质,有利于跨尺度沟通,增加网络型主体(商会、协会、学会等)与各级政府机构和市场型企业的沟通和"配对"(比如资金供需或者区域发展规划和战略)。

2. 以人为本

平台强调"消费者",对于大湾区管理而言,意味着形成一个更好的以人为本的机制,有利公众和各个社会行动者的信息反馈。

3. 对等沟通

平台"弱化层级"的特性,有利于不同层面、不同尺度上的网络、机构以及不同级别的城市和政府,甚至个人,受到平等的和更直接的回应。政府当局作为平台的运营者,可以有选择地增加政府相关政策运作的透明度,而平台机制本身也有利于NGO、企业、百姓对政府进行监督。

3.3.4 结语

"湾区"这个提法的出现,是一种主动地解决区域问题的尺度手段。虽然,作为一种特定空间尺度的平台,它被赋予的权力和权威是有限的,但如果策划得当,这个平台可以通过充分发挥各种尺度上的网络的正能量,解决一些既有体制无法解决或者忽视的问题。在这方面,更多值得借鉴的个案可能在欧洲,而且并不一定要对标那些有"湾区"名字的地方。而在亚洲,也有不少都市圈的情况可以参照,比如东京和大阪。关键在于:如何用一个虚的尺度,去解决一批实的问题。

【作者:王缉宪,大湾区香港中心及"一带一路"香港国际中心,研究总监 发表时间:2017年9月27日】

参考文献

[1] 王缉宪. 粤港澳大湾区是一个OPP. 新浪博客文章, 2017. http://blog.sina.com.cn/s/blog_6ba065170102wk6u.html.

[2] Leitner,H., Pavlik, C, and Sheppard, E. Networks, Governance, and the Politics of Scale:Inter - Urban Networks and the European Union, Chapter 10, in Andrew Herod and Melissa W. Wright(eds)Geographies of Power: PlacingScale. Blackwell Publishers, 2008.

[3] Smith, N. Geography, difference and the politics of scale. In J. Doherty,E. Graham, and M. Malek(eds.), Postmodernism and the Social Sciences. New York: St. Martin's Press, 1992: 57-79.

[4] Parker, G.G., VanAlstyne, and Choudary, S. P. Platform Revolution: How Networked Markets Are Transforming the Economy-and How to Make Them Work for You, 2006.

3.4 粤港澳大湾区城市群规划思考

"携手港澳共同打造粤港澳大湾区，建设世界级城市群"。从两会期间的提出，到国务院各部门高调介入规划，从"珠三角协调发展"到这次"大湾区携手港澳"的新提法，透露出国家赋予"粤港澳大湾区城市群建设"新的视野、新的内涵，为粤港澳城市群协同发展提供了新的思维。

3.4.1 大湾区城市群的重要价值

从变局中的全球经济、中国发展和领导人治国理政的新理念新思想新战略的视角，认识当下粤港澳大湾区城市群建设的战略意图有三个观察点。

3.4.1.1 "一带一路"，推动全球化包容性增长

面临逆全球化潮流和保护主义抬头的当下，中国政府坚定不移地以"一带一路"倡仪推动全球化进程，倡导"共商、共建、共享"包容性发展理念，谋求21世纪新型的全球治理和多边合作。

因此，粤港澳大湾区城市群建设承担着国家"一带一路"扩大对外开放的战略意图。以全球化包容性增长为新的站位，倡导国家全球化治理新模式，将粤港澳大湾区打造成为"一带一路"21世纪海上丝绸之路的"新支点"。

3.4.1.2 "一国两制"，保持粤港澳长期繁荣

粤港澳大湾区"二区九市"分属不同关税区，拥有不同法律制度和行政体系。作为一个国家、两种制度下的区域经济发展，需要创新"一国两制"的区域治理新模式，推进区域一体化发展，保持粤港澳长期繁荣。

粤港澳大湾区协同发展需要消除影响要素便利流动、产业合理分工的障碍，打破行政地域壁垒，推进"一国两制"的新实践。

3.4.1.3 区域协同，创新城市群空间治理新模式

党的十八大以来，国家把大力推进生态文明建设、优化国土空间开发格局作为推进国家治理体系和治理能力现代化的重要方面。

与京津冀"自上而下"集中管治空间的模式相比，粤港澳大湾区应该发挥市场程度高、资源配置能力强的优势，创新"自下而上"多层级城市群空间治理新模式。

3.4.2 大湾区城市群规划的空间格局

世界级城市群一般从工业贸易起步，经历跨国公司制造业转移、金融资本生产者服务、文化技术导向产业等四个阶段，相应的空间形态也呈现出城镇集群、城镇密集区、都市连绵区和都市圈集群等四阶段特征（图3-3）。粤港澳大湾区城市群具有明显进入都市连绵区向都市圈集群过渡阶段的特征。借鉴都市圈集群的全球经济服务枢纽演化规律，应提前谋划培育具有世界影响力的核心功能，并将其作为空间资源配置和基础设施建设的核心方向。

图3-3 城市群不同发育阶段的空间形态

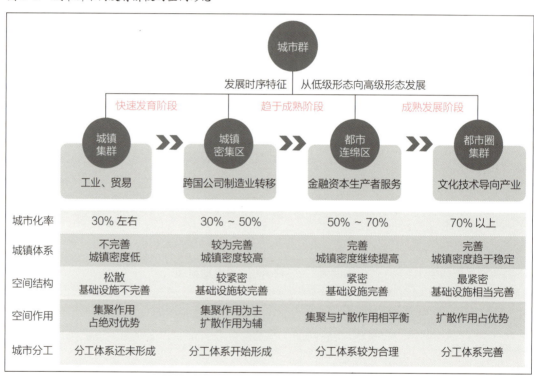

3.4.2.1 强化核心功能空间配置

从功能构成来看，世界级城市群的核心功能往往包括国际服务、科技创新、文化康体、门户枢纽等四大功能，并成为全球跨国公司总部集中地、国际活动中心、全球创新中心、国际性旅游目的地及信息、通信交通枢纽。

1. 国际服务：辐射全球的现代服务中枢

随着粤港澳大湾区产业链分工的细化和制造业的扩散，专业性生产基地的出现已催生出大量的金融服务、生产性服务需求，呈现出一定程度的都市圈扩散化趋势。

2. 金融中心：在香港、广州、深圳三个中心城市核心区布局

期货交易、金融后台和离岸结算中心：布局于前海、南沙、横琴等国家新区；风投和创新基金管理中心：布局于东莞松山湖、广州科学城、大沙河创新走廊；服务外包和金融后台基地：布局于南海千灯湖、深圳平湖等活跃的边缘地区。各类专业化金融中心与传统金融城形成相互促进、差异分工之势。

3. 科技创新：建设世界级的产业创新中心

目前粤港澳大湾区产业结构加速转型，创新产业越来越多地向中心城市外围地区集聚。创新网络联系也已超越行政区划的限制，呈现出近域扩散与高等级创新中心之间跳跃扩散并存的状态。

未来大湾区应将都市圈集群型空间体系与创新产业体系的构建结合起来，更加重视培育多元化的创新空间，以承载更加丰富的创新产业体系。

在珠江东西两岸次级湾区构筑"创新走廊"，形成"研发总部—研发孵化—中试转化"的完整功能体系，建设具有国际影响力的科技创新中心。

东部湾区"创新走廊"：由广州知识城、东莞松山湖以及深圳光明新区、西丽大学城、大沙河创新走廊等节点组成。

西部湾区"创新走廊"：由中山火炬开发区、翠亨新区、珠海唐家湾等节点组成，强化协同合作，扩散"创新走廊"创新与生产要素，包括数据中心、后台服务、科技孵化、关键部件生产等，推动节点外围产城协作区的建设。

4. 文化康体：培育世界级休闲和消费目的地

借力供给侧改革和消费升级，以培育发展世界级的文化、旅游和消费中心为目标，进一步为文化创意和休闲消费配置优良的空间资源和公共服务。

重视文化投入和发展文化创意产业，营造文化休闲和文化创意空间，保护历史建筑环境，提升城市文化品质，推动旧城和传统历史文化地区的复兴。建设大鹏国际滨海旅游岛、银洲湖—鹤州地区环球主题公园以及大湾区外围生态休闲空间，在外湾构建绿色主题湾区，完善大湾区空间结构，从"巨型城市区域"向"全球城市区域"转变，从"世界制造"向"世界级休闲旅游目的地"转变。

5. 门户枢纽：强化内外开放中枢

大湾区城市群作为全球性生产组织与国际贸易中心，必须拥有全球网络的国际枢纽机场和国际航运中心，同时拥有与内陆腹地便捷、快速的运输方式。

6. 建设"三核三辅"为目标的机场群

"三核"为广州、深圳、香港机场，形成适度差异化的三大国际航空枢纽；"三辅"为莲溪机场（银洲湖—鹤州附近新址）、惠州机场和珠海—澳门组合机场，其中惠州机场、莲溪机场作为珠江东西两岸的第二机场。

7. 内外湾港区合理分工

内湾优化南沙、南山、大铲湾等港口功能，大宗散货运输和水铁联运功能外移，配合前海、南

沙自贸区的发展，大力推进保税备货模式与跨境电商运营平台的建设，港口功能从单纯运输向航运服务以及港口群管理控制中枢的方向转型。

外湾提升盐田、珠海、惠州港建设水平，适应大型船舶的停靠以及水铁联运，组织和承担内湾大宗散货运输等功能的外移。

8. 内外向海陆交通统筹

内向结合泛珠京广、贵广、南广、粤赣、二广、滨海等多条发展轴，向西南地区、华中地区及华东地区安排以高铁和城际轨道为主要交通方式的通道，拓展向内陆地区辐射的扇面；外向以海陆统筹的发展方式，推进海上丝绸之路沿线国家的互联互通，通过推进泛亚铁路网，打开中孟缅走廊以及中越走廊，串起连通东盟、南亚市场链，引导南海地区的城市和城镇群从更高层次融入世界市场。

3.4.2.2 整合都市圈梯度空间

自1957年法国学者简·戈特曼提出"都市圈"这一概念以来（都市圈是由起核心作用的一个或几个中心城市加上周边受到核心城市强烈辐射、有着紧密联系地区组成一个或几个都市区的城市经济区域，它是城市群发展到成熟阶段的最高空间组织形式），都市圈的发育程度已成为衡量一个国家或地区社会经济发展水平的重要标志，都市圈在各国及世界经济发展中起着枢纽作用，具有强大的国际辐射能力和"场效应"。

在区域空间扩张和功能组织过程中，以中心城市核心区为中心向外扩散的区域最高效的经济时空距离为70~80公里。在该范围内进行高效的经济管理和组织，实现包括国际服务、科技创新、文化康体、门户枢纽等核心功能的高能释放和高效运作。在70~80公里半径范围内，受功能关联、一小时通勤和地价级差等影响，都市圈内将在时空距离上形成层次性的功能梯度关系（表3-1）。

都市圈空间层次和发展模式　　　　　　　　　　　　　　　　　　　　　　　　　　　　表3-1

圈层分区	距离城市中心距离（km）	区域发展模式	交通圈
1区	0~15	中央活动区、中央商务区等都市核心区	—
2区	15~30	科技创新、交通枢纽等都市圈副中心	中心城市交通圈
3区	30~50	产业新城、旅游开发区	中心城市域外围区
4区	50~70	产业新城、旅游开发区、综合型城镇	通勤交通圈
5区	>70	综合型城镇、母城科技园、产业区飞地	区域辐射交通圈

按照四大核心功能和都市圈空间层次发展规律，未来大湾区城市群在空间上应形成"三核、三区、三湾"的空间结构。

深港、广佛和珠澳构成"三核"，作为珠三角的核心引擎，发挥组织管理作用。以深港+莞惠、广佛+肇清、珠澳+中江构成"三区"，按照都市圈空间层次和模式规律组织空间功能，形成内部梯度集聚、外部高能释放的大湾区；15公里核心湾区安排都市核心区，承担中央活动区、中央商务区等国际服务主体功能；30公里次湾区安排都市副中心，承担科技创新、门户枢纽和综合服务等主体功能；50公里外部湾区安排产业新城、科技社区、旅游开发区等主体功能，形成"三湾"功能梯度格局。

顺应腹地拓展和区域一体化发展趋势，深港+莞惠、广佛+肇清、珠澳+中江三大都市区继续拓展与河源、汕尾、韶关、阳江和云浮的合作，与外围五市融合发展构建更大范围的新型都市区。三大都市区构成大湾区都市圈格局。

3.4.3 大湾区城市群协同的治理模式

与国际一流湾区相比，粤港澳大湾区在国际化水平、产业结构、城市功能和人居环境质量方面仍存在较大差距，其核心问题是区域协同机制不够健全。

3.4.3.1 创新区域多中心等级管治体系

由于三地的体制不同，倡导多年的单极化粤港澳联席会议制度在行政分层、利益各异的格局下，区域协同治理难以奏效。基于合作的前提下保持竞争和多中心等级治理体系，大湾区城市群应该实行分层次多个管治中心相联合的区域管治。

对经济高度发达、互相联系密切的城市形成深港+莞惠、广佛+肇清、珠澳+中江都市圈"三足鼎立"的局面，设立三个区域管治中心，实行都市圈统一的治理政策。外围城市设立次一级的区域管治中心，分别管治粤东、粤西和粤北的区域合作。粤港澳联席会议制度作为大湾区重大事项协调中心，加强对三级区域管治中心议题进行决策和指导。

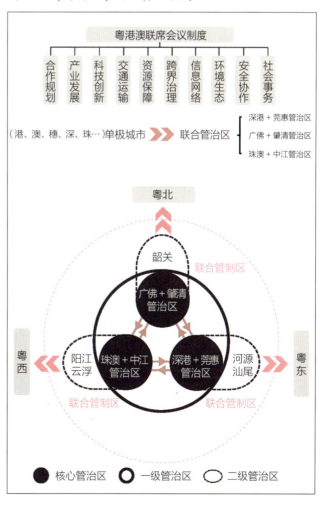

图3-4 粤港澳大湾区区域管治模式

3.4.3.2 建立区域公共治理和共同市场机制

在管治体系的框架下，以"一带一路"的全球治理理念和区域经济管理者的角色，不断推动公共治理、对外经济治理和共同市场治理等协同创新，坚持政府推动、市场主导、社会参与的原则，营造共同的市场环境，发挥市场配置的高效作用。

1. 公共治理

通过公共事务外部性公共品分类政策，建立公共产品高效、公平的配置环境；调适市场机制形成的分配格局，实施收入再分配，促进社会公平；通过法规政策，强化市场管制，促进经济稳定、诚信社会和国际化社区建立。

2. 对外经济

强化人民币本地与离岸结算地位，建立管制的自由化金融工商链条；创新共同市场的便利政策，方便外资银行入驻并具有效管理；制定人民币自由兑换与民间融资合法。

图 3-5　区域公共治理和共同市场机制

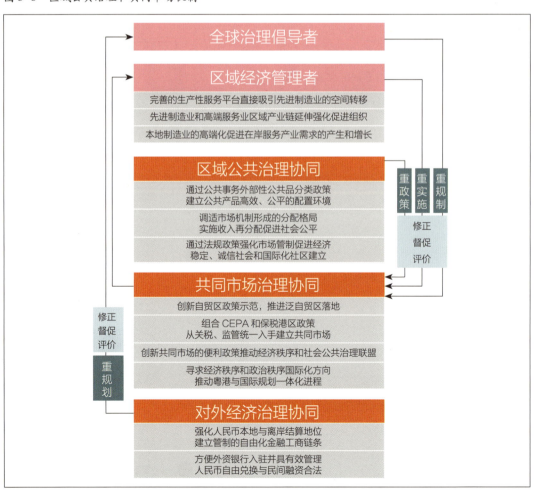

3. 共同市场

创新自贸区政策示范，推进泛自贸区落地；组合CEPA和保税港区政策，从关税、监管统一入手建立共同市场；强化产业促进组织，延伸制造业和服务业区域产业链；创新供给侧改革，促进在岸服务需求，推动离岸服务的发展。

3.4.4 结语

粤港澳大湾区城市群承担着国家"一带一路"扩大对外开放的使命，在倡导全球化包容性增长治理中，发挥中国21世纪海上丝绸之路"新支点"的作用。粤港澳大湾区应以全球经济服务枢纽为特征的世界级城市群为参照系，积极强化国际服务、科技创新、文化康体、门户枢纽等四大功能，构建都市圈空间层次分明的"三核、三区、三湾"的空间结构。作为实现战略目标和功能空间的途径，粤港澳大湾区城市群必须面对"一个国家、两种制度"的存在，创新"自下而上"多层级城市群空间治理新模式，发挥市场程度高、资源配置能力强的优势。把粤港澳大湾区建设成为全球跨国公司总部集中地、国际活动的中心、全球创新的中心、国际性旅游目的地及信息、通信和交通枢纽。

【作者：范钟铭，中规院深圳分院，常务副院长　发表时间：2017年4月12日】

3.5 "像由新生"OR 相由心生——粤港澳大湾区发展思考

一份工作，年薪8万美元，约合人民币50多万元，多吗？如果你在旧金山/硅谷工作，并且有家要养，那你可能要住得很远。有多远？可能3个小时，就算坐飞机都要1个小时。可是，旧金山湾区依然是未来美国人口集聚的重要地区之一。

3.5.1 "像由新生"：制度瓶颈大于空间瓶颈

粤港澳大湾区是伴随港澳地区和珠三角经过改革开放40年的不断互动合作发展形成的新阶段。时至今日，大湾区的城镇化率已经超过88%，分工体系更为完善，扩散作用趋势越发明显，经济更加开放，国际化水平不断提高。

如果说京津冀城市群重点在于协同发展，长三角城市群重点在于一体化发展，则粤港澳大湾区已经走向了跨界发展。粤港澳大湾区跨界发展面临诸多的挑战，其中制度瓶颈大于空间瓶颈，也正是粤港澳大湾区规划出台的主要原因。

3.5.1.1 大湾区的制度独特性

粤港澳大湾区的制度差异不仅仅在于粤港澳所具有的独特的一国、两制、三个关税区的问题，还涉及3种货币制度、3种法律体系、4个核心城市。粤港澳大湾区内11个城市的发展阶段不尽相同，有的处于工业化中期，有的已经进入后工业阶段。

3.5.1.2 大湾区的文化认同感

粤港澳大湾区是广府文化、客家文化和海外文化交融互鉴的高地，具有创新、开放、包容、进取、国际化等方面的文化氛围，恰恰如此，文化多元化特征比较明显，来了是不是湾区人？这个认识需要较长的时间和价值认同。

3.5.1.3 大湾区的规划视角

大湾区规划编制过程中，中央希望看到粤港澳大湾区在国家战略层面的新贡献，实现粤港澳地区的长期繁荣稳定；对于地方政府和老百姓而言，首要的当然是长期繁荣稳定，希望大湾区规划带来新的制度红利和政策红利，实现以人民为中心的高质量发展和高品质生活。

3.5.1.4 大湾区的发展目标

大湾区发展的首要目标是创新"一国两制"新实践，探索新经验，推动港澳融入祖国发展大局，为祖国统一起正面示范作用；其次，要在全球化竞争中建设一个可持续发展的世界级城市群和国际一流湾区，形成大的经济平台，通过积极参与"一带一路"建设，提高国际竞争力；三是实现高质量发展牵引、带动区域、国家发展，成为我国创新发展的主战场；最后要促进城市单元的经济发展和社会文明进步。

3.5.2 人性化内涵：旧金山湾区的认识

粤港澳大湾区11个城市是全球重要的经济发达区域之一。地区生产总值达到1.2万亿美元，是旧金山湾区的2倍，接近纽约湾区水平；进出口贸易额约1.5万亿美元，是东京湾区的3倍以上。在陆域面积、人口规模、人口密度和客货吞吐量等方面都是全球四大湾区首屈一指的，而在经济效率、科技发展、创新实力、国际化程度等方面均处于末位。旧金山湾区2040愿景发展制定了7个目标和13个绩效目标，涵盖了环境、公平和经济三个方面，其中最为重要的评估包括公平获取、经济活力和运输系统有效性。

3.5.2.1 经济活力在于贸易产业集群的专业化分工

旧金山湾区的创新发展模式已经成为世界典范。主要在于公共政策支持、科技金融支撑、高等教育机构支持以及高层次人才服务支持。

与之相比较的洛杉矶，1970年代和旧金山是美国西海岸的两大都市区。从1970年到2010年的变化可以看出，贸易产业集群的专业化分工往往带来发展活力和平均工资水平的差异。洛杉矶"门户城市"的特征更为突出，旧金山湾区则成为经济中心城市。旧金山的经济体系是以信息技术为核心的专业化经济体系，经过30年的发展，从业人员远远超过洛杉矶，而洛杉矶由于航空航天产业就业岗位的衰落，整体向物流和娱乐经济发展。信息技术产业的从业人员，洛杉矶从1970年代的8万人，增长到2010年的15万人，但是旧金山则从4万人，增长到25万多人。在工资收入方面，洛杉矶最高收入岗位是计算机系统设计服务，平均年薪却不足9万美元，而旧金山就业岗位平均年薪超过10万美元的超过10个，最高的软件出版商达到17万美元。

3.5.2.2 交通公平性可以扼杀创新

旧金山湾区年收入8万美元的可以是一个普通公务员，但是他可能每天要在凌晨2:15分起床，然后收拾家务、准备早餐和午饭，出门后转换几种交通工具，每天在路上的时间大约6个小时。旧金山和纽约地区通勤单程超过1.5小时的极限人口比重超过2%。每天有人奔波来回200公里上下班。因此，有人买了房车，为了就在公司附近的公共空间住下来。就算有私人飞机的富裕家庭，由于机场航路管制，也需要1个小时才能降落抵达。而居民的平均通勤时间是越来越长，交通出行的时间效应将大大降低硅谷的创新动力。

3.5.2.3 环境的品质影响区域开放

旧金山湾区是美国第五大城市群和高科技产业集中地区，依然保留着多丘陵的海岸线海湾森林山脉和旷野，具有良好的自然生态和文化社会环境，沿主要交通廊道遍布着马术馆、体育馆、保龄球馆、田径场地和音乐厅等。在整个旧金山湾区，除了128号公路沿线的科技公司外，就是这些文化和健身场所，是创新人才的最爱。

3.5.3 相由心生：尊重差异、务实推进

粤港澳大湾区发展涉及的领域很广，可以从历史角度、空间角度、产业角度、制度角度、治理角度等方面考虑，本文就大湾区发展的一些本源性内容谈四点建议：

3.5.3.1 巩固香港的国际竞争力和制度优势

改革开放的四十年，是我国内地经济发展最快的四十年。在这四十年中，转口贸易、直接投资（FDI）和资本市场的大发展是香港为改革开放所做的三大贡献。转口贸易给中国带来了第一桶金，FDI直接投资把中国变成了世界的工厂，而香港资本市场的大发展则为中国源源不断地输送了发展经济的宝贵资本。当然，在此过程中，香港也日益繁荣富强，成为全球认可的国际金融中心。

未来中国的发展，香港还会发挥重要作用吗？答案是肯定的，香港将在以下三个方面再为中国承担使命：帮助中国国民财富实现全球配置；帮助中外投资者离岸管理在岸金融风险；帮助中国实现商品与货币的国际定价，为中国的资金定价海外资产提供舞台。

拥有"一国两制"优势的香港既是内地投资者的"主场"，也是外国投资者的"友场"，在中美贸易战的影响下，这样的优势显得更加可贵。大湾区建设不是减少差异而是尽可能保持"制度势差"，降低政策限制，增强要素跨界便捷性；深化粤港澳自贸区合作，支持重大合作平台建设，共建"自贸港—自贸区—示范基地"国际化全球区域；促进香港的核心产业，包括金融、贸易、物流及其法律体系的国际拓展空间，加强内地与港澳在科技、教育、文化、旅游、投资贸易规则体系和现代服务业方面的合作，提升大湾区国际营商水平。

3.5.3.2 加强大湾区的经济专业化和劳动力需求竞争力

硬件创新与应用型创新是大湾区创新的重要特色。需要进一步加强大湾区的经济专业化水平，促进新经济的不断提升和实体经济的创新融合，填补基础科研能力和提升区域科技创新能力，形成

高效的创新转化力；推动科学城建设，弥补基础创新和技术创新短板。

积极促进以香港—深圳为龙头的珠江东岸地区的信息技术服务业的快速发展，给民营经济创造更加积极的环境，以旧金山湾为目标，瞄准全球第一的创新经济集聚地。稳步促进珠江西岸地区的高端制造业的发展，向智能制造、高端装备制造等领域拓展。

保持强劲的高素质年轻劳动力的集聚力，加快劳动力的自由流动，促进社会管理的同城化和一体化。加快高素质人才的引进，创新人才合作机制和保障政策，大湾区应该成为全球高素质创新人才的首选就业地。

3.5.3.3 加快都市圈化的布局和国际化建设

大湾区已经形成以广州和深圳为中心的两大都市圈，珠江口西岸地区仍处于比较分散的连绵发展状态。大湾区要由过去的中心集聚实现都市圈重构，加快以广州、深圳为中心的都市圈建设，构建都市圈这一大湾区发展的主体形态。

都市圈需要打破行政区限制，以"集合城市"建立宜居湾区新秩序，推进轨道站点建设和集合城市的衔接，形成大中小城市和小城镇的便捷交通网络。

要加强跨界合作发展，积极推动港澳"飞地经济"在珠三角地区的合理布局，为港澳多元化经济发展提供积极空间，特别是推进创新区的合作；除此之外，要积极推动广州、深圳两个中心城市在制造业、创新产业和教育、居住、就业等方面的都市圈外溢布局，促进大湾区居民在日常性消费、商务、教育等方面的同城化。

加快大湾区国际化营商环境建设，促进信息服务、国际规则、金融保险等方面的国际接轨和创新发展。加快广州在国际文化、商贸服务和教育医疗，深圳在国际服务、海洋经济和全球创新，珠海在国际商务旅游，佛山和东莞在国际制造，惠州、肇庆和江门在国际文化等方面的国际化进程。

3.5.3.4 加快大湾区的互联互通和文化宜居生活圈建设

大湾区的发展，离不开高效可达和便捷的交通网络，必须建设轨道上的大湾区，加强环湾城际和都市圈轨道网络建设，强化跨江通道的建设，优化"交通—空间—产业"的系统组织网络，改变过去以广州为中心的高速路网络体系，提升深圳的国家综合交通枢纽地位，加强互联互通和直联直通，建设多层次、多中心的大湾区轨道枢纽群。

同时构建以香港—广州—深圳为国际航空枢纽，珠海、新干线和惠州机场为支撑的世界级机场枢纽群体系。

提升大湾区的文化认同感，促进广府文化、岭南文化、潮汕文化、客家文化、海外文化和世界其他文化的高度交融，积极建设多元时尚文化，孕育更加开放的文化体系。

还应加强大湾区生态底线保护，筑牢绿色基底，强化"江—海—湾"联动的生态要素保护，构建多层级公园体系。

确立跨界重点合作的国际创新和宜居示范地区,为港澳居民在养老、居住方面提供更多空间,同时推进跨界生活便利行动计划,加强保障性住房、医疗设施和休闲旅游空间的跨界统筹。构建满足区域创新人才公共服务产品的重新布局,在大湾区范围内重构体育健身、交往休闲、音乐体验等设施的便利布局,建设创新人才的宜居生活圈。

粤港澳大湾区是建设"人类命运共同体"的重要支撑,是落实习近平总书记对广东提出的"四个要求"的示范引领区,需要一系列的制度创新、治理创新、空间创新,才能实现大湾区的高质量发展和高品质生活。

相由心生,生生不息。

【作者:罗彦,中规院深圳分院,总规划师 发表时间:2018年12月26日】

第 4 章
经略城市群与经略城市

4.1 世界级城市群功能特征与发展趋势

推进城市群建设是我国新型城镇化的一项重要举措。《国家新型城镇化规划》也明确要求珠三角以建设世界级城市群为目标，在更高层次参与国际合作和竞争。

然而，对比其他世界级城市群，珠三角仍延续原有以制造业扩散带动城镇发展的模式，服务和消费对于区域发展的核心带动作用尚未有效发挥。同样，原有围绕制造业生产和以高速公路为主体的综合交通运输模式，已经难以适应全球化和现代服务需要的高速便捷的要素流动要求。

由广东省住房城乡建设厅委托中国城市规划设计研究院深圳分院研究的《"经略"珠三角——建设轨道上的珠三角》，即是以世界大都市地区的高端功能布局和交通组织模式为借鉴，以建设世界级城市群为目标，谋划珠三角未来发展和交通建设。

4.1.1 迈向 4.0 阶段的世界级城市群

从全球化的视角来看，全球主要城市群经历了从"城市群1.0"到"城市群4.0"的演变过程："城市群1.0"起于工业革命带来的制造业发展和国际贸易起步，这一阶段，城市群形态初具雏形；"城市群2.0"位于2000年以前，以国际分工为契机的制造业跨国公司全球化为标志；"城市群3.0"发生在2000年后，以高端生产性服务业和跨国金融公司的全球化为标志；金融危机以后，伴随着发达国家经济向后工业时代的转型，全球城市引领文化创意和科技革命的进一步发展，国际休闲和消费服务得到极大提高，世界级城市群进入以文化创意、创新驱动、消费休闲为标志的"4.0时代"。

觉知当下，方能展望未来。对比世界级城市群的发展历程，我们认为，珠三角城市群正处于由以工业化和城镇化为主要动力的"城市群2.0"阶段，向以创新驱动和现代服务业为主要动力的"城市群3.0"阶段转变，但更迫切需要提前谋划进入以文化导向、消费休闲为特征的"城市群4.0"阶段。

图 4-1 全球化视角下世界级城镇群的发展阶段

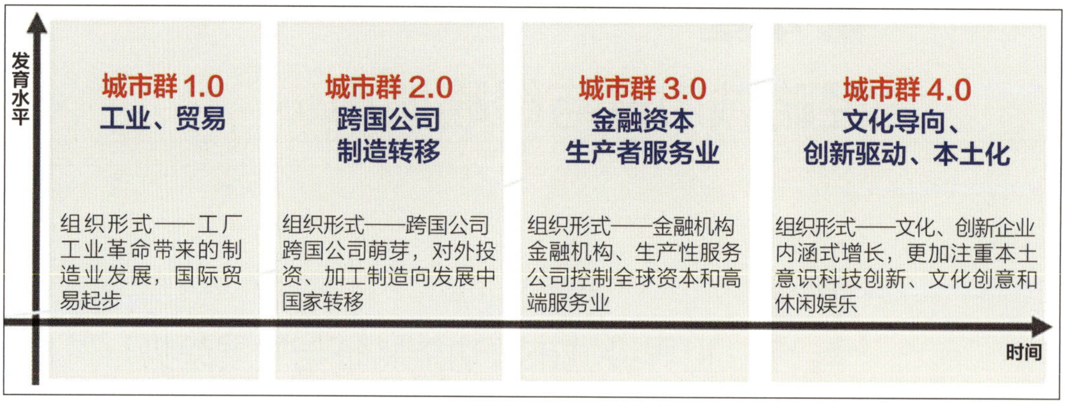

4.1.2 世界级城市群的功能特征与发展趋势

从功能构成来看，世界级城市群的核心功能往往包括国际服务、科技创新、文化康体、门户枢纽四大功能，是全球跨国公司总部集中地、国际活动的召集地、全球创新推进器、国际性旅游目的地及全球信息、通信和交通枢纽。

4.1.2.1 趋势一：强化配置全球资本的控制和中枢能力，发挥辐射世界、服务全球的世界级经济引擎作用

世界级城市群的核心是全球资本要素流动、交易、配置的枢纽型功能节点，同时也是全球政治、科技和文化交往的中心，不仅具有金融商务、国际交往、国际会展等显著的国际服务功能，而且通过资金融通、资本交易、技术标准等方面的话语权，形成了对全球经济、贸易、航运、资源、能源等多领域的控制力和支配力。

图 4-2 世界级城镇群的功能特征

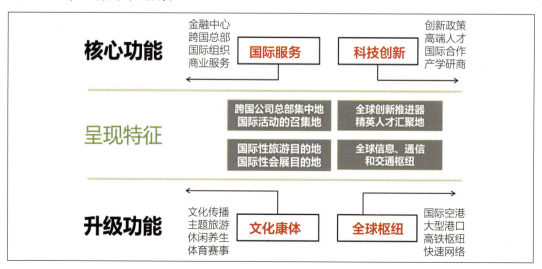

4.1.2.2 趋势二：拓展应用和技术创新，营造更多元化、多层次的创新空间

随着创新成为全球主要城市和城市群的动力，全球城市往往充分借助一流高校及科研机构的强大基础研究能力，培育或引进高科技企业，发展战略性新兴产业，从而形成研发—转化—生产的完整功能体系，成为全球重要的经济引擎。

如西雅图，虽只是美国第13大城市，却是美国第四大创新型城市，2011年产生了超过4000个专利，位列全美第6位，这得益于高科技大公司像微软、波音和亚马逊的存在，又如全球创新成功的典范硅谷，在其发展的各个阶段都培育出了国际知名的大企业。

从空间上看，随着产业间融合的趋势愈加明显以及对人性化需求的回归，创新空间也从主要依托产业园区转向更加多元化、多层次的创新载体。结合老城区历史文化遗存，利用低成本优势打造的"双创"空间和文化创意空间，以及校区、园区主导并融合社区的创新空间逐步出现，如硅谷、硅巷、M50、中关村等。

部分全球性创新空间发展特征与规模　　　　　　　　　　　　　　　　　　　　　　　　　　　　表4-1

区域	创新地区	机构	规模	发展成就
旧金山湾	硅谷	上千家高科技公司和苹果等世界知名的领先企业	800平方公里	以高科技的中小公司群为基础，以苹果、英特尔、惠普、思科、朗讯、英伟达等大公司为标志，融科学技术、生产管理于一体，成为庞大的美国乃至世界电子科技与互联网创业的高地
东京湾	筑波科学园	包括筑波大学、筑波科技大学、高能量加速器研究机构、国立科学博物馆筑波研究资料中心和教员研修中心	27平方公里	汇集了约2.2万名研究人员，共有外国研究人员及其家人、学生等约20万人居住
美国东海岸	北卡三角研究园	北卡罗来纳大学、杜克大学；三角园大学进阶研究中心，美国环境健康科学院	28平方公里	全美最大研究型园区，超过170家公司，逾40000高科技行业员工

4.1.2.3 趋势三：重视文化和消费驱动的服务业发展，与服务和消费有关的经济要素比重不断上升，并逐步居于主导地位

20世纪的最后十年，以纽约、芝加哥为代表的美国部分大都市开始出现复苏，其根源在于这些城市实现了由生产型城市向消费型城市的成功转型。

数据显示，在中等收入水平以上的国家，服务消费占全部消费的比重在50%以上，特别是文化创意产业是城市服务业再上新台阶的新动力源泉。以伦敦为例，21世纪初，伦敦颁布《伦敦创新战略行动计划》，向世界宣告了城市创新发展时代的到来。到2002年，伦敦的创意与文化产

业总收入估计达250亿~290亿英镑，对艺术的商业投资达5290万英镑，信托与基金会的投资达2820万英镑，个人投资1.45亿英镑。伦敦博物院、档案馆、图书馆每年获得的公共与私人资金支持达5.3亿英镑。此外，伦敦电影业每年产值达7.36亿英镑。美国则控制了世界75%的电视节目和60%以上的广播节目的生产和制作，塑造了好莱坞、NBA、迪斯尼等世界性品牌，并通过上海、东京迪斯尼乐园建设的方式对外传播美式价值观。文化对城市发展推动作用巨大，娱乐业占洛杉矶郡GDP比重达8.4%。

4.1.2.4 趋势四：强调"在岸发展"与经济、社会、文化功能的多重开发

英美模式的世界城市建设，突出强调城市的全球抱负与国际面向，通过担负国际功能乃至离岸业务、中转职能来达成经济结构与规模的跃升，通过众多跨国公司、国际组织支撑形成"超国家"功能，即所谓的"离岸发展"。然而这一发展模式也带来了自身的问题，无论是全球金融危机，还是上溯到上轮亚洲金融危机和墨西哥金融危机，国际投资从来都是出逃的主力，受打击最重的恰恰是他们之前蜂拥而至的所谓国际大都市、世界城市[1]。

在这一背景下，全球城市逐步重视"在岸发展"，形成面向全球与国家的双重发展取向，强调要首先关注和经营好城市自身和直接腹地，谋求根植性的发展。城市发展重心也转向经济功能、社会功能、文化功能的多重开发，以此来弥补或者防止社会分化，促进经济、社会协调发展。

4.1.3 结语

未来珠三角要由"世界工厂"转向以全球经济服务枢纽为特征的世界级城市群，这需提前谋划培育具有世界影响力的高端功能，并将其作为空间资源配置和基础设施建设的核心方向；更需要强化以轨道交通为主体的区域一体化综合交通体系，促进交通服务与功能布局的有效耦合与准确匹配，支撑城市群功能等级及运营效率提升，推动珠三角发展成为全球的经济引擎、服务中枢和交往中心。

【作者：邱凯付，中规院深圳分院规划研究中心、主任研究员　发表时间：2016年10月12日】

参考文献

[1] 屠启宇."世界城市"：现实考验与未来取向. 学术月刊, 2013（1）:19-27.

4.2 全球和国家视野下珠三角的新挑战、新突围

进入新时代，国际国内形势发生广泛而深刻的变化。从国际看，全球贸易持续低迷，贸易保护主义强化，经济全球化进程面临挑战。从国内看，经济发展进入新常态，提质增效、转型升级的要求更加紧迫。2018年10月习近平总书记在广东考察时强调改革发展面临着新形势新任务新挑战，我们要抓住机遇、迎接挑战，关键在于高举新时代改革开放旗帜，继续全面深化改革、全面扩大开放。珠三角如何在新形势新挑战中突围而出，是其未来进一步发展的主题。

4.2.1 全球视野下的珠三角

4.2.1.1 经济全球化面临挑战

2008年世界金融危机爆发后，经济全球化进程面临挑战。第一，世界经济增速处于7年来最低水平，全球贸易增速继续低于经济增速，世界贸易放缓，2015年跌回2008年水平。第二，贸易保护主义强化，出现一种独特的"逆全球化"现象。2016年6月，英国举行全民公投，决定脱离欧盟；11月，主张"美国至上"、反对现行开放自由的国际经济关系的特朗普赢得美国大选[1, 2]。2017年底美国新版的国际安全战略报告中，中国被列为一个潜在的竞争者、一个潜在的敌人。2018年中美新一轮贸易冲突进入了战略竞争阶段，美国拟针对中国2000亿美元产品加征关税，从10%提高至25%，重点是美国对中国高端制造业、高科技服务贸易领域的压制。

在此挑战下，习近平总书记在2017年达沃斯世界经济论坛上提出，中国的发展是世界的机遇，中国是经济全球化的受益者，并用实践表明自己是经济全球化的坚定支持者，以"一带一路"倡议把中国同欧洲、非洲、中亚、西亚联为一体，形成一个横跨65国、涵盖44亿人口的超大经济圈，坚持推动构建人类命运共同体。

珠三角作为"21世纪海上丝绸之路建设的排头兵和主力军"，要发挥自身优势，统筹国内国际两个大局，始终不渝走和平发展道路、奉行互利共赢的开放战略，为国家扩大开放、促进全球治理体系变革提供了坚实的战略支撑。

4.2.1.2 珠三角的应对与突围

1. 打造南南合作功能平台

在全球贸易影响下，珠三角进出口总额率先在2013年进入拐点（中国拐点出现在2014年）。珠三角贸易从数量的增长进入了贸易类型的转变与贸易格局的调整。在贸易类型上，从向全球市场输出廉价消费品转而向发展中国家输出高科技产品、成套设备和服务贸易；在贸易格局上，由欧美

图 4-3 2005~2015 年世界商品贸易和商业服务贸易 [3]

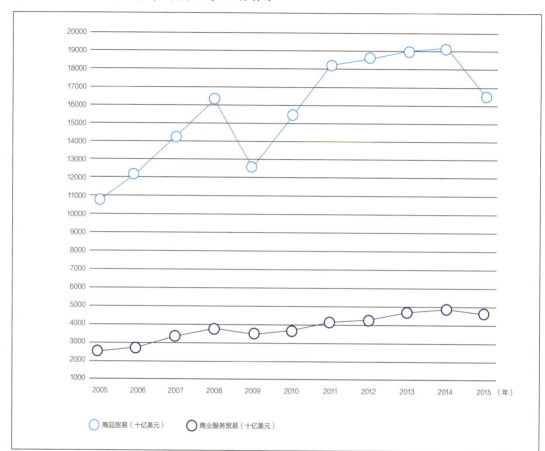

市场为主逐步向新兴经济体拓展,东盟、印度、非洲、拉丁美洲、大洋洲等地的出口额年均增长率皆超过8%。

在这一趋势下,未来珠三角依托国家"一带一路"倡议,积极参与"亚洲基础设施投资银行""丝路基金"等投融资平台建设,发挥民间资本丰厚、贸易传统浓厚的优势,凭借"中国进出口商品交易会",全面拓展丝路沿线国家的开放领域,将竞争优势由低成本向大市场转变,推动珠三角走向世界产业体系中的高端环节,由世界工厂向统筹国际新兴市场的全球经济枢纽转变,成为国家"南南合作功能平台"。

2. 以国际港口提升国际贸易组织能力

2016世界集装箱港口前10榜单中珠三角占了3位,深圳、香港、广州港口分别位居全球集装箱港口第3、第5、第7,珠三角已成为世界级航运枢纽港口群。未来依托国际港口建设,完善国际航空和海运网络,打造海上经济大通道,积极与丝绸之路沿线国家合作组建"国际港口联盟",探索建立合作共赢新机制,构建生产和贸易组织中心,共建21世纪海上丝绸之路。

图 4-4 珠三角与国家进出口总额

图 4-5 广东对主要贸易地区的出口额及增速

全球港口集装箱吞吐量排名变化　　　　　　　　　　　　　　　　　　　　　　　表 4-2

排名	1980 年	1990 年	2000 年	2010 年	2013 年	2016 年
1	纽约	新加坡	香港	上海	上海	上海
2	鹿特丹	香港	新加坡	新加坡	新加坡	新加坡
3	香港	鹿特丹	高雄	香港	深圳	深圳
4	高雄	高雄	鹿特丹	深圳	宁波—舟山	宁波—舟山
5	新加坡	神户	釜山	釜山	香港	香港
6	汉堡	洛杉矶	长滩	宁波—舟山	釜山	釜山

续表

排名	1980年	1990年	2000年	2010年	2013年	2016年
7	奥克兰	釜山	上海	广州	青岛	广州
8	西雅图	汉堡	洛杉矶	青岛	广州	青岛
9	神户	纽约	汉堡	迪拜	迪拜	迪拜
10	安特卫普	基隆	安特卫普	鹿特丹	天津	天津

3. 以企业走出去提升全球生产组织和市场管理能力

2016年1~10月，广东企业共在92个国家（地区）协议新设境外企业（机构）1286家，新增中方协议投资额266.4亿美元，同比增长25%；中方实际投资额188.4亿美元，同比增长138.8%，在国际市场上不断拓展影响力。以深圳为例，深圳企业对外投资已经遍布5大洲120多个国家和地区，累计涉及境外企业（机构）2500多家，出现以华为、中兴、招商、中集、康佳、深能源、比亚迪等为代表的在全球范围内配置资源、建立产业链。成功走出去的深圳企业群，通过统筹国际国内两个市场、两种资源，参与经济全球化，建立起了比较完备和具有活力的开放型经济体系，成为中国企业走向世界的重要支点和平台，有利于提升珠三角的全球生产组织和市场管理能力。

4.2.1.3 小结：崛起中的世界级城市群，链接中国内陆和新兴海外市场的全球经济枢纽

2014年3月《国家新型城镇化规划（2014~2020）》首次从国家层面上赋予了珠三角建设世界级城市群的战略目标。经过改革开放40年的发展，珠三角已成为国家开放程度最高、经济活力最强的区域之一，也是我国面向"一带一路"沿线新兴经济体的前沿阵地，是链接中国内陆和新兴海外市场的全球经济枢纽。2018年中国进入全球城市体系Alpha级的6个城市中，粤港澳大湾区占了半数，拥有香港、广州、深圳三座世界一线城市。据2015年的统计，粤港澳大湾区地区生产总值达到1.3万亿美元，是旧金山湾区的2倍，接近纽约湾区水平；进出口贸易额约1.5万亿美元，是东京湾区的3倍以上；区域港口集装箱吞吐量达7200万标箱，是世界三大湾区总和的5.5倍[4]。珠三角已然是崛起中的世界级城市群。

全球城市体系   表4-3

Alpha	Alpha++				
	Alpha+	香港 上海	香港 上海 北京	香港 上海 北京	香港 北京 上海
	Alpha		北京		台北 广州
	Alpha-	台北	台北	台北 广州	深圳
Beta	Beta+		广州		成都 杭州
	Beta	广州	澳门	深圳	天津 南京 武汉
	Beta-	深圳	深圳	成都 天津	重庆 苏州 大连 厦门 长沙 沈阳 青岛 济南

续表

Gamma	Gamma+		天津	南京 杭州 青岛	西安 郑州
	Gamma			大连 重庆 厦门	昆明 合肥 太原
	Gamma-			台中 武汉 苏州 长沙 西安 沈阳	福州

4.2.2 国家视野下的珠三角

4.2.2.1 国家战略层层深化

国家经济发展进入新常态，经济增速换挡、结构调整阵痛，面临诸多矛盾叠加、风险隐患增多的严峻挑战，国家对珠三角的战略也层层深化。2008年《珠江三角洲地区改革发展规划纲要》第一次把珠三角地区的改革发展上升为国家战略，2014年珠江—西江经济带上升为国家战略，提出进一步拓展珠三角城市群的发展腹地。国家"十三五"规划和2017年中央政府工作报告正式提出建设粤港澳大湾区。从"珠三角改革与协调发展"到"珠三角腹地建设"，再到"携手港澳共同打造粤港澳大湾区"，重新赋予了珠三角新的视野、新的内涵。而改革开放40年发展起来的先行试验和开放精神奠定了珠三角的发展基础。

4.2.2.2 珠三角的应对与突围

1. 依托粤港澳合作推动制度创新

在现代化和国际化的行程中，珠三角与港澳各自现实优势形成的互补差异，犹如干电池的正负极，是组合对内对外输出能量重要的社会结构，积蓄成为中国现代化和国际化的电池组与能量盒。"粤港澳异合"比"融合"更符合三地的社会特性，也有利于两地在"一国两制"的前提下各自争取特殊政策，以珠三角的规模优势和香港的体制优势共同走向更高水平的国际化，实现共赢。

推进前海、南沙、横琴三大重点平台建设，依托港澳加快建设与国际高标准规则相对接的营商环境，加快投资贸易规则与国际接轨，营造透明高效、竞争有序的法治化国际营商环境。强化国际金融贸易航运功能集成，为珠三角制造业提供高质量的服务，促进实体经济转型升级。在更高水平上扩大开放，高标准建设广东自由贸易试验区，打造高水平对外开放门户枢纽。

2. 打造全国创新型经济的"主引擎"

中国已进入结构调整、转型创新的时代，习近平总书记在2017年达沃斯世界经济论坛上指出"创新是引领发展的第一动力"。2016年，珠三角研究与试验发展（R&D）经费支出占GDP的比重从2012年的2.43%提升至2.85%。万人发明专利拥有量达27.73件，比2012年增加14.3件；PCT国际专利申请量占全国一半。技术自给率和科技进步贡献率提高到2016年的71%和58%，基本达到创新型国家和地区水平，其中，深圳一个城市获得的国际专利已超过法国或英国。

珠三角依靠自身完备的产业链，依托本土民营企业快速响应创新需求，更快速更低成本地实现制造方案，以符合全球创新浪潮对创新产品转化的高效率要求。深圳"6个90%"（90%以上的创新型企业

图 4-6 珠三角与港澳的优势互补

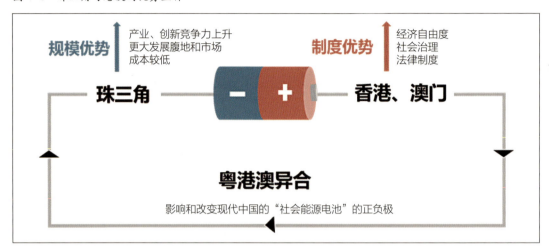

是本土企业、90%以上的研发机构设立在企业、90%以上的研发人员集中在企业、90%以上的研发资金来源于企业、90%以上的职务发明专利出自于企业、90%以上的重大科技项目发明专利来源于龙头企业）的企业创新模式，较好地解决了科技与经济"两张皮"的问题，培育了华为、中兴、迈瑞、比亚迪、大疆等一批既有创新动力又有创新能力的创新型企业，推动深圳成为珠三角乃至全国的创新引擎。2017年4月《经济学家》发表题为《深圳已成为创新温室》的报告，指出深圳是世界创新和发明的"皇冠上的明珠"，改写了世界创新规则，并给深圳一个比硅谷更为传神的美名——"硅洲"（Silicon Delta）。

未来珠三角要积极吸引和对接全球创新资源，建设"广州—深圳—香港—澳门"科技创新走廊，实质性破除城市间壁垒，补齐各短板，促进要素自由流动，发挥集成优势，构建"全球资金+一流科研院校和人员+大中小协作的科创制造企业+灵活流动的产业创新服务体系"，完善创新生态，由城市创新走向湾区创新，由应用创新走向基础创新，打造大湾区国际科技创新中心。

图 4-7 中国国际专利申请情况 [5]

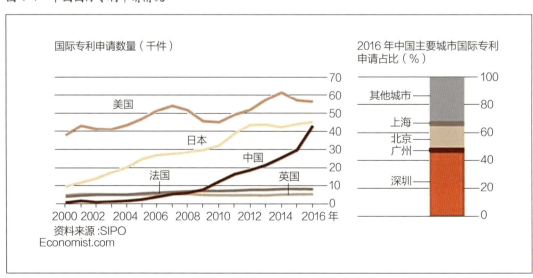

3. 扩大区域腹地

城市群的发展与提升需要紧密联系的区域腹地。通过分析总部在北上广深四个城市的分支机构分布，判断东部三大城市群的发展腹地，相比北京、上海，珠三角两大城市广州和深圳的区域腹地较小，辐射能力较弱。

未来应依托珠江—西江经济带以及国家高铁网的建设，开拓珠三角地区连接大西南、通往东盟自贸区的水运通道，加强与西南地区、中部地区的快速铁路通道建设，打通泛珠大交通体系，构建泛珠统筹合作机制，支撑广东面向西南、中部内陆地区的腹地拓展。

4.2.2.3 小结：引领全国、全球的创新区域

改革开放先行发展起来的有效市场与市民社会，是珠三角制度创新与经济创新的基础和活力所在。未来依托港澳不断创新试验的制度与以深圳为引领的企业创新扩展，推动珠三角城市群（粤港澳大湾区）引领国家创新发展，乃至成为全球创新区域。

【作者：杜枫，原中规院深圳分院规划研究中心，研究员　发表时间：2017 年 6 月 7 日】

参考文献

[1] 李云龙. 习近平出席达沃斯论坛 中国成经济全球化中流砥柱. 中国新闻网，2017-01-18.

[2] 新华社. 习近平主席在世界经济论坛 2017 年年会开幕式上的主旨演讲（全文）[OL]. 2017-01-18. http://www.xinhuanet.com/2017-01/18/c_1120331545.htm

[3] World Trade Organization. World Trade Statistical Review 2016[OL]. Geneva：WTO，2016. https://www.wto.org/english/res_e/statis_e/wts2016_e/wts16_toc_e.htm.

[4] 彭澎. 以"湾区"思维提升大珠三角的发展. 金羊网，2016-12-15.

[5] 陈冰. 英《经济学家》杂志：深圳成为世界创新皇冠上明珠. 深圳特区报，2017-04-11.

4.3 香港的发展与机遇

从城市区位研究的角度来看,粤港澳大湾区作为一个地理范畴,湾区内既有城市也有农村;城市的大小亦不相同,一个区域一般具有中心城市,而区域又有单中心区域,也有多中心构成的区域。

我们研究一个地方的发展,不能只看一个城市,我们应该站在城市区域的角度来看待发展的问题。香港和珠三角是全世界都关注的区域,前30年发展很成功,现在到了另外一个关键的时刻,我们怎样继续提升发展水平?粤港澳大湾区有差不多7000多万人口,是一个很大的区域,现在也具备了非常强大的实力。

这样的城市区域发展到今天,怎么看待香港和深圳两个城市之间的合作与竞争关系?可以逐一审视社会关系、经济关系、公共服务、自然资源、环境、法律跟管治方面的关系。我认为大部分的关系都是相互促进的,不是一种竞争的关系,而是相互配合、相互合作性的关系。

图4-8 竞争与合作的概念框架

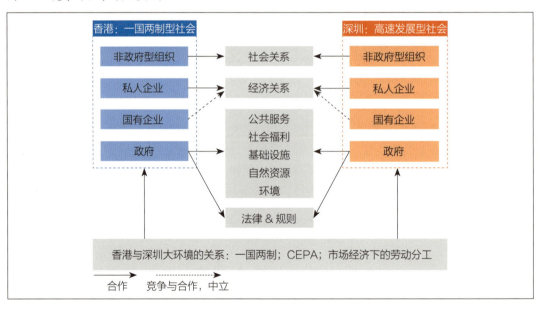

4.3.1 香港与深圳,最大的竞争存在于何处?

香港与湾区城市,哪些方面可能会有竞争关系呢?

很多人会提到企业、商家的竞争。我们研究以后认为在私营企业方面,两个城市之间可能是合作比较多的情况,一个企业可以看看香港的情况,再看看深圳的情况,来决定究竟去哪个城市发

香港和深圳集装箱码头主要运营商的所有权　　　　　　　　　　　　　　　　　　　　　　　　　　　　表 4-4

公司	香港地区	深圳地区
和记黄埔港口控股（拥有香港国际货柜码头的 27%）	葵涌货柜码头第 4、6、7、9 号码头（香港国际货柜码头），8 号码头（中远国际货柜码头）的 50% 和 8 号（亚洲货柜码头）的 40%，通过香港国际货柜码头	盐田港 1~3 期的 43% 以上
招商银行控股国际有限公司	占现代码头有限公司的 27%	蛇口集装箱码头 1、2、3 期，赤湾集装箱码头有限公司，深圳妈湾港口项目的 60%
现代码头有限公司	葵涌码头的 1、2、5、9（现代码头）号码头	大铲湾一号码头的 65%，赤湾港的 20% 和蛇口集装箱码头 1、2、3 期的 30%
中远太平洋有限公司	占葵涌货柜码头 8 号码头（中远）的 50% 和 8 号（亚洲货运码头）的 40%	盐田国际集装箱码头有限公司的 5% 和盐田港 1 期

展，对于一个企业来说，两个城市提供了不同的机会，所以总体上而言不是一种竞争的关系。

其次再看港口，集装箱吞吐量深圳最近超过了香港，居于全球第四位，香港变为第五位。但仔细研究码头本身的运作：四家主要运营公司，既拥有深圳的码头也拥有香港的码头。我们认为实际上是四家公司一起管理深圳与香港的港口，它是一家，不是两家竞争。

所以在判断两地城市如何竞争、如何合作时，我们应采用更加深入的视角。

哪些方面可能会有竞争关系？我们认为反而是政府负责的部分：可能深圳方或者香港方都着重考虑对深圳负责或者对香港负责，反而更加紧张各自城市的表现。在政府范畴内会出现竞争的情况，比如在经济关系方面，城市间国有企业的关系可能会导致两个城市政府的直接竞争。香港特区政府拥有少量公共机构或企业，而深圳政府拥有深圳机场和集装箱港口的大量股份。

4.3.2　香港优势何在？

如果反过来看香港本身的基本经济情况，我们知道香港过去的发展主要基于贸易中心，金融、专业服务和贸易之间有密切的关系。1997 年时，我们一般都认为香港的相对地位到了顶峰，是世界上非常领先的城市，1991~1997 年香港的转口贸易规模翻了一番。1997 年以后没有停止增长，继续把港口规模进一步扩大，1997~2008 年转口贸易又翻了一番，所以整个香港的经济发展与港口有非常密切的关系。2008 年时因为金融危机，发展速度有所减缓，但香港的经济基础基本奠定。

香港是贸易中心，很多物流运输经过香港，集装箱码头飞速发展。机场也同样人流量大，机场的规模、吞吐量也是不断上升，这都是因为香港贸易服务中心的地位，使物流运输发展到很高的水平。

香港集装箱吞吐量增长 1990~2015 年（万标准箱）[1, 2]　　表 4-5

指标	1990	1995	1996	1997	2000	2003	2005	2008	2010	2015
总量	5.1	12.6	13.5	14.6	18.1	20.4	22.6	24.5	23.7	20.1
葵涌昂船洲	3.8	8.3	8.7	9.5	11.6	12.1	14.3	17.7	17.1	15.6
中流作业	1.2	2.9	3.0	3.1	3.0	3.9	3.3	1.8	1.8	1.1
水路贸易	0.1	1.4	1.7	1.9	3.5	4.5	5.1	5.0	4.8	3.4

香港机场吞吐量 1997~2015 年 [3, 4]　　表 4-6

指标	1997	1998	1999	2000	2003	2005	2007	2008	2010	2015
空运货物吞吐量（百万吨）	1.79	1.63	1.97	2.24	2.64	3.40	3.74	3.63	4.13	4.38
乘客吞吐量（百万人）	28.3	27.2	29.1	32.1	26.8	39.8	46.3	47.1	49.8	68.1

作为转口港，2013年香港机场空运货物占香港进出口货物运输总重量的1%，其价值份额占37%；2000~2009年处理空运货物全球排名第2位，在2010~2015年排名第1位；2000年，游客吞吐量排名第22位，2005年排名第16位，2015年排名第8位；2012年，航空行业占香港服务出口总额的11%。

4.3.3 香港面对的主要挑战是什么？

现在看香港发展面临的一些挑战，逐渐减小的GDP差距正在减弱香港在珠三角城市中的经济影响。我们知道香港的邻近城市，特别是广州和深圳的经济实力不断增强，已经成为珠三角重要的区域性城市。两地的城市GDP已经接近香港的水平，过几年可能会超过香港。人均GDP还需要一些时间追上香港水平，但总的来说是追赶香港的趋势。

图 4-9　广州／深圳／香港 1981~2015 年人均 GDP

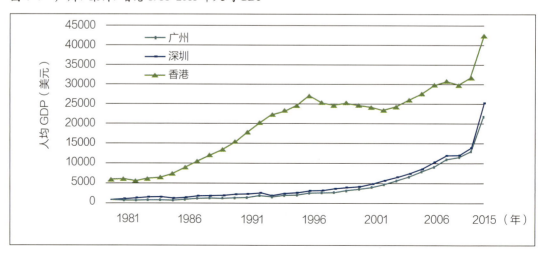

图 4-10　香港/广州/深圳/上海/北京 2000~2015 年 GDP

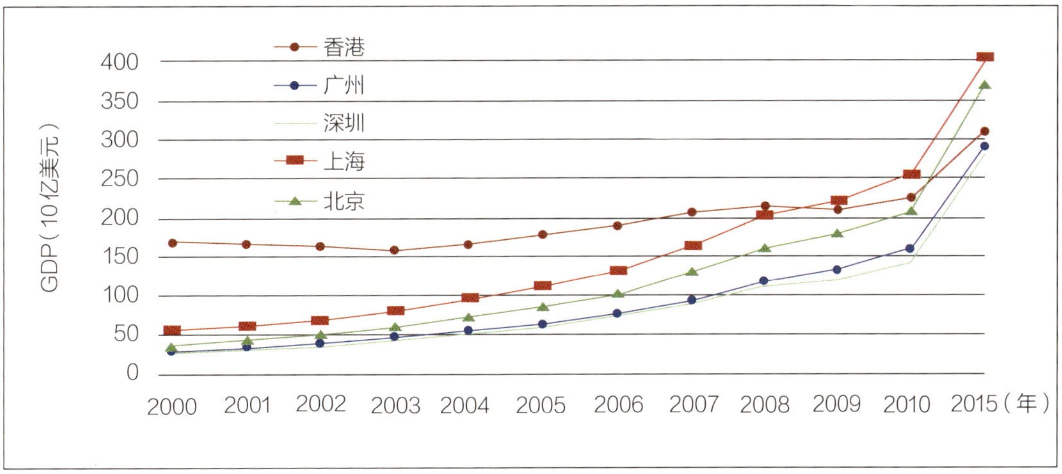

另外我们更需要重视的挑战是：香港经济还是以服务业为主，金融、服务业非常领先，但是珠三角比较强的部分是科技创新、高科技产业，包括一些全球领先的公司，如中兴、华为，这些创新产业都是香港没有的。今后两地怎样相互合作配合能够做得更强更大，对于香港是个挑战，也是机会。挑战是说香港这方面的基础相对差一点，因为虽然香港金融较强，科技方面以及大学都很好，但是在应用方面做得还不够，这对于香港是一个挑战。

4.3.4　香港的实力与挑战

比较香港与内地城市：在某些服务业方面，如集装箱码头规模，深圳已经超过了香港。机场也是一样，深圳、广州、上海的机场规模在不断扩大。有些人会担心香港的实力是不是被削弱了呢？香港怎么应对这些方面的挑战？

我认为，香港现在的实力还是很强，不需要过分悲观。香港还是一个非常领先、综合实力非常强的城市，从全球来看，2015年香港的人均GDP高过英国，英国是全球第27位，香港是全球第11位，所以香港仍是一个全球非常领先的城市。

如果我们看世界主要的几个经济体的竞争力排名，1997年之后，由于各方面的危机，一段时间内香港排名在下降。2003年之后竞争力排名又回升了，特别是IMD国际竞争力的评价，香港近几年是全球第一。总的来说，香港竞争力在全球是不差的，我们应该有充分的信心。

香港有健全的法律和制度架构以及密集的国际网络。根据世界经济论坛的增长竞争力指数，香港的排名从1997年的第2位下降到2005年的第28位，但根据2006年的全球竞争力指数，香港的排名从2005年的第14位上升到2006年的第11位以及2013~2015年的第7位。根据管理发展研究所的世界竞争力指数显示，香港的排名从1997年的第3位下降到2000年的第14位，但是在2005~2006年反弹至第2位，2013年居于第3位，2014年居于第4位，2015年居于第2位。在

图 4-11　香港与深圳港口的集装箱吞吐量 1990~2017 年（百万标箱）

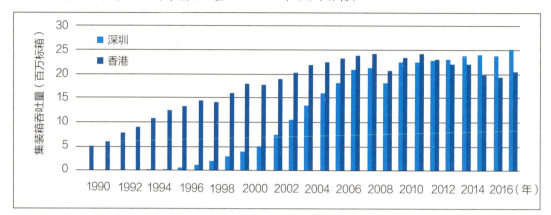

2016年9月Z／Yen集团发布的全球金融中心指数排名中，香港在全球87个城市中仅排在伦敦、纽约、新加坡之后，位居第4。

香港和珠三角的合作在2008年时到了一个高峰，当时大家都非常乐观，积极探讨香港跟珠三角怎样融合，怎样一起发展。2008年之后出现一些问题，使得两地的关系出现一些紧张。有其他的政治原因，也有一些民间很实际的原因，例如内地孕妇赴港产子、购买奶粉、游客量巨大对交通造成挑战等等，从舆论上造成了香港与内地的不协调情绪，但是，片面的消极舆论不能抹杀香港仍是湾区中极具竞争力和吸引力的城市这个客观现实。

4.3.5　粤港澳大湾区，四个维度联接香港与珠三角

讲到"湾区融合""香港跟珠三角发展"的时候，应该看两个方面。一个城市发展最重要的还是城市内部怎么规划，城市内部有没有花很大的工夫研究怎样实现可持续发展。另外才是香港跟珠三角之间怎么样进行项目对接，包括基础设施的项目连接，产业怎么分工，大家怎么进行合作。相信下一阶段粤港澳大湾区的规划与发展经过讨论，可能给大家更多的启发。

4.3.5.1　高铁连接深港两城 CBD

现在湾区面临很多的投资和新的机会，香港高铁很快就通了，高铁主要是把香港和内地更远的城市连接起来，而不仅是邻近城市。香港去这些城市的时间缩短，这对彼此有很多益处。如果香港不通高铁，就等于把香港边缘化，从城市竞争角度来看，香港不通高铁，不利于竞争。

深圳—香港段的高铁于2018年开通（全长26公里，耗资超过800亿港币），来往内地44个城市；来往广州48~60分钟；连接香港和深圳CBD：来往福田，19分钟，来往深圳北站23

分钟。2015年香港和内地之间的每日旅客人数为64.88万人次,其中,住在香港的占33.89万人次(52.2%),居住在内地的香港居民占10.8万人次(15.5%),内地游客占19.62万人次(30.2%)。

高铁把香港跟深圳两个CBD快速连接起来了,这件事的意义可能大过高铁其他的好处,以后从九龙到福田可以很频繁地使用高铁,仅仅需要19分钟。这将加深两地之间的沟通,会对两个城市的发展产生较大影响,应该是很好的机会。此外,促进九龙的高铁站一地两检,也可以更好地利用高铁这项便利的设施。

4.3.5.2 深中通道和港珠澳大桥连接湾区

深中通道和港珠澳大桥,投资很大,以后是不是可以有效利用?我们可以怎样利用它们来进一步发展湾区?特别是我们过去看珠三角西部的空间还是很大,有很多的土地,人口密度很低。湾区如果将来需要发展空间的话,西岸应该有很多的发展机会,关键是怎样规划好、利用好、可持续地发展。这两个大桥建起来以后,充分利用它们的功能,将为香港提供很好的机会。

4.3.5.3 扩建香港机场服务湾区

2012年香港国际机场在世界机场排名:旅客吞吐量第13位(5570万人),空运货物吞吐量第1位(403万吨);2010香港国际机场在世界机场排名:旅客吞吐量第11位(4980万人),空运货物吞吐量第1位(413万吨)。香港现在的机场非常繁忙,出现了瓶颈,2020年最大乘客量达到6800万人,2030年最大乘客量将可能达到7400万人,香港的进一步发展可能会受到有限的机场容量限制。现在准备建第三条跑道,也为香港与大珠三角提供了进一步发展的空间。

4.3.5.4 发展智慧城市与智慧湾区

最近我们关注新的城市发展方向,就是智慧城市,怎么用智慧科技来支撑下一步智慧城市的发展?例如,我们在研究粤港澳大湾区发展规划的时候,应该想想怎么发展粤港澳大湾区的智慧联系,即公路、铁路、边界控制点等基础设施方面的连接;完善职能分工与区域合作;促进跨境商业、工作和生活。

现在有很多的智慧湾区发展机会,但是需要比较好的规划,如现在已经有"香港—深圳"交通卡开发出来,两地都能用。《环珠江口宜居湾区建设重点行动计划》中提出"将一卡通系统各类公共交通工具,与港澳地区交通智能卡系统并网互认"等设想。我们是粤港澳大湾区,有没有一张卡在湾区里面都可以用呢?我相信技术上不是很难,但是政府要做好规划,有一个平台同时来做,就一定可以做到。

2017年1月3日,香港特别行政区政府政务司司长及深圳市人民政府副市长于深港合作会议签署《关于港深推进落马洲河套地区共同发展的合作备忘录》,致力加强两地创科合作。在去年的两会上,腾讯公司董事会主席兼首席执行官马化腾提出"科技湾区"的建议。粤港澳大湾区有望成为"中国硅谷"的摇篮,深圳作为科技创新城市,在基础研究机构不足、缺少创新领军人才等方面有望与香港日趋完善的科创环境形成互补,深港在科技创新领域方面的合作与互补将大有可为。

【作者:沈建法,香港中文大学地理与资源管理学系,主任 发表时间:2017年9月13日】

参考文献

[1] 香港特区政府运输及房屋局. 香港港口运输统计摘要,2007.12.

[2] 香港特区政府运输及房屋局. 香港港口运输统计摘要,2017.5.

[3] 香港特区政府统计处,香港特别行政区政府. 香港统计年刊. 2001.

[4] 香港民航处. 航空交通统计数字. 2016.

4.4 后工业化时代"深港双城"关系初探

4.4.1 后工业化时代的中国城市与区域

中国国家统计局公布的数据显示,2015年全年GDP增长6.9%,为1990年以来的25年新低。同时,这一破"7"的增速也暗示着中国经济将会面临进一步放缓的可能。由于经济新常态的到来,中国经济出现既面临严峻的稳增长压力,又需要自我生成调结构的新动力,后工业化时代在许多城市与区域已成为现在时。

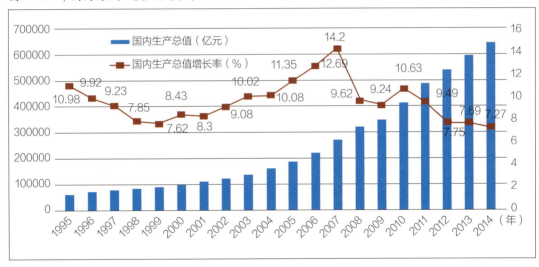

图4-12 中国国内生产总值及增长率[1]

从经济发展史来看,工业化中期之后,先行的工业化国家无一例外地实现了从工业经济向服务经济的转型。如果未来消费完成了从产品消费向服务消费的转变,则中国一定会长期形成以服务业为主体的产业结构[2]。在以出口为导向的低端制造业逐渐降低竞争力的情况下,新一届政府对国家经济发展方向、目标任务、重大战略、推进措施的调整,使国民经济三次产业构成中第三产业所占比重迅速增长。1995年中国"三产"所占比重为33.7%,到2014年已增至47.8%,服务业已逐步成为国民经济的主体产业。

由此可见,中国由于经济从第二产业向第三产业的转型,尤其是在"十二五"时期的结构性转型,已源源不断地将这个转型结果传导到了社会领域,从而促动了世界第一人口大国波澜壮阔的社会变迁。这也必然带来了中国城市和区域的巨大变化。2011年,中国城市化水平已跨过了城市化率50%这一重要临界点。根据国际城市化经验,在这个临界点之后,城市化进程将从量变转向质

图 4-13 中国国民经济发展第二产业、第三产业比重变化[1]

变，其核心的经济增长动力也将体现工业化中后期产业结构调整和空间资源重组的特征。在中国的后工业化时代，城市与区域将在经济增长和发展转型等方面扮演更重要的角色。

4.4.2 深港双城发展历程回顾

论及后工业时代的城市，香港和深圳为我们提供了绝佳的研究样本。作为受益于亚洲工业化浪潮的"四小龙"之一的香港，自2004年后服务业占GDP的比重已经达到了90%以上。而深圳，作为改革开放的先锋城市，也率先步入了工业化的中后期，产业结构持续调整，第三产业占比不断上升。这两个城市工业化的历程，既是其自身不断发展与壮大的过程，也反映了两者之间合作关系不断演化的过程。加强"深港双城"关系的研究，不但有助于两者的互利互惠，对后工业化时期的中国城市和区域发展也将有重大的参考和指示意义。

深港之间的经济交往和产业互动一直是保持与推动双方关系的纽带。改革开放始于深圳，正是基于深港一衣带水的近邻关系，也开启了"一国两制""双城"发展的序幕。随着工业化进程的不断发展，"深港双城"的联系日益紧密，两者之间的合作大致可以分为五个阶段[4]，包括：（1）市场主导阶段（1980~1997年）：民间（市场）为主的合作，双方利用两地毗邻的地理优势按着工业化规律、市场经济规律开展的合作，实现了各自的基本目标和利益诉求，为今后的发展和合作奠定了良好的基础；（2）调整适应阶段（1997~2003年）：随着深圳经济的高速成长，双方不再是初期的类似于产业垂直分工的合作，而是在地位相对平等基础上的合作；（3）民间和政府共同推动的合作阶段（2003~2007年），在2003年香港在中央政策的"更紧密经贸关系安排（CEPA）"的带动下，两地政府签署了一系列合作协议，开始迈入全方位、多层次的合作；（4）合作常态化

图 4-14　深港第三产业/服务业对 GDP 贡献率 [3]

阶段（2007~2012年），随着双方多项专业化协议的签订，两地在产业、城市功能和制度层面不断扩展和深化的合作，为加强双方优势互补，进一步推动和深化深港合作，奠定重要的基石；（5）全方位深度合作阶段（2013年至今），随着全球形势的急剧改变和国家"一带一路"倡议的提出，深港双城面临着进一步加强合作的需求，合作的广度和深度亟待拓展，以共同面对后工业化、后全球化时代的机遇与挑战。

深港合作的历程，体现了两地经济发展的需要和各自的利益诉求，是工业化推动空间资源优化配置的结果，也是市场力量自发作用的结果，更是由民间层面逐步向政府层面提升的过程。与此同时，"深港一体化""深港湾区""深港都会""深港双城"等概念也先后被学界讨论[4]，为双城发展构筑了宝贵的理论探索框架，并最终上升到政府决策层面，为制度化建设奠定了基础。

4.4.3　后工业化时代"深港双城"发展的挑战与机遇

香港在后工业化时代，工业与制造业往内地迁移，导致了本土产业的"空心化"，也带来了社会各个阶层的分化[5]。与此同时，国内外竞争对手如上海、新加坡等的不断壮大，也被视为对香港亚洲金融中心"领袖"地位的威胁。而作为香港近邻的深圳，在改革开放三十年后，积累了巨大的物质财富，取得了举世惊叹的建设成果，同时也面临着产业成本高昂、产业空间局促等问题。从后工业化时代产业发展特征来看，深港两地正面临以下转型期的主要需求：

4.4.3.1　全球新一轮产业演化背景下，亟需统筹深港"一带一路"宏观发展战略

香港的国际地位决定了其必将代表中国，在世界发展的舞台上发挥不可替代的重要作用，而深圳作为最早开始改革开放并在市场经济理念下启动工业化进程的城市，也必须承担转型期内的先锋作用，为中国城市迈入后工业时代做出表率与示范，而全球新一轮产业演化和国家"一带一路"倡议是统筹未来"深港双城"战略发展的基石。

4.4.3.2　服务业的可持续发展，需要两个城市合力解决

后工业化时代的产业链条和组织结构趋向复杂化、专业化，这为双城的产业互动、协同运作提出了更高的要求。在服务业迅速发展的同时，金融、物流等生产性服务业集聚程度不断加强，信息传输、计算机服务和软件、租赁和商业服务、体育和文化创意、咨询和中介服务等新兴服务行业不断涌现，服务业的内部结构不断优化，专业化水平进一步提高。深港产业发展到今天，各有优势，只有跨越自身的藩篱，共同推动产业的多维度融合，才可能更大发挥各自的潜力，对抗日益严峻的国际经济形势。

4.4.3.3　作为后工业化社会后期的重要标志，消费时代的到来，也将深刻影响着"深港双城"的发展

随着消费结构不断升级，大众休闲和文化娱乐需求持续增长，新的经济发展趋势造就了新的消费群体，也诞生了新的消费模式，这些都需要新的产业类型和产业布局作为支撑。互联网经济的风行、CEPA的逐步落实、体验式消费的崛起等，正在改变深港消费圈的生态，深港两地在消费时代将面临全新的格局，亟需全面与深度的合作，才能实现真正意义上的"双赢"。

4.4.3.4　区域化融合将为深港经济产业发展提供破题之路

中国的区域发展在"十一五"和"十二五"两个五年规划的指导下正进入"全面开花"的阶段。各个主体功能区以及一系列重要区域的发展规划的颁布，使得中国的区域经济进入前所未有的繁荣阶段。深港所在的大珠三角地区，作为改革开放的前沿阵地，理应在区域经济时代继续发挥领航作用，探索从区域融合的角度破解后工业化时代地方经济和产业发展的难题，探索中国发展方式的新模式[6]。

4.4.4　后工业化时代的双城发展之路

以上后工业化时代的需求，将促使香港重新思考以往高度自主、相对独立的发展模式，并将自身的前途与周边城市更紧密地联系在一起，从而更好地利用区域优势，主动应对当前的国内外形势[7]；同时，深圳也应更重视利用毗邻香港的优势，借力香港作为"亚洲国际都会"和"一带一路"倡议节点的影响力，加快产业升级与区域融合的步伐，从而提升城市发展水平。

在后工业时代全球产经一体化和区域经济日趋协同的环境下，我们应该清楚地认识到，深港两地之间的合作有着广阔、一致的前景，是产业发展、区域合作与跨界治理等理论的重要实践，也契合当前"自贸区"建设、"一带一路"倡议等宏观背景。大规模生产的工业化初期所决定的产业组织、城市运营、城际合作方式，已经无法支撑后工业化时代愈发综合化与多元化的发展需求。在新的发展时期，深港两地传统的"前店后厂"产业合作、要素单向流动、各自空间自主发展的模式，也正面临整合与重构。

深港之间的产业融合是在高度专业化分工基础上更高层次的融合，是全新的产业方式和业态模式。在促进产业融合中，根据深港产业的现状和工业化后期的发展趋势，应突出制造业与服务业的融合，这是创造高附加值的源泉[8]，也是提升深港双城现代服务业整体发展水平的需要，更是加快区域制造业专业化发展的必经之路。同时，面对消费时代的到来，深港两地必须把握机遇，合力为休闲产业、文化产业、创意产业等新经济产业模式扫除制度性障碍，持续提高相关服务行业的质量和水平。此外，深港两地还要牢牢抓住经济全球化和国际产业转移的重大机遇，"此时不搏，更待何时"，紧密合作，抢滩新经济，共同开展国际合作和国际业务，加快承接现代服务业转移。

如前所述，两地合作的历程总体而言是不断前进的。因此，只要耐心做好扎实的研究和实践工作，循序渐进地推动合作机制的理性发展，必定能探索出合适的发展之路，顺应后工业化时代的经济结构调整和空间资源优化。另一方面，则要采取灵活的手段去应对各种现实障碍，弹性化地落实符合双方利益的战略性发展目标，从更高的视角来审视两地合作蕴含的巨大潜力，从而将促进城市转型与区域协调发展的宏愿落到实处。从区域发展的角度来提升深港合作的意义，竞争与合作并举，通过良性竞争促进双方的进步，不但可以实现双方优势互补，提升各自的经济实力，更能推动两个城市共同为区域作出更大的贡献，构成强强联合的"深港双城"，产生1+1>2的社会和经济效益，这也将为中国的城市和区域在转型时期的探索贡献有益的实践。

【作者：汤远洲，原中规院深圳分院粤港澳研究中心，秘书长　发表时间：2016年8月31日】

参考文献

[1] 国家统计局. 1995—2014年.

[2] 张翼. 社会新常态：后工业化社会与中产化社会的来临. 社会转型与民生, 2016, 01.

[3] 深圳市统计局, 香港统计处. 2004—2014年.

[4] 智经研究中心. 构建深港都会. 2007.

[5] 香港特别行政区政府. 香港新方向：2007—2008年施政报告. 2007.

[6] 国家建设部, 广东省政府. 珠江三角洲城镇群协调发展规划（2004—2020）. 2004.

[7] 香港规划署. 香港2030规划远景与策略. 2007.

[8] 高玫. 我国中心城市现代服务业发展现状与路径选择. 企业经济, 2012, 12.

4.5 港珠澳大桥与珠海发展

2016年，港珠澳大桥正式开通的两年前，中规院深圳分院在与北京大学（深圳）规划设计研究中心合作的《基于港珠澳大桥影响的港珠澳协同发展规划》研究中，通过调查访谈的方式，探究解析了企业对港珠澳大桥与珠海发展的看法，并分析其与政府、专家的视角差异性，为港珠澳大桥背景下的珠海发展决策提供了支撑。

4.5.1 港珠澳大桥概况

2018年10月23日，港珠澳大桥正式开通，作为粤港澳三地首次合作建设的超大型跨海交通工程，港珠澳大桥拥有多项工程史上的第一。就区域格局而言，港珠澳大桥的建成不仅缩短了珠海和香港的距离，也使珠海成为珠三角唯一连接两个特别行政区——香港和澳门的城市。同时，珠三角交通格局由"A"形变成"△"形，港珠澳大桥将使珠海成为珠江西部地区进入香港的新"桥头堡"，有望重构粤港澳区域发展格局，促进统一的、紧密互联的"粤港澳大湾区"的形成。

作为一座跨境尺度的交通工程，其给区域及珠三角各城市带来的社会经济意义究竟如何？与香港通过大桥连通的珠海，将受到多大影响？珠海是否能够借此成为湾区的第三极？且看政府、专家、企业各方见解如何。

4.5.2 发挥桥头经济，促进产业格局转变——政府眼中的港珠澳大桥

政府是建设港珠澳大桥的主要推动力，也是区域发展的重要主体，港珠澳大桥建成之前，他们对大桥发挥的作用是怎样畅想的？

根据2015年审批通过的珠海市城市总体规划及其他相关规划与研究，港珠澳大桥将为珠海融入港澳经济，进一步加强三地经济联系提供有力保障，对珠海的产业格局将产生深刻的影响：首先，大桥将利于珠海借助香港资金、技术、物流、专业服务等优势，大力发展高端制造业与高新科技产业；同时，也使港澳发达的服务业更直接地辐射珠海，特别是在金融服务业、会展业、物流业和中介服务业等方面实现互补发展；再者，现代服务业的高度集聚化和品质的提升，将使珠海的旅游业和房地产业得到跨越式发展。

4.5.3 社会意义和政治意义更为突出——专家眼中的港珠澳大桥

大部分专家及社会人士认为，与经济意义相比港珠澳大桥建设对区域和珠海带来的社会意义和政治意义更为突出。

首先，香港的区域地位下降，对珠海的影响将有限。改革开放四十年来，随着珠三角地区的高速发展，香港的相对优势地位已不断弱化，期望香港能给珠海带来类似当年深圳般的飞速发展，似乎可能性已不大。

其次，建桥时机已大幅滞后，珠三角发展已进入轨道交通与新经济引领的4.0时代。自1983年胡应湘提出建设港珠澳大桥的构想，至今已30多年，珠三角的经济格局已发生翻天覆地的变化。经济结构不断转型的珠三角，已从当年的"前店后厂"的粗放经济转向了以商务、科研、休闲等为代表的高端经济。有专家指出，传统交通方式引领传统经济，新型交通方式引领高端经济，包括国铁、城际、地铁等的轨道交通正在珠三角如火如荼地推进中，"轨道上的珠三角"已初现雏形。

最后，跨境制度障碍使得大桥难以充分发挥作用。"一国两制"下的通行车辆限制、行政制度、社会文化上的差异形成了跨境贸易之间不可忽视的障碍。

总之，在部分专家眼中，大桥联系的香港区域地位影响力下降，又没能接上珠三角的发展新星——深圳（双Y变单Y），也没能实现当年提出的公铁两用桥方案，加之行政上的各种限制，港珠澳大桥的前景有待观察。

4.5.4 提升投资吸引力，跨境合作困难待破解——企业眼中的港珠澳大桥

企业是除政府与居民之外城市建设的重要参与者，企业的迁移和投资对城市在区域经济发展和城市体系中的地位具有举足轻重的影响，企业兴则城市兴，能吸引各种各样优质的企业入驻正是城市实力与魅力的体现。那么，粤港澳三地的企业，对于港珠澳大桥与珠海又是怎样的看法呢？

图 4-15　港珠澳大桥对珠海投资吸引力的影响

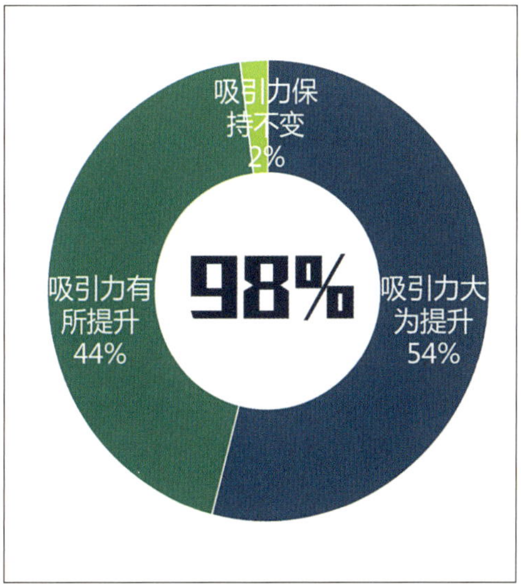

- 吸引力保持不变 2%
- 吸引力有所提升 44%
- 吸引力大为提升 54%
- 98%

4.5.4.1 港珠澳大桥将提升珠海的投资吸引力

总体上，市场对港珠澳大桥对珠海的影响普遍持乐观态度，近98%的企业表示港珠澳大桥对

珠海投资吸引力大大提升或者有所提升，其中尤以房地产企业最为突出。

4.5.4.2 期望大桥保障服务水平

虽说对大桥已有着强烈的期待，但大桥本身也还是有需要注意的地方，大多数企业对交通接驳的便利程度、口岸检查与通行顺畅程度以及桥上道路通畅程度更为关注，而对收费情况敏感度不高，由此可见企业对大桥服务水平的关注。

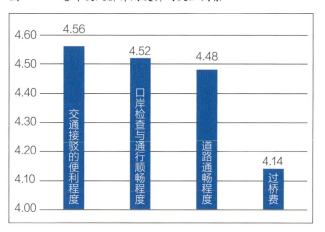

图 4-16 港珠澳大桥作用发挥的关注因素

4.5.4.3 对珠海的评价及诉求

大桥只是一座大桥，要吸引优质企业，关键还得看珠海本身。企业家们普遍认为珠海的基础资源环境较优（包括社会文化、政府效率和服务水平、人力成本等），而对产业发展环境则评价较低（包括科研基础、人才基础、关联企业集聚度等），显示出珠海发展的独特优势与短板所在。

那么，既有优势又有短板的前提下，珠海应该如何强化自身，才能更多地获得企业家们的青睐呢？

对政府支持的诉求方面，钱和地是企业最关注的内容，物流业和制造业更希望政府提供专项资金支持，而房地产业更希望政府提供土地支持。

图 4-17 提高企业进入珠海投资的政府支持政策

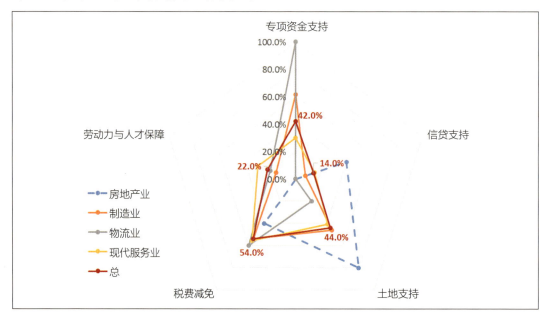

图 4-18 提高企业进入珠海投资的服务提升评估

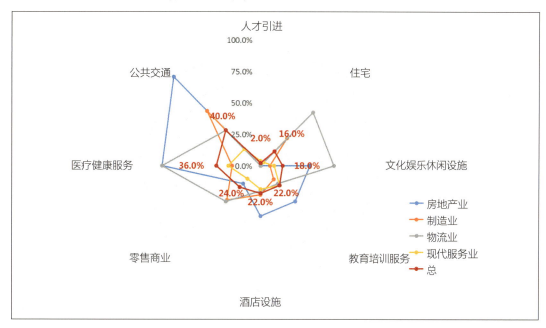

公共服务需求方面，基础公共服务是企业反映珠海提升空间较大的领域，其中公共交通、医疗健康服务是不同行业共同最希望珠海优化的公共服务。

4.5.4.4 推动跨境合作的意愿与困难

作为一座跨境大桥，不可避免地要面对跨境合作的问题。对于企业而言，85%的企业有意向推进跨境合作。然而跨境合作面临的困难也不小，各企业对于城市跨境联系交通便捷度、城市的投资与贸易环境、城市的基础资源条件、城市的行政效率与制度障碍关注度较高，其中，行政障碍是大多数企业在开展跨境合作业务中面临的主要困难之一，包括行政审批效率不高、税负和收费繁杂等。

图 4-19 企业跨境合作面临的困难

4.5.5 小结

显然,政府、专家、企业在不同的视角下,对港珠澳大桥的看法有所差异。政府对港珠澳大桥寄予期望,专家在肯定其意义基础上进行审慎的反思,企业家们则以务实心态直面问题而提出诉求。

相对务实的企业家们,首先是对大桥带来交通便利及珠海发展潜力表示赞许与向往,也积极地表示会考虑扩大在珠海的投资与业务。同时,亦表现出资本现实的一面,在企业家眼里,珠海仍然存在大量的不足与提升空间,这些问题是现实而无法忽视的。要提升珠海的发展水平,仅靠大桥是远远不够的,还得充分修炼"内功"。如能在大桥的交通与设施优化、珠海市的空间结构及交通网络优化、跨境政策壁垒消除等方面作进一步优化与完善,珠海的投资吸引力将更加突出,港珠澳大桥对其的意义也将更加突显。

【作者:孙文勇,中规院深圳分院粤港澳数字湾区中心,主任研究员;蒋玉彦,原中规院深圳分院规划研究中心,研究员 发表时间:2016年7月13日】

第 5 章
宜居与服务提升

5.1 深圳 + 香港：构建粤港澳大湾区的中央国际都会区

李克强总理在2017年全国人大政府工作报告中正式提出推进粤港澳大湾区规划。此次"大湾区"的提法不同于传统表述的"珠三角"，它淡化了行政辖区概念，包含了"一国两制"的香港和澳门。这个提法本身有着深刻的国家战略考量。

5.1.1 国际化：粤港澳大湾区发展的国家战略价值

近年来，全球经济形势复杂，美元进入加息通道，欧洲经济衰退，全球化正在经受来自发达经济体的贸易保护主义冲击。中国已是世界第二大经济体，如果全球经济继续衰退，最大的受害者将是中国。中国将被迫承担起自身突围同时引领全球经济的任务。"一带一路"倡议已经提出中国国际化的路径，也表达出了人民币的国际化走向，但这个路径需要起点，需要试验区，这就是粤港澳大湾区的核心战略任务。

过去，我们利用香港这个国际金融贸易中心作为中国与国际的"转换器"。但中国要做到真正的引领国际化，不能再仅仅依靠香港这一"独立经济体"，而是需要加强湾区对香港核心价值的对接与整合，形成国际化的大湾区经济带，寻求中国进一步国际化的妥善路径。

5.1.2 大湾区中央国际都会：深圳香港共同构建大湾区中心

在过去的三十余年间，香港的巨大能量推动了珠三角的发展。今天两地经济的落差在日益减弱，其中深圳不但在发展速度方面大幅领先香港，甚至在产业结构、高科技等领域已经超过香港，但是，尽管香港经济从"量"上衰退，但香港对湾区的价值却只发挥了十之二三。

香港的深层能量蕴含在何处？2017年4月19日，广东省省长马兴瑞在接待香港特区行政长官梁振英带领的粤港澳大湾区考察团时提到了几个关键词：市场化、法制化、国际化——香港的国际金融贸易中心地位、良好的市场、高质量的国际机构、优秀的人才和创新能力，是香港借助大湾区重新腾飞的核心价值。香港必须与大湾区内的近邻——深圳以及其他城市实施全方位的大融合，在大融合中探求香港全新的共生共荣模式，才能解决目前的发展困境，更大力度向全国渗透香港深层优势。

大湾区很大，数万平方公里，一定要有中央国际都会区作为引领。而中国在国际化的需求下，需要香港与珠三角城市共同领衔。

从大湾区的空间特征、产业聚合、城际关系、国际价值看，中央都会区应当是深港两地共同组成的联合空间。

为什么是深圳而不是广州？这不仅是因为深港地域接近、经济总量相当，而更是因为广州是一个相对传统内向的城市，深圳则更具备开放外向的基础，例如，2012年广东省委省政府在《关于全面推进金融强省建设若干问题的决定》提出广深两个金融中心要错位发展，"广州定位为财富管理中心，侧重于建设以银行、保险、财富管理为重点的区域性金融中心城市；深圳则侧重于建设以多层次资本市场、创业投资为特色的全国性金融中心城市，建设与香港紧密合作的金融合作先行区"。

因此，以深圳作为对接香港共建大湾区中央国际都会区，有着得天独厚的条件。两地应认真总结以往二十年的深港关系，按照大湾区整体发展的需要，高效推进双城融合，为大湾区的健康快速发展奠定核心基础。

5.1.3 前海金融中心：大湾区中央国际都会的核心

如果说深港联合构成粤港澳大湾区的中央国际都会区，那么深圳的前海新区就是大湾区的核心地带。纵观世界上任何一个国际大湾区，都有这样一个核心地带，它以国际金融中心为基础，包含了所有可以代表国家实施国际辐射和影响的高端产业链。

前海是当今国家全球化战略的核心试验区，担负着中国人民币国际化、国家金融改革试验的历史重任。大湾区要利用深圳前海对接香港，加快前海金融创新和金融体制创新，探索区内贸易、投资、金融自由化进程，积累前海参与国际金融的经验。

前海依托自身的跨境贷款优势，要着重与香港对接人民币离岸中心等国际金融中心职能，率先建成人民币跨境资本流动中心[1]。完成这一目标不仅有利于进一步推进人民币国际化，也将惠及整个香港金融业。因此，深港在前海实现金融深度合作，对于香港的繁荣稳定也起到巨大的作用。

大湾区想要打造全球性国际金融中心，就必须从战略的高度考虑建立区域性金融中心圈层。在近期，香港应与深圳、广州等区域金融中心形成分工与互补关系；在中长期与上海、新加坡实现协调、错位发展[2]。

尽管在目前乃至近期，前海和香港中环的国际地位以及金融势能还难以相比，从金融发展和国家战略等角度衡量，前海绝不单纯是深圳的前海，而是大湾区的大前海，未必不能后来居上。前海金融中心将与香港中环、深圳福田中心区、广州天河CBD等区域金融高地形成良性互动，共享大湾区国际化成长的红利。

5.1.4　中、西、东三轴架构：形成大湾区未来发展结构

从现实发展情况看，大湾区东岸的发展远远高于西岸，事实上已经形成东岸纵向的城市轴线，从南到北依次为香港、深圳、东莞、广州。这条主轴线集中了大湾区最重要的城市、金融、物流、科技、信息、文化等经济发展要素，其经济总量占据了大湾区经济总量的80%以上，是西岸的6~7倍。东岸纵向四市将形成大湾区的中轴及主轴。

未来大湾区将以中轴为基础，向东、西两面延伸，形成中、西、东三大轴线发展空间架构。西轴城市群由南向北包括：澳门、珠海、江门、中山、佛山、肇庆。东轴城市群目前相对薄弱，深圳东进战略事实上在强化大湾区东轴的总体部署，可以把邻近的河源和汕尾包含进来，形成自南向北由汕尾、环大亚湾区、惠州、河源组成的东轴城市群。

中轴压阵，三轴互动，大湾区将呈现整体良性发展的格局。在三轴的交汇点上，深港中央国际都会区将充分发挥金融服务力和创新产业驱动力，引领湾区国际化，推动新经济快速健康发展。

从粤港澳大湾区向外延伸，大湾区的成长还会深刻影响更广域范围内的发展，这些地区包括泛珠江三角洲地区乃至南海地区——历史上，大湾区一带就是中国海上丝绸之路的重要港湾，在国家推出的"一带一路"倡议引导下，大湾区的大融合必将把"一带一路"倡议全面体现，成为中国国际化的历史新起点。

【作者：宋丁，中国综合开发研究院旅游与地产研究中心、主任　发表时间：2017年4月26日】

参考文献

[1]　深圳新一轮金融改革方略课题组. 深圳新一轮金融改革方略. 中国财政经济出版社，2014.

[2]　冯邦彦. 香港：打造全球性金融中心：兼论构建大珠三角金融中心圈. 三联书店（香港）有限公司，2012.

5.2 在公园中建设人文城市：深圳华侨城的非典型实践

在深圳不乏写进教科书的居住小区（白沙岭小区）以及近年来在市场上被奉为经典案例的郊区大盘（万科四季花城），这些居住小区实践城市规划原理所倡导的"邻里单元"以及门禁式小区所追求的内部利益最大化。

不过，回顾深圳的建设史，除了城市规划和市场的力量，由于建设伊始缺乏足够的资金和技术力量而产生的两种特殊开发模式也深刻地影响了深圳的居住空间形态：一是无意识形成的"城中村"模式；二是有意识促成的"大国企模式"，通过引入大的开发集团分区块建设城区，国家不给资金只给政策，企业被赋予较大的自主权，自筹资金独立开发建设、经营管理一个相对独立的区域，这其中就有国务院侨办下属公司经营的4~5平方公里的华侨城。

约翰·弗里德曼（John Friedman）在考察深圳时说过，"与华侨城相比，下沙（深圳典型的城中村）更代表着深圳文化，后者的社会风貌和社会氛围才是深圳的特色"。但是对照约翰·弗里德曼提出的优质社区的5个标准[1]，华侨城从混合促进社区活力、多元公共空间提升开放性、步行友好增进社区交往、复合共享的设施圈提升社区服务、持续运营促进社区认同等方面，探索着建设中国好社区的发展路径，也无疑是烙有鲜明深圳特色的居住社区的非典型代表。

5.2.1 混合促进社区活力

早在1985年，新加坡规划师孟大强在主持华侨城总体规划编制时就提出"华侨城是一个相对独立的城中城"的概念。华侨城数平方公里的范围内，形成"居住+产业+配套"的功能混合。除了城市社区的居住功能和基本配套设施外，汇聚了锦绣中华、民俗村、世界之窗、欢乐谷四大主题公园以及近年来新开发的欢乐海岸，拥有从华侨城洲际、威尼斯等五星级酒店到城市客栈等青年旅馆数十家酒店；并且拥有何香凝美术馆、华夏艺术中心、OCT创意文化园、暨南大学旅游学院等以及燕晗山郊野公园、生态广场、波托菲诺湖区等具有城市影响力的文化设施和城市公园，同时还布局了益田假日广场、汉唐大厦、沃尔玛、华生活馆、数条美食步行街等具有超越社区影响力的商业办公设施。

另外值得一提的是华侨城多种住宅类型的混合。由于华侨城不同区位居住小区的开发时间横跨三十年，使得社区既拥有20世纪八九十年代建设的以多层住宅为主的东、西居住组团等，也拥有

---

[1] 优质社区的五个标准（John Friedman）：充满活力、生机勃勃；以一个到多个集会和社交场所为中心；有集体意识；拥有一个可以促进社会和人文氛围的硬件环境；能被生活在其中的人所珍惜。

21世纪初建设的复合别墅、高端公寓和住宅的波托菲诺,以及近年来在外围片区开发的中高档高层楼盘。多元化的住宅产品,一方面为社区收入较低的服务型就业人群提供了居住场所,促进了职住平衡;另一方面也吸引了城市不同收入人群的混合居住。

华侨城社区通过用地功能和住宅类型的混合,从实践中验证"混合使用意味着更便捷的设施使用、更小的上下班拥挤程度、更多的社会交往机会、更多样的社会团体;由'街道眼'带来的更安全的感觉;对建筑和空间更有效的利用;对生活方式、地点和建筑类型更多的消费选择;更好的城市活力和街道生活"[1]。

5.2.2 多元公共空间提升开放性

中国城市规划设计研究院的副总规划师朱荣远在总结"华侨城现象"的时候提出:"生态城区"的丘陵山地空间本色,以及依山就势的城市空间格局和交通系统是构筑华侨城空间之纲[2]。

保护自然环境,充分利用原有的地形地貌形成华侨城层次丰富、形式多元的公共开放空间以及以此孕育而成的缤纷多彩的事件和活动,成为主题公园之外,吸引深圳市民节假日休憩、聚会、观光、休闲和消费的重要元素。

有人赞赏华侨城是建立在公园之上的社区,它拥有燕晗山郊野公园、生态广场、波托菲诺湖畔等大型的公园和广场;同时,由于社区核心部分除海景花园外,各个小区均采用楼宇式门禁,使得华侨城绝大部分的小区和组团等的中小型的公共空间完全对外开放;世界花园、欢乐海岸等主题公园的前广场,益田假日广场、威尼斯酒店、汉唐大厦等办公、商业建筑的附属广场和花园也对社区居民和市民开放;OCT创意文化园以步行街区的形式,成为市民日常及节假日休闲和消费的特殊型公共空间;另外,由于高品质精细化的道路设计和绿化配置,使得华侨城内部的道路都成为吸引游客驻足观赏、居民日常休憩交往的线性公园。

就如人们在富足的物质之上滋生精神上的追求,进而产生音乐、美术、戏剧等艺术形式,华侨城多样化的公共空间成为培育各种文化事件和公共活动的土壤:OCT创意文化园成为当代艺术的展示舞台,承载了包括深港双城建筑双年展、独立动画双年展、国际爵士音乐节、艺术电影展览、T街创意集市等等各类文化、艺术盛典;源于生态广场的凤凰花的嘉年华和摄影节;在街道和小广场不定期举办的周末跳蚤市场;于华侨城体育场举办的社区运动节、于生态广场和波托菲诺湖滨广场举办的新年、元宵、中秋等节日庆典不胜枚举……

5.2.3 步行友好增进社区交往

华侨城道路系统遵循"通而不畅"的原理,限制过境交通流对社区产生的不利影响;在东西、南北向尺度达2公里的区域内,通过双向两车道、蜿蜒环状+放射形路网的方式组织机动车交通,机动车道的尺度和线形有效地控制车速，很大程度上保障社区步行交通和慢行交通的安全性；精细化的道路断面设计，包括宽敞的人行道、自行车专用道、形式多样的绿化隔离带；形态各异、色彩缤纷、遮阳蔽日的行道树，依据路边用地功能而不对称设置差异化的人行空间，针对深圳湿热多雨设计的风雨连廊，借助形式多样的立体步行系统串联各类公共建筑和公共开放空间，最大程度地保障步行的舒适性。

华侨城另外值得一提的是通过商业、办公、公共建筑的精细化设计，利用底层建筑架空的方式，提供全天候的公共的步行通廊，一方面消减了大体量建筑对街区步行尺度的不利影响，另一方面，也增加了步行体验和回家途径的多样性。

华侨城的道路可以称之为"街道"，各类的社区商铺、银行、邮政网点、咖啡馆沿街而设，在白天和夜晚，可以观察到一幕幕的"街道芭蕾"在这里上演：清晨买菜归来的老人和家庭主妇在楼前驻足闲聊；上午上班族一路闻着桂花的香味步行前往地铁站；下午准备回家的游客在长凳上短暂歇息，斑驳的树荫下幼儿在蹒跚学步；傍晚放学归来的孩子们在这里打闹、骑行滑板车；夜里晚归的年轻人，从公交车站骑上"小黄车"慢悠悠地朝家中的那盏灯光骑去……

5.2.4 复合共享的设施圈提升社区服务

华侨城时至今日已经聚集了近十万的居住和就业人群，儿童、老人、上班族对于社区设施的使用在类型、可承受的步行距离、使用的时间段和频率都有着很大的差异。华侨城通过便捷可达、高效复合、设施共享来提升设施服务的品质。

首先，华侨城通过设置两条内部穿梭巴士以及长达16公里的自行车专用道串联大社区内的大型公共设施，包括医院、中小学、行政服务中心、文化中心、体育中心，大中型的商业网点、超市和菜市场，并采用形式多元的步行通道缝补部分设施最后300米的距离。

其次，从不同使用人群的活动规律出发，通过合理的设施复合布局，实现设施空间部署与居民使用特征的高效契合。比如，在60~69岁老人日常使用的华侨城综合市场500米范围内，布局有中小学、生态广场、华生活馆的各类培训机构、沃尔玛超市以及社区小型的商业及服务；围绕集中的居住组团，5分钟步行距离内基本可以到达幼儿园和儿童游乐场；在公共交通和慢行交通支持下的15分钟生活圈内，社区的文体中心、大型超市和商业设施基本可以满足上班族周末的购物和休闲需求。

特别值得推广的是华侨城中小学、幼儿园体育场地的设施共享。中小学体育场地的共享，提高了设施标准和使用效率；同时对整个社区开放，极大丰富了居民在夜间和周末的活动场所；幼儿园和小广场通过不同时段的空间共享，社区补足幼儿园活动空间，幼儿园增加社区场所的儿童游乐设施。另外，华侨城大部分居住组团的配建停车场都对外开放，包括生态广场周边商业办公和住宅的错时使用，华侨城医院周边住宅区停车场弥补医院停车设施的不足。

5.2.5 持续运营促进社区认同

由于文章开篇所提及的历史原因，华侨城集团获得大规模的廉价土地（1999年，华侨城集团将建设管理权移交政府，通过协议出让的方式补交了17.7亿的地价[3]）和相对独立的规划和建设权限。"准政府"的责任感促使企业在追求经济利益的同时，思考社区的可持续发展，同时，持续增长的土地收益为企业在社区环境提升和维护、文化事业支持和品牌打造、工业区的可持续更新以及社区业态的平衡等方面的持续投入提供了资金保障。

从在社区的核心区域留下燕晗山，在寸土寸金的豪宅片区中留下雁栖湖和天鹅湖，到高标准建设生态广场和郊野公园，再到后期管理维护中，细心地在居民踩出的林间小路上进行铺装，保留原有的街区，改造旧厂房，并引进设计、动漫创作、教育培训、艺术等创意产业工作室和相关的概念餐厅、咖啡馆等，而不是拆除重建成高档住宅区和大体量的商业综合体。持续地支持各类艺术事件、设计展览、创意产业以及形式多样的社区公益和活动；文化创意产业园提出"不接纳超过100人的大型设计机构入驻"以避免影响创意集群的多样性活力和文化生态[2]；在社区核心区，运用差异化的商铺租金，留下菜市场、配锁修鞋的商铺，以保障社区居民生活的便利性……华侨城之所以成为今天深圳乃至中国现象级的社区，离不开华侨城集团以经营企业的思维来持续运营一个城区。

2016年，上海在"2040城市发展战略"中提出，社区是城市的基本单元，城市规划从改变社区开始，进而发布的《15分钟社区生活圈规划导则》提出了打造多样化的舒适住宅、提供更多的就近就业机会、倡导低碳出行、提供类型丰富便捷可达的社区服务、构建绿色开放环境宜人的公共空间[4]，深圳的华侨城早在30年前就开始践行上述可以写进教科书的中国好社区的规划五要点，不能不让人感叹规划的远见和企业营城的力量。虽然华侨城现象的形成具有一定的历史特殊性，但是大处至规划理念，小处至细节设计，近至日常管理，长远至社区经营，对于当前国家的新城新区开发、特色小镇建设、郊区大盘和城市更新，华侨城无疑提供了一个可借鉴的鲜活案例。

【作者：蒋丞彦，原中规院深圳分院规划研究中心，研究员 发表时间：2017年7月24日】

参考文献

[1] Carmona M. 城市设计的维度. 南京：江苏科学技术出版社，2005.

[2] 朱荣远. "举一纲而万目张"读识"华侨城现象". 时代建筑，2014/4.

[3] 吴晓莉. 华侨城"旅游地产"模式的形成与发展分析. 规划评论，2006（2）.

[4] 上海市规划和国土资源管理局. 15分钟社区生活圈规划导则（意见征询稿）. 2016.

5.3 东莞生态园十年：海绵城市为术，区域整合为道

5.3.1 东莞生态园的十年巨变

以镇街为发展单元的城市化为东莞带来巨变的同时，也带来了镇与镇之间产业发展、城镇生活以及环境秩序的混沌，若不及时地直面并针对这些问题采取改善行动，东莞未来的城市现代化进程将受到无法回避的拖累。2006年，东莞市委、市政府决定设立东莞生态园以解决东莞工业化和城镇化伴生的产业、社会转型等一系列问题。

东莞生态园地处东莞东部六镇所围合的边缘地带，是镇街快速城市化而引发环境污染的"几不管"地区。该地区垃圾堆积、污水汇聚、涝灾频现，被污染的水体占据园区面积的55%。那时河里的水黑得可以写毛笔字，在污水中茂盛成长的空心菜田让人触目惊心。在过去8年中，东莞生态园选择了建设低碳生态城区转型发展的路径，关注水环境和水资源问题，展开了系统治水和绿色转型的工作。园区清理了垃圾175万立方米；水质已从原来的劣Ⅴ类提高到Ⅳ类；建成了全国最大的垂直流湿地处理系统；在六镇间重塑了一个超过150平方公里的城镇雨污水综合循环利用的绿色水系统；建成了容纳15000名学员的职教城。

如今，东莞生态园水体清澈、湖岛相依、湿地旖旎，这处曾经藏污纳垢的发展消极地带，已经成为环境友好的新型产业发展园区和市民喜爱的休闲出行目的地，是继松山湖新城之后，东莞城市现代化发展的又一个样本。

十年来，在中规院深圳分院的规划设计技术支持下并通过全过程的咨询服务，东莞生态园管委会（2015年与松山湖管委会合并为"松山湖（生态园）管委会"）以务实的态度，持续地实施规划，践行了一条"区域整合—污染治理—生态修复—低碳发展"的转型之路。作为国内建设生态城区的先行者之一，东莞生态园虽没有天津中新生态城、唐山湾生态城的名气，但它的生态实践卓有成效，已成功地从一个严重水环境污染地区逆转为环境友好的生态城区，2013年东莞生态园被评为"国家生态工业示范园区"和珠三角第一个"国家城市湿地公园"。

5.3.2 协同规划：践行全过程的低碳生态理念

东莞生态园建设过程中没有中外合作，是地方政府本土发展观下契合东莞现实需求的新型城镇化实践。它选择了务实的、相对的低碳生态价值观，突出有限生态、有效生态和过程生态三方面特点；强调实施路径和成本可接受、可操作、可持续运营，具有示范及推广意义。东莞生态园的实践证明，持续减碳行动是符合东莞实际的低碳生态路径。

东莞生态园的规划设计秉持了"协同"和"无边界"的理念，实行多层次、多专业协同的工作方式，多个规划设计项目同时推进、互相校核、及时修正。建设初期规划设计项目多达二十几项，涉及复杂的跨界技术组织和协同问题，增加了行政和技术管理的难度，但协同规划的工作方式使大量的问题在短时间内得以暴露和解决，也正因为如此，节省了大量的时间和经济成本，有效生态的理念也得以深入。在规划和设计阶段的协同工作，是最有成效的低碳行动之一。

5.3.3 区域统筹：重组六镇空间资源

鉴于东莞过去以镇街为主体的"诸侯"发展模式已形成了镇区隔离，同质竞争的问题导致了镇区间社会和经济要素的割裂，我们与管委会达成共识：东莞生态园建设所能引发的社会、土地、环境统筹效益将远远超过园区的直接产出，应高标准定位并建设东莞生态园使之成为区域中心。应从空间上发挥生态园对东部六镇的"粘接"效益，推动实现园镇融合共赢发展，避免生态园成为同质竞争的"第七个镇"。统筹和"粘接"主要从水系、道路、功能布局和公共服务等四个方面来实现：一是构建六镇全域的水环境综合整治体系；二是形成东莞东部片区城市道路和市政基础设施的网络化体系；三是协调重组各种城市功能和用地布局；四是统筹和提升六镇城市公共服务的整体需求和标准，通过产业服务中心、人才培养基地（职教城）、区域污水处理厂的建设，促进地区产业升级和转型，形成六镇循环联动的产业协作格局。

5.3.4 "海绵"生态：营造以水为特色的生态城区

生态园从水环境污染的问题入手，以建设六镇区域复合水生态环境为目标，采取了治污、理水、修复、生态管制等一系列环境再造手段，实现了"水安全、水景观、水生态和水文化"等多重目标。水环境治理首先是协同周边六镇按四个分区收集和处理污水，控制污染源。第二步是污水的深度处理，规划建设大型垂直流人工处理湿地和人工生境湿地系统，深度处理污水处理厂出水，回用于绿化浇洒及景观用水，实现污水资源化利用。第三步是建设三大湿地公园维持和净化水体，保障园内水质。

对于屡受其害的内涝问题，改造现有排涝系统，对旧排渠清淤拓宽，在原有低洼区域开挖4平方公里的中央水体（同时平衡造地的土方），增强水系的调蓄能力；新建必要的排渠和排站，制定平水期和丰水期的水系运行管理方案，确保水质和水体安全；采用"海绵城市"的工程措施管理雨水，运用一系列低冲击开发措施在美化环境景观的同时减少地表径流。

为修复生态环境，生态园将所有的水体岸线（总长约130公里）设计为生态自然缓坡岸线，最大可能地提供浅滩湿地生长区；着重选取高吸附和高降解能力的本土湿地植物，提高湿地处理残留污染的能力。

在治理、修复的基础上，规划对园内用地进行生态管制，将一半的土地划为生态保育的非建设区，以消减对生态环境空间的侵蚀；设定3个生态管制分区，以控制城市建设区对生态环境的影响，同时将生态园中心区列为生态环境修复和运用成熟低碳生态技术的示范区，将鹭岛设为禁止人进入的鸟类湿地保护区。

5.3.5 制度保障：管控低碳生态发展

为管控、引导园区生态发展，我们和松山湖（生态园）管委会以可操作为前提，共同制定了园区低碳生态指标体系和相应的管理制度。低碳生态指标体系涵盖8个子系统共47个指标，这些指标着重强调过程管控而非结果监测，突出项目设计和实施建设过程的管控；强调易于操作，将繁杂、难于获取的指标转化为有效且易于操作的指标；倡导将低碳文化的推广和日常行为教育引导并举，设计公众低碳教育的相应指标并安排预算。

制定招商和选商入园的制度门槛，园区确定了以园区循环与区域循环相结合的模式搭建循环经济发展平台，重点发展高新技术及其配套服务业。2015年光启研究院落户东莞生态园印证了生态园产业发展战略谋划的前瞻性。

5.3.6 结语

东莞生态园在生态标准设定和未来发展机会间寻找到了平衡，当年并没有"海绵城市"的理念，但东莞务实的态度和生态园取得的成就，提前印证了"海绵城市"的作用。十年来，东莞生态园的水环境完成从"污"到"清"、从"清"到"美"的成功蜕变，实现了"生态逆袭"，树立了东莞城市生态文明与循环经济的新坐标，我们期待它继续演绎低碳生态城区建设的精彩。

【作者：何斌，中规院深圳分院规划研究中心，主任　发表时间：2017年11月22日】

第 6 章
创新与经济驱动

6.1 湾区时代：中轴创新角色与要素集聚思考

6.1.1 湾区时代的三个趋势

粤港澳进入湾区时代，将有三个发展趋势，分别是：横向分工加强、水陆双轴驱动、知识经济转向。

6.1.1.1 趋势一：横向分工加强

珠三角在长期的竞争与合作过程中，形成了鲜明的区域性产业集群和差异化发展格局。广州、深圳作为珠三角的绝对核心，在经济特征上有鲜明差异：广州是批发零售业的中心，深圳是电子信息产业的中心；广州吸引众多外地机构设立分支，呈现出门户城市的特点，深圳对资金吸附能力更强，显现出经济中心的特征。

从2004年开始，新加坡GDP增速快过香港，并于2012年超过了香港。新加坡人均GDP则早于2003年开始超过香港。同时，港澳地区与广东省的地缘经济关系从互补转为竞争，港澳地区与珠三角城市间的分工协作关系较差，出现同质化倾向，严重阻碍粤港澳地区的深度合作和区域一体化发展。为了有效解决港澳问题，保持港澳长期繁荣稳定，国家提出建设粤港澳大湾区的重要战略。在这一背景下，粤港澳大湾区的横向分工将得到加强，主要表现在：

1. 门户格局重构

在市场转变背景下，珠三角从过去只有香港一个门户城市，向珠三角本土多个门户城市转变，如广州、深圳的国际影响力近年来显著提升，环珠江口湾区城市的对外影响力也在逐步增强。

2. "内外一体"的市场转变

珠三角从"外销驱动"转变为"内外一体"，国内市场日益重要，工贸的一体化促进了广州、深圳城市门户功能的发展。中国企业走出去，为城市服务功能带来更大的需求。

6.1.1.2 趋势二：水陆双轴驱动

著名地理学家麦金德曾提出"世界岛"理论，他把世界分为陆权和海权两大阵营。陆权具有聚集性，海权具有外部性。海权的目的是在外部获得支点，但支点必须要有通往内陆的通道，要有纵深，因为建立支点的目的是对地域和资源的控制。换言之，海权与陆权两者相互支持。

作为21世纪海上丝绸之路的重要枢纽，粤港澳大湾区具有大陆和海洋两个扇面：在大陆扇面，大湾区连接京广华中走廊和西江经济带，是内陆腹地的重要引擎；在海洋扇面，大湾区是海上丝绸之路倡议的支撑点，各地在湾区的重点发展平台就是这两个扇面的对接点，即是麦金德眼中海权与陆权的对接点。

粤港澳大湾区的两个扇面，由相互交织的水陆两条轴支撑。水轴包括肇庆港、黄埔港、南沙港、蛇口港、葵青港，连接西江水系纵深；陆轴包括广州南站、深圳福田、香港九龙等地，连接京广铁路纵深。两轴交织地带，正是大湾区的核心功能地带。

深圳中轴连通湾区三大核心，确保陆路的纵深，是对湾区作为海洋支点的支撑。

6.1.1.3 趋势三：知识经济转向

梳理典型湾区的发展历程，可分为如下四个发展阶段：

（1）港口经济发展阶段：以装卸运输为主导，经济活动范围局限于港区内部。

（2）工业经济发展阶段：以临港工业为主导，经济活动范围向港区外拓展，湾区城市迅速发展成为制造中心。

（3）服务经济发展阶段：以服务业为主导，湾区城市掌握了金融业等高端资源，成为全球资源配置的核心节点，产业结构也发生根本性改变。

（4）创新经济发展阶段：以信息产业为主导，经济活动范围拓展到更广区域，形成区域多个中心共同发展格局。

珠三角是全国三大创新中心之一，与产业相关联的创新功能，将是珠三角世界级城市群的基石。

与国际知名湾区相比，粤港澳大湾区有三大特色：

（1）具有多核心：粤港澳大湾区同时拥有香港、澳门、广州、深圳四个核心，而纽约湾区、旧金山湾区、东京湾区，均是强核之下的多中心模式。

（2）具有双轴支撑下的大纵深：纽约湾区同样拥有大纵深，而东京湾区、旧金山湾区只是浅纵深。

（3）具有多支柱功能：粤港澳大湾区拥有港口+制造+科技等多支柱功能，东京湾区同样具有多支柱功能，而纽约湾区、旧金山湾区的主导功能则有所侧重。

6.1.2 中轴创新角色

6.1.2.1 创新的空间逻辑

由于创新人群对环境品质要求高，由此带来创新企业承受的风险较大，因而创新空间有两种不同的空间逻辑：一种是"高品质、高可触、高可达"，但这些区域往往在城市同心圆的中心区，也意味着成本更高，适合发展成熟的创新企业；另一种是"高品质、高可达、低成本"，可提供低成本、非正规办公空间，如高校、科研院内的老旧办公楼，适合初创阶段的创新企业。

6.1.2.2 珠三角的现况

（1）广州、深圳作为珠三角区域链接全球创新体系的门户，已深度嵌入全球创新网络体系当中。

深圳是科技巨头全球布局关键节点，以企业创新为主，创新联系呈现出较强的海外辐射扇面；广州是以高校、科研院所基础创新为主的创新门户，与国家重要城市之间的创新联系较为紧密。

（2）广深沿线以企业创新驱动为核心的"创新生态"正在形成，目前以大企业为创新主体，中小企业创新正在发育。

（3）区域内创新空间和产业空间紧密关联。

（4）区域内创新活动和投资与变现机制密切相关。

（5）区域创新资源存在集聚与扩散并存的态势，创新资源向广、深集聚并向周边城市外溢。

目前珠三角的创新存在两个问题：一是城市建设的中心——边缘模式与区域科技创新需求不适应，城市中心区的公共服务配套水平国内一流，但成本太高，而城市边缘空间具有"高可达、低成本"的特征，公服水平却很糟糕；二是科技政策投放与空间要素供给不匹配，造成创新场所的孤岛化、离散化，彼此联系不足。

6.1.2.3 中轴的角色

随着粤港澳大湾区的产业结构逐渐转向知识经济，发挥好中轴在创新中的引领作用，具有重要意义。为此，广东省住建厅和科技厅联合编制了《广深科技创新走廊规划》，识别适合创新的空间，确立"一廊十核多节点"的空间格局，以更好地注入创新元素，发展创新经济。

"创新走廊"的出现，能发挥中轴在创新中的角色，有效识别和连接具有"高品质、低成本"特征的区域，提升该区域的公共服务水平，以更好地注入创新元素，营造高可触的创新场所，从而孕育新兴产业，推动文化创新。

6.1.3 要素集聚策略思考

识别出适合创新的区域,还需要促进创新要素集聚,为创新活动营造良好条件。

(1)通过建立关系空间,引导要素聚集

现代法国思想大师列斐伏尔指出:"空间是社会的产物。空间的生产同时也生产了社会关系。"政府可以在城市的更新改造项目中,引入文化、科技机构等场所,建立新的关联与新的关系空间。

(2)通过构建公共空间体系,引领公共服务设施的配置

城市中让本地人自豪、外地人认同的魅力公共空间,可以将不同的人群带到一起,增进信息交流。这在知识经济时代尤为重要。一座城市有没有活力,其实就是人是愿意宅在家里还是待在公共空间里,公共空间充满人气,也就形成了城市的魅力。

(3)创新公共服务供给方式,发挥中轴最大潜能

目前政府的局限在于有边界,它的行政边界到哪儿,轨道交通就只能修到哪儿,这需要创新公共服务的供给方式。

6.1.4 结语

相信在深圳中轴的引领下,未来深圳乃至粤港澳大湾区的创新型经济发展将更蓬勃,交通设施互联将更便捷,城市空间品质将更靓丽,公共服务供给将更贴心。粤港澳大湾区的光明前景,值得人们期待。

【作者:马向明、广东省城乡规划设计研究院,总规划师 发表时间:2018年9月5日】

6.2 香港在经济转型中的工业土地利用变化

6.2.1 工业用地对香港经济发展的意义

在这项由2014年8月开始,历时14个月的研究中,我们对4个使用工厦的主要行业,分别是制造业、物流业、文化创意产业和初创企业进行研究,以了解工业用地对香港发展的重要性。

物流业是香港经济的四大支柱产业之一。作为自由港,香港具有区域竞争优势。物流业也为低学历和低技能人士提供就业机会。近年新式的物流业,如迷你仓、特快速运等,发展及增值潜力将增加对现代物流仓储的需求。

制造业向来是工厦的目标用户。在统计制造业占香港GDP的比重时,我们发现数字(2013年1.4%)偏低,可能是由于排除了部分仍设办公于香港而把生产部门北迁的企业数据,如果将此因素考虑进去,制造业的占比可达3.36%,是个不小的数字。

文创产业是刺激经济增长的新动力。虽然香港在艺术方面的发展较落后,但近年情况已有改善,工厦成为艺术家们办公和彩排的理想场地。

初创企业近年来发展迅速。我们考察了英国伦敦、中国台湾新竹以及深圳和东莞等城市,发现不少初创企业在工厦中的共享工作空间发展得不错。过去数年,香港在这方面的发展也十分迅速。

6.2.2 香港的工业用地历经的变化

香港的天际线一直是这个"亚洲国际都会"的重要部分。可是却很少人知道香港办公楼的总占地面积却只有工厦的一半。据统计,截至2015年,香港工厦的数量为1894栋。

香港工业楼宇的数量(不同统计渠道) 表6-1

工厦类型	规划署	屋宇署	差饷物业估价署	发展局	本研究
多层工厂大厦	包含	包含	包含	包含	包含
私人仓储	包含	包含	包含	包含	包含
工业/写字楼宇	包含	部分包含	包含	不包含	包含
工业邨	不包含	包含	包含	不包含	包含
房委会的工厂大厦	不包含	不包含	不包含	不包含	包含
乡郊工业和特殊工业用途	不包含	包含	包含	包含	包含
工业楼宇总数量(座)	1448(2014年)	1851(2014年)	无数据	1435(2014年)	1894(2015年)

现时，香港大部分的工厂主要分布于观塘，其次为荃湾、青衣及柴湾。这些地区都是香港工业化时期城市核心的扩展区，有着大量劳动力供给和高可达性的优势。自香港经济转型后，当中不少的工厂都已申请将其用地改划为其他用途。

从产权方面看，香港不少多层式工厦均有产权分散的问题，这是一把双刃剑。一方面，要让所有业主一致同意工厦的改装或重建非常困难。而正因为产权的影响，这些未能改装或重建的工厦为企业提供了便宜的工作及营运空间。一项就九龙东工厦的研究发现大部分制造业都有产权，但就物流业和文创企业而言，当中拥有产权的比率远比制造业低。这些企业也只能租用价格相宜的工厦作他们的营运场所。

香港回归后的亚洲金融危机、禽流感、SARS，甚至2008年的金融海啸，都对香港的经济环境产生影响。政府宣

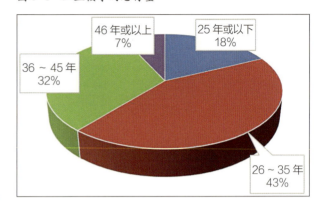

图6-1　工业楼宇的总存量[1]

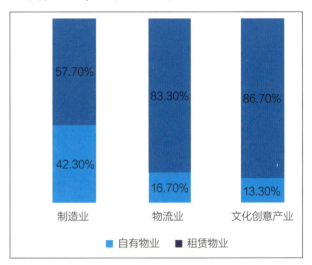

图6-2　九龙东（官塘及九龙湾）制造业、物流业及文化创意产业拥有物业产权的比例

布一系列挽救市场措施，如在2002年让地产商主动勾地。即使随后经济复苏，政府在2013年才取消勾地机制，重新主导土地的供应。往后楼市发展炙热，政府为了打击住宅楼价上升及炒卖，又推出新措施，包括印花税以及双重印花税。

近年，炒家开始转向工厦市场。一般而言，与商业及住宅物业相比，工厦的租金和售价是最低。可是，近年工厦的售价指数却是各物业种类中最高的。多项紧随2010年"活化工厦"政策的优化措施，包括免除短期豁免费、鼓励业主将工厦改装作其他用途，均使工厦成为炒家的目标。不同持分者对政策意见不一，工厦用家表示翻新后工厦的租金高得不能负担，但另一方面，措施诱利业主和发展商主动翻新工厦，以用作有较高经济效益的用途。

在香港规划署2014的工厂使用调查中，物流仓储占工业用途中最大比例。制造业和物流业所需用地（工业及商贸）大概是1200多万平方米。然而，现为工业用地的工厦存量（993万平方米）未能满足制造业和物流业的空间需求。

2014年全港工业用地分区研究报告[1]　　　　　　　　　　　　　　　　　　　　　　　表6-2

工业楼宇总量（百万平方米）	总量（建筑面积）	制造业	物流业	非商业用途
工业用地	9.93	0.83	5.37	3.73
其他指定用途（商贸）用地	15.16	1.04	5.04	9.08
住宅（甲类）用地	0.28	0.04	0.12	0.12
住宅（戊类）用地	1.59	0.21	0.67	0.71
综合发展区用地	0.89	0.06	0.44	0.39
总量	27.85	2.18	11.64	14.03

6.2.3　自20世纪50年代以来香港经济数次转型如何影响工业楼宇的发展

我记得在1997年出版的《香港制造》（*Made by Hong Kong*）一书提到："二十年前，几乎没有人会相信香港的工业没有前途，但这观点现今非常普遍。我们在研究过程中最常听到的高昂的土地和劳动成本，以及缺乏科技创新，使香港的工业缺乏竞争力。香港经济的未来会倚赖于服务业，实际上已经走上'后工业社会'的道路。"

1950年代是香港工业发展的初期。香港曾是亚洲四小龙之一，但由于政府支持不足，在技术革新的过程中逐渐丧失了其在工业方面的优势。香港政府推出了一系列措施来应对工厦在供应及需求方面因经济转型而出现的转变。

规划方面，政府在1989年推出"工业/办公"楼宇类型。可惜当时市场反应冷淡，到20世纪90年代末只有43座工贸大厦建成。背后成因包括工业或商业楼宇的建筑标准差异，以及建筑费用及补地价的问题。

政府在2001年容许非工业活动进驻工厦，提高工业用地使用的灵活性。政府也改划个别法定规划图则内的工业用地为"其他指定用途（商贸）用地"，允许这些楼宇同时被用作工业和办公/商业用途。

财政措施方面，2010年的"活化工厦"政策探讨如何善用现有工厦，并通过翻新或改造来用作较好的用途。政策经2012年中期检讨后延长至2016年3月。新一轮的政策提出了免除短期豁免费的优惠，以及对重建工厦作其他用途所需的溢价可作分期付款等。截至目前，透过"活化工厦"政策而获准整栋工厦改建的有113栋。虽然只是现时工厦总量的一小部分，但已占到单一产权工厦数量的1/4。

政府也有一系列针对特定地区的措施。九龙东是20世纪80年代的传统工业区，当中有很多工厦都已改建为工贸大厦或者是经城规会批准改建为商厦。借此市场趋势，我们提议把九龙东打造成为CBD2，即连通性（connectivity）、品牌（branding）、设计和多样性（design and diversity），也可以解读为中环以外第二商务中心区。

6.2.4　当下优化工业楼宇使用的建议

基于上述对香港工业的回顾，结合目前的政府政策，我们研究团队得出以下五条结论：

6.2.4.1　工厦对香港的经济及社会发展仍意义重大

以工厦为主要产业空间的制造业和物流业可提供低技能要求的工作岗位。工厦的廉价、灵活和可达性等特点也吸引不少其他行业的进驻。

6.2.4.2　充足的土地供应对物流业及制造业的未来发展至关重要

物流业和制造业的现代化程度提升，除了可创造较大的经济效益外，也可让经济更多元化和更具弹性。

6.2.4.3　香港的创新与创意产业需要更多可负担的空间

创新和创意产业是竞争优势的主要来源，将推动香港迈向创意型经济，并赋予城市个性和独特性，使人对城市有认同感和归属感。这些产业需要更多可负担的制作、排练和储存的场地。

6.2.4.4　工厦面临两大未解难题：违规用途及火灾风险

即使企业将生产制造的部门迁出香港，不少非生产的部门仍留在香港。这些非工业用途大多都不符合地契上的规定。而且，当非工业活动为工厦带来人流时，容易与原先的工业用途存在冲突与安全隐忧。

6.2.4.5　可发展土地的紧缺是未来发展的瓶颈

就现时香港可发展土地的短缺问题，工厦往往被视为"棕地"土地供应的来源。但事实上，廉价的工业空间对香港的初创企业、创意产业甚至中小企业都十分重要。因此要稳定各类用地的土地供应，才可保证低附加值的工厦不会被高附加值的用途所替代。

据此，我们研究团队提出了十二条相应的政策建议，希望在当今的经济社会形势下，能帮助香港的工厦得到更合理和可持续的使用。

（1）活化工业楼宇3.0版，继续推行活化政策。

（2）保留仓储和冷藏仓库，特别是那些位于港口、机场及其他连通内地的主要道路外围的用地。

（3）尽早为现代物流业提供规整和规模化的用地。

（4）对"工业"用途地带的改划及申请在该地带改变用途，特别是工厦地铺的用途，应谨慎对待。

（5）为鼓励高科技产业在香港发展，应提供新的土地以发展工业邨。

（6）在工业邨中建立一般性用途厂房，并提供更灵活的租约。

（7）在工业邨中未善加利用的用地租回并重新分配。

（8）检讨及拓宽工业邨的租户评选标准。

（9）将工业邨未来的租约修改为30年，之后可按双方意愿续约20年。

（10）允许将非工业用途地带内由工业大厦改造而成的共同工作空间和文化创意产业用地的一部分作为宿舍。

（11）套用反BOT模式，即政府与工业大厦业主签订长期租约并将其改装作文化创意产业及其他用途。

（12）开发观塘区的鲤鱼门道、茶果岭道和敬业里之间的一块商业用地供文化创意产业及其他相关行业使用。

最后，我想引述两句很有启发性的讲话。第一句源自美国前总统克林顿的财政大臣Robert E Rubin——"市场是好的，但它不能解决所有问题。"第二句来自Laura Wolf Powers教授——"地产主导的经济发展模式意味每一寸土地都应被赋予最佳及最高价值的用途。但当这理论被重复应用时，会对城市长期和整体的发展造成负面的影响。"

市场的力量已将香港由以前的一个小渔村发展成一个国际大都会。可是市场不能解决城市中所有的问题。香港工厦的种种情况，也只是短期利润为导向的市场力量的其中一例。经过这一年多的研究，我认为市场的力量固然有一定的用处，但也存在着不足。如果完全由市场力量主导，一些产业将被边缘化。在我们考虑该如何取舍时，首要的问题是香港究竟想要成为一个怎样的城市。工厦以及香港其他类型的建筑物，应以此为最终的服务目的，同时，规划也只是众多方法之一。对于建立一个富竞争力、多元化和具恢复力的香港，我相信我们还有更多的事情需要做。

【作者：梁焯辉，香港规划署、前署长　发表时间：2016年1月27日】

参考文献

[1] 香港规划署. 九龙东商业机构的统计调查. 2011.

6.3 大湾区的发动机
——港深FinTech（金融+科技）合作的构想

今年以来，先是国际评级机构调低了香港的评级展望，之后在一家英国调查机构公布的全球金融中心指数排名中，香港跌出三甲，落后新加坡。一时间弥漫着不少悲观情绪，主要观点是香港回归以来尽管在发达经济体中成绩斐然，保持年均3.2%增长，但相比改革开放四十年间深圳的罕见扩张、人口集聚、经济增长、高科技企业的成功，香港的发展明显逊色，港深两地的GDP已经持平。如何看待香港的优势及港深之间的关系，如何在大湾区协同发展的背景下延续香港东方之珠的优势与深圳展开互动值得关注。

6.3.1 香港对内地的巨大贡献和港深产业更替

6.3.1.1 香港对内地改革开放的作用和自身产业服务化转型

香港作为全球最自由经济市场体系，一直发挥着内地与国际市场连接的纽带与桥梁作用，为内地改革开放作出了巨大贡献。这集中体现在三个方面：转口贸易、直接投资（FDI）和资本市场。转口贸易给内地带来了第一桶金，直接投资把内地特别是珠三角变成了世界工厂，而香港资本市场的大发展则为内地源源不断地输送了发展经济的宝贵资本。在此过程中，香港完成了自身二次产业更迭，收获了繁荣富强，成就了全球认可的国际金融中心地位。

20世纪50～80年代，香港作为独立的经济体，完成了转口贸易到工业化的转型。1950～1955年，制造业比重从9.0%增长到21.8%，成为最大行业，至1970年达到顶峰31.0%，服务业比重从63.8%下降到46.8%。

20世纪50～80年代选定行业在香港本地生产总值的分布（%）　　　　表6-3

行业＼年份	1950	1955	1960	1965	1970	1975	1977
农业	3.6	3.3	4.1	2.6	2.3	1.6	1.6
矿业	—	—	—	—	—	—	—
制造业	9.0	21.8	24.8	26.8	31.0	25.3	25.0
建筑业	6.1	4.8	7.4	11.0	3.2	4.1	4.1
电力、煤气及食水	1.7	1.6	1.7	1.9	1.9	1.7	1.6
运输及通信业	15.8	9.4	13.1	10.9	7.4	6.1	5.9
贸易及金融业	29.7	21.2	20.9	20.7	21.7	22.2	22.3
其他	34.1	37.9	28.0	26.1	32.5	39.0	39.5
合计	100.0	100.0	100.0	100.0	100.0	100.0	100.0

20世纪80年代以后，内地改革开放推动了香港经济第二次转口贸易经济发展。1970～1980年服务业比重从44%增加到67.5%，到1990年上升到74.5%，1997年达到85.2%，2016年达到92.7%；1987年广义贸易业比重22.3%，超过制造业22.0%，1997年广义贸易业比重达到25.4%，制造业下降到6.5%；配合贸易的金融业比重从1987年17.9%上升到1997年的26.2%，2016年达到32.05%。

20世纪80年代以来各主要行业在香港本地生产总值中的比重（%）　　　　表6-4

行业＼年份	1970	1980	1985	1987	1990	1997	1998	2016
制造业	31.0	23.7	22.1	22.0	17.6	6.5	6.2	2.6
服务业合计	44.0	67.5	69.6	70.3	74.5	85.2	84.7	92.7
批发零售贸易	—	21.4	22.8	24.3	25.2	25.4	24.0	22.7
运输仓库通信	—	7.4	8.1	8.6	9.5	9.1	9.3	6.5
金融业及地产和商业	—	23.0	16.0	17.9	20.2	26.2	25.6	32.05
社会及个人服务	—	12.1	16.7	14.5	14.5	17.9	17.9	17.5
楼宇业权	—	8.9	10.5	9.8	10.6	13.9	14.5	10.6

随着经济结构的快速转型，香港对于内地的转口贸易、直接投资和资本市场的作用明显。至2017年，两地贸易额约占内地贸易总额10%，仅次于美国；香港外商直接投资约占内地外来投资的48%，是内地外商对内地的策源地；内地货物约占内地出口总额17%，是内地货物的最大出口市场。而香港本地货物生产和出口的比例呈现下降趋势。

6.3.1.2　深圳借助香港优势实现了加工业到高新技术产业的发展

深圳1980年成立特区，从贸易起步开始大规模利用香港的直接投资和资本市场，发展电子、

图6-3　香港跨境贸易的增长

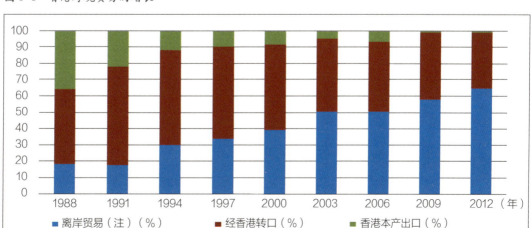

服装、轻纺等劳动密集型传统加工业，在完成基础资本积累后，至20世纪末开始向高新技术产业发展转型，以适应城市资源环境条件和全球新经济的趋势。

1985年香港汇丰银行在深圳设立分行，外汇调剂中心正式成立，深圳因而成为国内主要外贸口岸，成为内地经济的对外窗口。至2000年深圳港资企业达到8876户，占深圳外资企业总数的78.38%；共实际引进外资266.2亿美元，其中港商投资167.2亿美元，占外商在深实际投资总额的62.8%；深圳出口总额345.6亿元中对港贸易为272.3亿元，占78.8%；香港出口总额内地占30%，而深圳则要占到其中的90%左右。

图6-4 深圳市高新技术产业发展情况

在香港转口贸易、直接投资和资本市场的支持下，深圳不断积累劳动密集型传统加工业的经济基础，并不断完善自身的产业结构，引导城市向高新技术产业发展。

6.3.1.3 港深差异化市场治理模式形成了两地FinTech（金融+科技）互动关系

尽管香港历届行政长官施政报告都分别提出了要使香港成为"一个产品发明中心""数码港""矽港"及"中药港"等发展目标，但奉行"积极不干预政策"的价值导向下所制订的具体方略都会受到外界质疑并难以在行动中落实。相反，深圳政府在城市产业政策制订中更为积极，无论商事制度、产业导向和基建投资等都以产业发展规划为政策制定基础，引导产业发展符合国家给予的特区使命，适应城市资源环境条件和全球新经济发展的趋势。

1993年深圳特区停止登记注册"三来一补"企业；1995年深圳市科技大会召开，明确"以高新技术产业为先导"的战略思想，并公布《深圳市高新技术企业认定办法》；1998年出台《关于进一步推动高新技术及其产业发展的若干规定》，提出建设高科技城市发展目标。

1999年举行首届国际高新技术成果交易会，成立深港产学研基地，吸纳香港科技资源，形成高科技合作的孵化平台，以华为、联想、四通、北大方正为代表的本地企业和固高科技、爱讯可网讯、闻易网软件等深港合作孵化的企业快速崛起，形成了中国"硅谷"的雏形。

2000年以后，深圳市高新技术产业进一步向创新型城市转型。2004年出台《关于完善区域创新体系推动高新技术产业持续快速发展的决定》；2005年中央对深圳正式提出"国家创新型城市"的定位；2006年出台《关于实施自主创新战略，建设国家创新型城市的决定》；2009年推出创业板，并且鼓励创新企业上市；2016年9月腾讯成为亚洲第一市值（市值1.99万亿HKD）标志着深圳进入创新城市的前列。

2000年深圳工业对经济的贡献率达66.5%，高科技产业贡献率52%，产值已占工业产业的42%；2016年深圳新兴产业对经济的贡献率达53%，高科技产业占工业比重超过70%。与此同时香港的服务业比重从1980年的67.5%提升到2000年的85.6%，2016年的90%；制造业比重从1980年的23.7%下降到2000年的6.0%，2016年的2.6%。香港与深圳融合的FinTech（金融+科技）互动关系日益明显。

6.3.2 港深未来产业深化合作的机遇和挑战

6.3.2.1 产业政策干预的程度和边界

城市政府在市场经济环境下，一方面需要集聚市场之所能实现深化开放和经济发展，另一方面要更加关注市场化产业发展对于本地资源环境容量的影响和促进社会发展的关系。

从社会多元化和均衡化发展要求出发，产业竞争极会形成寡头经济，并可能造成社会关系的失衡，形成对新经济发展的挤压。寡头经济通过自身的竞争优势获取市场垄断，造成城市单一的经济形态和社会贫富差距。如果不改变寡头垄断的市场形态，必然走向资本权力取代行政权力，给城市与区域的整体经济带来不可持续性，甚至挤压大多数人的发展空间，造成严重的社会不公平，形成社会隔离和社会阶层固化。

从服务业升级转型的一般规律分析，一方面，城市制造业成本敏感与增值瓶颈会导致制造业外移，城市服务业快速升级；另一方面，由于城市服务业区域化还没形成，城市创新服务业滞后会造成城市内部产业空心化，影响城市的不可持续性；再一方面，除了制造业的外移特征外，制造业升级功能对于城市内部产业高端化、产业增效以及促进创新服务业的延伸具有十分重要的意义。

所以面对外部市场的变化，产业和城市发展政策对于城市提升可持续竞争力来说至关重要。政府干预与不干预产业的根本边界在于政策能否引导市场调整，实现城市发展的可持续性，能否通过产业政策引导市场转向，实现社会多元化和均衡化发展。

6.3.2.2 创新产业未来与港深合作的机遇

信息化带来了第三次工业革命与科技发展，创新产业成为港深共同合作改变未来发展与合作的选择。香港创新服务业的发展机遇与深圳进入后工业化的转型都与信息化带来的创新经济发展高度契合。

习近平总书记与香港院士的通信中，强调"促进香港同内地加强科技合作，支持香港成为国际创新科技中心，支持香港科技界为建设科技强国、为实现中华民族伟大复兴贡献力量"。作为世界最自由的经济体，香港正发力扭转制造业空心化的趋势，着力建设国际科技创新中心，香港科技发展白皮书《跑赢智能新时代》明确提出香港建设"国际科技创新中心"的发展目标，香港特区政府创新及科技局局长杨伟雄提出，为推动香港"再工业化"，特区政府将在土地、技术、资金和人才方面提供全面支援。

创新经济时代需要通过新金融体系重构支持大数据（生产资料）、物联网（生产方式）和云计算（生产力）等基础要素建立，创新服务业的FinTech融合将成为驱动区域经济和生产要素整合的新动力。以目前的区域产业格局分析，应该选择"香港研+深圳造"的合作模式，一方面可发挥内地完善的生产网络，尤其是深圳领先的科技产业创新网络，为香港优质科研成果以及风投资本提供创新孵化的土壤；另一方面香港可以加强与深圳的科技、教育和现代服务业合作，融入国家的发展大局，共建世界新硅谷，实现香港建设国际创新科技中心的发展目标。

图6-5 三次工业革命的驱动因素

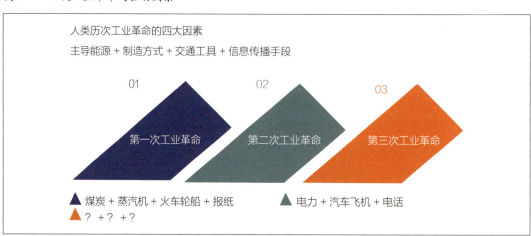

6.3.3 港深FinTech合作和组织管理转型

6.3.3.1 产业成长规律与区域合作管理

城市区域顺应市场经济规律，一方面要实现制造业高端化，包括制造业低端转移、高端升级和高端引进三个方面；另一方面要实现服务业创新和专精化，包括本地化服务业、在岸服务外包、高端离岸引进三个方面。通过FinTech（金融+科技）融合，促进港深区域经济和离岸经济发展。可以预见大湾区制造业的高端化将带动港深服务业的创新和增长，引导区域管理和区域合作。港深经济体提供产业和技术服务平台、推动产业链整合，以服务和技术实现区域产业管理和组织。

6.3.3.2 以创新经济带动金融服务业创新

金融服务业创新与客户转型创新关系密切。从金融部门R&D活动开始，通过金融服务的提升及系统整合为用户提供专门化和具有高附加值金融服务，最终实现金融服务的价值增值；金融服务业需要伴随着制造业组织多重创新行动，促进制造活动与服务活动相互交融，适应创新经济生产与服务的无边界基本特征。

图 6-6 城市区域产业发展路径

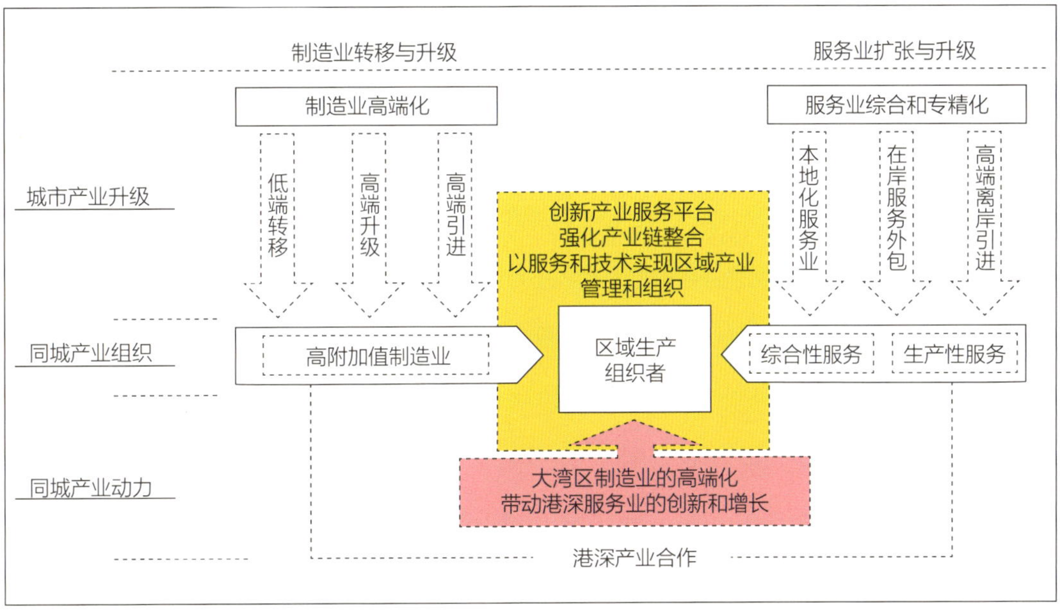

图 6-7 金融服务业 R&D 与创新链模型

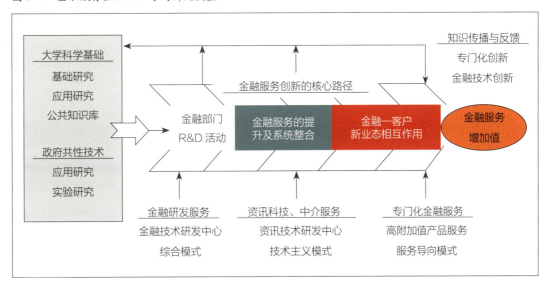

6.3.3.3 以创新金融服务业管理创新经济风险

通过金融服务业的创新,加强高风险和高效益的管理能力,提高互联网、大数据和云计算等科技革命高风险管理和高效益的确定性。通过政府与社会治理的变革,发挥政府、大学、社区和企业在管理服务方面的作用,搭建创新经济实验室、大学、社区服务的共享技术和融资平台。

图 6-8 电子商务环境下供应商管理

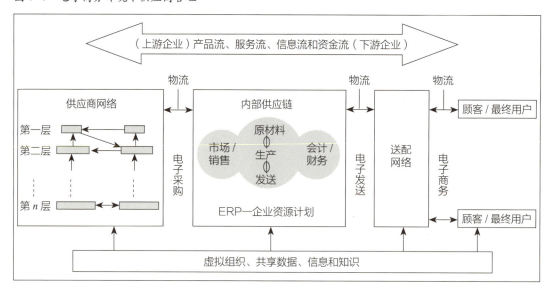

6.3.3.4 以信息化促进商业模式创新和供应链增值服务

一方面通过信息化实现服务贸易全球性管理，包括线上、线下互相交换，分散下单和集中送配高速运转，供需价值通过信息双向传递实现，另一方面推进信息化促进供应链的高效整合。实现供应商、制造商、批发商、承运商、零售商和客户的同步决策和活动，让恰当的产品和服务按照恰当

图 6-9 现代供应商驱动的价值链带动现代服务业升级

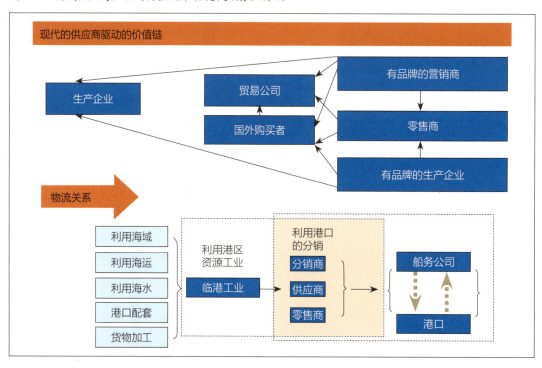

的时间,以恰当的数量配送到恰当的地点,使系统成本降低以满足客户的服务需求,获得可持续竞争优势。

通过完整的供应链服务转型,促进以传统运输为基础的物流服务向提供组织市场和管理能力转型,推动工港贸物流信息一体化发展,为城市区域转向供应链管理全球化服务。

6.3.4 港深区域创新空间格局

6.3.4.1 创新空间的驱动要素

FinTech(金融+科技)融合驱动的创新经济时代,呈现创新主体的多元化、复合性特征。政府、大学、社区和企业形成共同治理发展,包括国家实验室、高等院校、科研院所、创新金融、服务机构、企业和社团等创新主体。

在创新环境方面,形成以企业为主体、市场为导向、产学研资介紧密结合的区域创新环境;建立奖励自主创新的知识保护体系和法规制度环境;形成"鼓励创新、宽容失败、脚踏实地、追求卓越"的创新文化氛围。

在创新空间保障方面,保障实体经济和宜居成本空间,构建中心服务型、科技平台型、基础研究型、科创园区型、综合集群型等创新空间单元,通过科技创新走廊加以连接,形成产服联动、空间联接、功能贯穿的创新经济区域。

在基础设施保障方面,强化区域交通基础设施和信息基础设施建设,实施自然生态修复,建设国际一流人居环境。

图 6-10 中关村创新主体分类

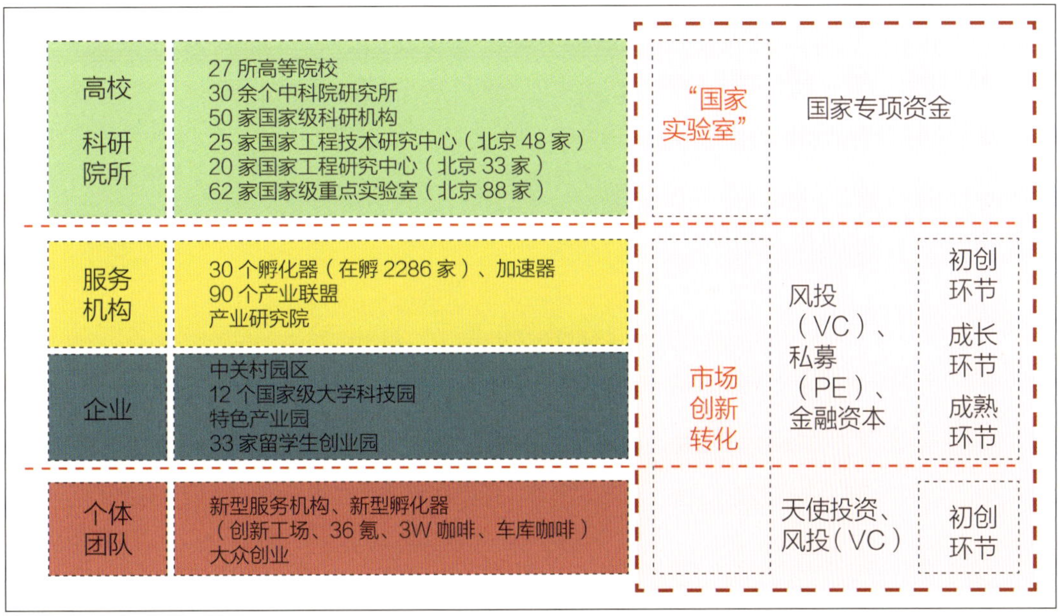

6.3.4.2 创新走廊、中央创新区和创新空间单元的空间结构

创新走廊连接创新服务与创新制造，贯通各创新空间单元，实现制造业、高科技、服务业的融合；建设中央创新区实现传统中心区复兴，使传统中心区成为现代服务业、公司总部、金融服务和文化科技的集中地，对中心服务型、科技平台型、基础研究型、科创园区型、综合集群型等创新空间单元进行空间功能的组织和服务管理。

在珠江东岸已经形成广深科技创新走廊雏形，区域创新走廊将按照广东省政府编制的《广深科技创新走廊规划》进行落实，发展成为广州、东莞与深圳区域创新圈。

结合《香港2030+》概念性空间框架，提出本次港深区域合作的规划空间结构为"两城、四轴、四廊、多中心"的跨境空间格局。

两城——深圳城市中心区、香港城市中心区。加强前海、河套港深创新产业和服务合作，强化国际化中央创新区服务功能。

四轴——东、中、西发展轴和东部生态旅游轴，按照《香港2030+》概念性空间框架和深圳城市总体规划布局要求发展。

四廊——深圳东部科技创新廊道，深圳西部科技创新廊道，深圳中部和香港东部科技创新廊道以及香港西部科技创新廊道。强化深圳西部107和松白路沿线深圳高新区、深圳大学城、光明高新区、深圳科学城和科技小镇环湾科技创新服务功能；深圳东部南坪快速、水官高速沿线深圳大学城、坂雪岗科技城、龙岗大学城、阿波罗未来产业城、宝龙工业区、坪山大学城和科技小镇科技研发和先进制造业创新功能；深圳中部深莞高速沿线观澜高新区、坂雪岗科技城连接香港东部知识及科技走廊科技研发和先进制造业创新功能；香港西部科技创新廊道按照《香港2030+》概念性空间框架要求发展。

通过营造"两城、四轴、四廊、多中心"的跨境空间格局，推动港深FinTech（金融+科技）合作驱动下的创新走廊、中央创新区和创新空间单元的空间落地，"促进香港同内地加强科技合作，支持香港成为国际创新科技中心"。

6.3.5 结语

香港作为全球最自由经济市场体系，一直发挥着内地与国际市场连接的纽带与桥梁作用，为内地改革开放作出了巨大贡献。改革开放以来深圳借助香港优势实现了加工业到高新技术产业发展。

市场的非理性、寡头经济下的"自由经济"会造成区域资源分配缺乏管理，影响社会公平发展，形成贫富差距。未来以市场、社会、政府共同参与的创新经济管理已经成为区域经济可持续发展的重要选择。

科技创新是区域发展最为重要的竞争力，无论欧美还是新加坡，政府对科技创新都采取了积极

干预政策（特别在资源短缺的非理性市场环境），共同拥抱创新经济的未来。

以互联网、大数据和云计算推动的第三次工业革命，呈现创新经济增值通过制造活动与服务活动交融、制造业与服务业高度融合、服务贸易模式升级而实现，这次工业革命对港深FinTech（金融+科技）合作既是机遇也是挑战。

新经济背景下的金融服务业、制造业、新产业和供应链的价值整合，正在悄然地改变区域的空间组织逻辑。港深FinTech（金融+科技）合作空间结构应以创新走廊、中央创新区和创新空间单元组成空间要素，营造"两城、四轴、四廊、多中心"的跨境空间格局。

【作者：范钟铭，中规院深圳分院，常务副院长　发表时间：2018年8月22日】

第 7 章
交通与区域互联

7.1 建设轨道上的珠三角

在已有规划和经验借鉴基础上，本次研究首次提出了武广深第二高铁、渝澳客专、环湾城际轨道等新设想，并对高铁系统、城际轨道、跨江通道、机场等重大交通基础设施提出新的建设思路，建设"双向开放"的网络型枢纽体系，支撑世界级高端功能提升，形成三大都市圈内"1小时通勤圈"、城市群主要城市间"1~2小时高效商务圈"、珠三角"1~3小时绿色休闲圈"的"高效便捷"综合运输体系，统筹交通与城镇空间发展，培育发展不同类型的空间。

7.1.1 建设轨道上的珠三角

珠三角由"三大都市圈"组成，属于城市群范畴，空间尺度远大于东京都市圈、纽约和旧金山都市区，基于"1小时"的合理服务水平，形成城际轨道服务中心城市、重要枢纽与周边80~100公里范围内城镇、功能区的联系，高铁兼顾城市群内主要城镇联系的服务模式。

多中心的发展格局，决定了珠三角城际轨道布局与东京以区部为核心的"环放"、纽约以曼哈顿为中心的放射结构不同，未来珠三角城际轨道系统的构建需兼顾中心集核化、高端环湾化、网络均衡化的多重需求。

7.1.1.1 对接泛珠的高铁网络

加快连通内陆的高铁通道建设，支持泛珠三角双向开放格局的形成并促进港澳与内陆的融合。在现状贵广高铁、南广高铁、武广深高铁、厦深铁路基础上，打通武广深第二高铁、粤赣高铁、新沿海高铁、渝澳高铁（成都至珠海、澳门）、广东—上海高铁等对外高铁通道。

7.1.1.2 链接湾区的环湾轨道

优化、调整过江城际轨道规划建设和运营方案，建设环珠三角湾区轨道线。将原中莞龙城际线分拆为"广中珠澳城际+虎龙城际"，基于环湾"1小时"服务水平以及广珠城际和穗莞深城际

图 7-1 近期环湾城际列车运营图（假设）

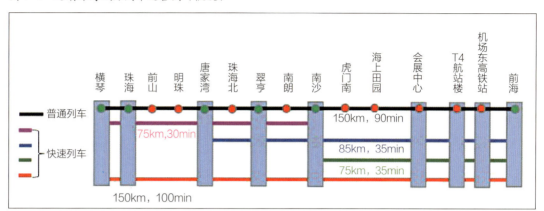

客流需求较大的考量，建议近期新建虎门南站至深圳前海的城际轨道，与广中珠澳城际形成环湾城际线路，利用快慢线运行模式，形成湾区重要发展地区节点、区域枢纽间"1小时"的轨道交通服务。

远期与深珠城际形成闭合的环湾轨道，以灵活的运行模式满足湾区大型枢纽、自贸区、新区、高新区、会展中心的联系功能，提供主要功能区间"1小时"出行服务，实现湾区在航运、贸易、金融、科技创新、国际文化等国际化高端功能的协同发展，以环湾城际为骨架，湾区重要节点（自贸区、机场、新城、香港等）为枢纽，实现线路"运营网络化、组织枢纽化"，提高网络整体的通达性和运营的灵活性，特别是实现港澳地区与珠三角地区中心城市、重要功能区的互联互通，支撑珠三角高端功能"环湾化"发展。

7.1.1.3 集聚中心的区域枢纽

统筹考虑轨道线路与城镇空间布局关系，利用"分线"和运营方案优化形成高铁线路在珠三角地区"多通道+多枢纽"的布局模式，实现高铁线路主线服务传统核心城市中心城区，支线服务潜在中心区、自贸区、创新空间和区域战略平台等，推进高铁枢纽与城际轨道站点、空港、海港的整合与联系，构建与四大功能板块高度耦合的核心交通枢纽体系，引导国际化核心功能和中心区的集聚发展，实现布局紧凑、集约高效的区域空间格局。

武广深第二高铁分线、粤赣高铁分线、新沿海高铁分线、渝澳高铁保障核心城市至泛珠三角多方向直达到发作业功能，形成广州（广州南、广州、佛山西）、深圳（深圳北、机场东、坪山）、珠海（江门南、横琴）三大组合枢纽，配合城际、城市轨道服务三大都市圈的中心城区。

利用粤赣高铁、新沿海高铁跨江打造南沙枢纽，通过环湾城际轨道实现大湾区与高铁系统的衔接，提升大湾区辐射范围；粤赣高铁与深茂铁路进入深圳机场东站、武广深第二高铁进入广州北站相接贵广、广湛高铁，增加西南和北向进入珠江东岸的通道，同时强化广州机场、深圳机场空铁联运功能，完善东莞中部地区高铁服务。

7.1.1.4 网络均衡的城际轨道

对接集合城市的空间结构，布局相对均衡的城际轨道枢纽，保障珠三角九市均具有以高铁为核心的区域枢纽和每个集合城市都有以城际轨道为核心的城市型枢纽，满足珠三角空间从"中心地"到"网络模式"的转变。

在高铁系统和环湾城际轨道基础上，重点布局建设外围具发展潜力的新城市中心区、创新空间和休闲旅游空间与核心地区的城际轨道系统。通过调整广中珠澳城际、完善高铁城际功能、新增深莞城际等，形成"双环+放射"的城际轨道结构。

"内环"串联湾区内圈的核心城市和地区，"外环"串联珠海、佛山、广州中心区、东莞、深圳东部地区等湾区外围的战略节点；"放射线"为沿广佛、深圳、珠海等核心城市间主要发展走廊形成的城际轨道线路，实现珠三角主要城市间的"1小时"交通圈。

7.1.1.5 合理利用跨江通道资源

西岸的国铁过江后，利用分线技术，可以在东岸形成多通道的城际服务功能，在跨江资源分配上，高铁过江居于首位，所以在资源有限情景下，本次研究取消中莞龙城际功能，将其分拆为"广中珠澳城际+虎龙城际"，将其资源集中在环湾城际交通服务上，建议轨道/铁路按预留6股条件进行推动（根据最新动态，由于深茂铁路工期要求，铁路通道倾向于隧道过江，未来拓展性较大）。

图 7-2 深茂公铁跨江通道建议示意图

7.1.2 打造海空洲际门户

7.1.2.1 建设洲际门户机场群

珠三角地区航空客货量增长迅速，航空市场潜力巨大，根据IATA Consulting预测和珠三角机场已规划规模，至2030年机场客运缺口达1.11亿人次，但机场规划能力缺口严重。其次，由于广州白云机场地处珠三角北部以及香港机场受限于通关政策，深圳机场地位不足，导致枢纽机场对湾区服务不足，西岸珠中江地区缺乏干线机场服务。

应进一步提升珠三角机场国际航空服务能级，建设"三核"（香港、广州、深圳）洲际门户机场群和"三辅"（惠州机场、澳门机场、莲溪机场）区域干线机场群。主要调整建议如下：

图 7-3 珠三角机场客货运量预测 [1]

提升深圳机场为国际枢纽机场，加大国际航线资源投入，作为大湾区枢纽机场，提升对大湾区核心区的服务水平。

调整广州第二机场至"珠中江"地区，打造莲溪机场，作为珠江西岸第二机场，提升珠江西岸干线机场服务水平，珠海金湾机场逐步转型为"通用航空+航空产业"基地。

调整惠州机场选址，作为珠江东岸第二机场，与深圳机场协调发展，优化"深莞惠"都市圈航空布局。建议下一步对具体选址进一步论证。

7.1.2.2 发展国际航运中心

港口发展由"增量"转为"提质"，未来珠三角港口群着重进行区域协同、分工，强化港口增值服务功能并着力协调港城关系，推动港群功能走向"差异化、复合化"。

以广州港、深圳港、香港港为干线港，高栏港、东莞港、惠州港为主要支线港，构建"三干三主"为主体的港口群格局，增强港口群国际竞争力。

以前海、南沙地区为核心，挖掘自贸区政策优势，推动临港产业优化升级，打造国际性高端生产服务业要素集聚高地和国际枢纽港。

以航运服务业集聚为重点，提升临港经济区功能，将产业链由下游向中上游延伸，建设专业交易市场、国际航运中心。如黄埔港区、盐田港区等。

以港城协调为目的，推动老港区（如广州内港港区）向生活岸线转变，服务于城市经济与生活，以金融会展、商贸居住为主，同时打造绿色休闲岸线，提升城市品位。

强化旅游休闲服务，推动有条件的城区打造滨水岸线，为市民提供短途旅游、公共休闲空间和绿化景观，发展特色文化观光旅游。以广州、深圳、珠海为重点，建设邮轮母港和邮轮码头，开辟国际邮轮业务。

7.1.3 创新城际轨道建设运营机制

现阶段我国城际轨道建设逐渐向日本、中国香港"地铁+物业"的TOD（以公共交通为导向的开发）模式转变，极大地解决了铁路融资问题，但"统一规划、统一运营"的单一规划、运营模式也导致了诸多问题，如线路规划设计周期过长、与沿途地方政府土地开发协调性较差和运营不够灵活、地方政府建设积极性不高等突出问题。

建议对广东省城际轨道规划建设运营模式进行研究，充分借鉴东京都市圈轨道管理体制与投融资模式，形成"广东省负责规划、审批，广东省珠三角城际轨道交通有限公司+地方城际轨道交通公司负责运营，线路相关地方政府负责线路的具体建设（线站位、资金筹措等）"的"三方"或"多方"模式，提高地方政府建设积极性，加快城际轨道建设进程。

【作者：李春海，中规院深圳分院交通规划设计研究所，所长　发表时间：2016年10月12日】

参考文献

[1]　香港机场管理局. 香港国际机场2030年规划大纲. 2011.

7.2 与世界级城市群的交通组织经验对比

7.2.1 世界级的机场群是世界城市的重要指标

世界级城市群通常以体系化的机场群支撑其国际化职能,此类机场群一般包含2~3个大型枢纽机场,同时以一系列中小型机场为辅,形成体系化的航空服务网络,如纽约都会区拥有包括肯尼迪机场在内的3个机场及一系列中小型机场,东京都市圈拥有包括成田机场、羽田机场在内的6个机场。此类机场群通常有相对清晰的职能分工体系,其中枢纽机场形成对核心地区"1小时"(约50公里)的高效交通服务。

四大湾区主要机场一览表　　　　　　　　　　　　　　　　　　　　　　　　　　　　　　　表 7-1

	机场名称	职能	跑道数(条)	2017年旅客吞吐量(万人次)
东京湾	羽田机场	国际航线	4	8541
	成田机场	国内及亚洲	2	4069
	合计		6	12610
纽约湾	肯尼迪机场	国际航线	4	5939
	纽瓦克机场	国内航线	2	4339
	拉瓜迪亚机场	国内及少量至加拿大航线	2	2950
	合计		8	13229
旧金山湾	旧金山机场	国际航线	4	5582.21
	奥克兰机场	国内、国际廉价航线	2	1307.22
	圣荷西机场	国内及墨西哥航线	2	1248.02
	合计		8	8137.45
粤港澳大湾区	香港国际机场	国际为主	2	7266.51
	广州白云机场	国内、国际	3	6588.75
	深圳宝安机场	国内为主	2	4555.84
	珠海金湾机场	国内航线	1	921.68
	澳门国际机场	国内、国际	1	716.58
	合计		9	20049.36

由于广州机场远离核心湾区、香港机场受限于通关等因素,难以满足对湾区"1小时"的高效服务,而深圳机场由于国际航线资源稀缺,对核心地区的国际化职能服务有限。另一方面,跨江公路、轨道建设滞后,深圳机场对西岸的服务亦有欠缺,加之珠江西岸自身缺乏大型机场,珠三角呈现"枢纽机场培育不足,西岸缺乏大型机场"的局面,难以支撑未来"三大都市圈"的空间发展格局。

7.2.2 与内陆腹地紧密、便捷的运输联系

为保障对腹地的辐射和服务能力，世界级城市群与都市圈往往形成以高速铁路、高速公路或航空为主、便捷联系国内腹地的交通网络。

以纽约都会区为例，主要以高速公路及规划的高速铁路为主，强化与500公里范围内主要枢纽、腹地的联系，以航空运输支撑1000公里以上的客运交通需求。日本东京都市圈以东海道（东京—大阪）、东北干线（东京—仙台）联系500公里范围（2~3小时）主要城镇，提供国土地域内城市间资源要素流动的便捷服务，强化了东京都市圈对区域发展的引领与服务作用。

与美国、日本在国土尺度与城镇密度等方面的差异，决定了"高速铁路为主，航空为辅"是珠三角与内陆腹地（600至1000公里）联系的主要模式。"面向内陆的大尺度，高铁通道有待完善"是珠三角与腹地联系存在的突出问题，与西南地区、中部地区、东部沿海地区的高速铁路系统有待完善、南北高铁通道面临饱和风险（武广深高铁年运输旅客4000万人次，近三年增速50%），这些直接导致珠三角面向内陆腹地联系不畅，难以满足广域化运输需求。

"高铁职能过于集中，枢纽体系不尽合理"则是内部布局急需优化的。现状珠三角共有广州站、广州北站、广州南站、广州东站及深圳站、深圳北站等枢纽站，相较于伦敦（18个）、巴黎（19个）等国际大都市区，其数量过少，导致铁路客运职能过于集中在广州地区（广州、广州东站、广州南站），"珠中江"、东莞地区缺乏高等级铁路交通枢纽，在掣肘整体交通效率提升的同时，将难以发挥高速铁路对城镇产业分工与协同、空间职能优化与重构的引导作用。

7.2.3 以轨道为主的都市圈交通组织模式

在世界级城市群与都市圈中，依托层次丰富（地铁、市域快线、市郊铁路、城际轨道等）、规模庞大、功能明晰、服务水平高的轨道网络，纽约、东京、巴黎、伦敦等都市区范围均扩展至50公里，形成轨道交通为主体的长距离区域通勤与商务联系。

而这些都市圈轨道建设的目标并不是一味扩大通勤圈，通常强调与其空间结构形成良好的耦合关系，特别是综合交通枢纽与城市功能中心的布局相耦合，以强化重要功能中心面向区域的辐射带动作用，同时强调轨道交通对城镇发展轴的引导，中心城区30公里外各城镇、功能区发展相对独立，避免了无序蔓延和大规模、长距离通勤出行，促进用地的高效开发。

7.2.3.1 东京湾——以区域为核心的"放射+多枢纽"JR网络

东京湾城际轨道出行主要由"环形+放射线"的JR铁路承担，私铁为补充。JR根据服务范围不同（以30~50公里为主，部分达70公里）分为特快、准特快、快速、准快速、普通等运行组织，以保证与中心区或主要城镇间"1小时"的出行服务水平；在城镇密集地区（比如至横滨）往往采

取多线的布局模式，满足主要发展走廊客流需求；在枢纽布局方面，结合商务、商业、文化、休闲等城市功能，形成"一城多站"的多枢纽模式。

7.2.3.2 旧金山湾区——以环湾捷运轨道＋放射性通勤铁路组织湾区内外交通

旧金山轨道交通系统以湾区捷运及放射形通勤铁路（加州通勤火车、首府通道、阿特蒙通勤特快等州际轨道）为骨架，其中捷运系统形成多条线路，串联环湾重要城市中心区和主要功能区（机场、港口、科技园），放射铁路主要以环湾捷运为终点进行跨江交通组织，服务湾区内外多个圈层间的联系。

7.2.3.3 纽约湾——以湾区核心枢纽为中心的放射形城际轨道

纽约都会区的城际轨道系统主要以大都会北方铁路、长岛铁路及新泽西捷运为主体，形成以纽约为中心的放射形轨道网络，80公里范围内（近郊区）平均站距3公里，80公里范围外平均站距6公里，城际客流约占都市区轨道客流的81%。其中，大都会北方铁路提供纽约上州与康涅狄格州的居民往返纽约市的通勤铁路，均以大中央车站为终点；长岛铁路提供铁路服务给长岛居民，以宾州车站为终点站；新泽西捷运提供新泽西的通勤铁路路线，可以到达纽华克以及新泽西州府翠顿再往南连接至费城。

珠三角城市产业空间的演变、都市区职居的分离、区域职能的提升等带来更多城际间的弹性出行，城市交通区域化、城际交通公交化的趋势已初步显现。未来这种空间发展广域化、扩散化所带来的多中心、网络化区域空间格局将持续强化，特别是湾区高端功能的崛起、广深中心城市创新空间的外溢、"珠中江"区域高端旅游产业的植入，将加速传统的以广深港走廊为主，向网络化城际需求转变。

但现状珠三角城际轨道建设滞后（仅广珠城际轨道建成，穗莞深、佛莞、莞惠城际轨道在建），城际出行严重依赖小汽车交通（90%），同时与东京湾、纽约湾的城际轨道、通勤铁路相比，珠三角地区城际轨道线网密度相对较低。

珠三角规划城际轨道与日本、纽约都市圈对比　　　　　　　　　　　　　　　　　　　　表7-2

项目	日本JR普线路	纽约北方铁路	珠三角城际线
线路（条）	32	19	17
总长度（公里）	1490	1718	1478
平均长度（公里）	47	90	87
站点（个）	267	242	—
平均站距（公里）	5.60	7.00	—
占轨道出行（%）	40	81	—
人均里程（公里/人）	0.40	0.86	0.23

另一方面，单中心放射状城际轨道系统的规划建设难以支撑多中心和网络化出行需求问题，深莞战略性发展地区缺乏城际轨道系统支撑，特别是环湾地区缺乏轨道联系等问题较为突出。

7.2.4 结语

虽然珠三角无论从发展阶段、空间尺度还是交通系统特征均与上述城市群有所差异，但世界级城市群、都市圈拥有与海外和内陆腹地便捷、广泛的运输网络，内部依托轨道系统，提高交通服务效率，支持产业、空间的协同发展，都是其交通系统规划建设长期的核心议题，特别是枢纽机场的服务选择、轨道系统的服务层次、"多点设站"的枢纽布局模式、环湾轨道与跨江交通组织等实践都值得在珠三角地区进行深入探讨和借鉴。

【作者：李春海、中规院深圳分院交通规划设计研究所，所长　发表时间：2016年10月12日】

7.3 流空间：广深都会性和网络化的大湾区

港珠澳大桥、广深港高铁、珠三角城际，以及其他跨海湾大桥、快速轨道网和快速路网正在或即将改变粤港澳大湾区的出行方式。环湾布局的前海、南沙、横琴自贸区，中山翠亨新区，东莞滨海湾新区以及广深科技创新走廊和其他重要平台的发展，让区域多中心发展的态势更加明显。

而交通的发展也引领了城市格局的巨变。高速铁路、城际轨道降低了跨区域出行的时间成本，在交通改善的基础上，公共资源的配置也可以突破传统的地理区域限制。随着穗莞深三市地铁线路的互联互通，同城化的步伐将加快，市场的力量将有助于突破行政化/制度化的有形边界。

如何解析粤港澳城市交通与区域格局的影响关系？

研究全球化、信息化的社会学家卡斯特尔（Manuel Castells）将社会空间分成两种：场空间和流空间。作为空间载体的城市强调的是等级、边界，对应于"场空间"；而作为物质与非物质内涵的都会强调更多的是流动、交流、向心、城市魅力等，对应于"流空间"。流空间关注的范围更大，可以是全球性的。

对应于场空间与流空间，有两个经典的理论：一是德国的地理学家克里斯塔勒（Walter Christaller）提出的中心地理论；二是英国学者泰勒（Peter J. Taylor）提出的中心流理论。如果中心地理论是场所空间塑造的城市过程，关注等级化的中心-腹地，中心流理论则是塑造流空间的城市过程，侧重于都会性和非局域的联系。

"中心地+中心流"理论，可以用来解析粤港澳大湾区的城市交通特色和区域合作的未来。

7.3.1 解析广深发展模式与方向

广州与深圳虽然相距只有100公里，在城市气质上却有很大的不同。

深圳的快速交通串联组团发展的模式，让人深刻体会到流空间的作用。福田CBD与福田的高铁枢纽合体，快速地铁11号线横贯东西，在这里场空间和流空间高度吻合，激发了惊人的能量。唯一的瓶颈是福田高铁站的规模太小（2台4线），发车班次不足。

而广州则有不同，千年古城，摊饼式圈层发展的惯性力量很强，深厚的岭南文化传统和历史底蕴为广州塑造优质"场空间"提供了便利，新中轴线，一江两岸三带，沿着自然水流的空间营造，发展空间广阔。

提高大湾区城市或者区域的能级，场空间和流空间应该并重。既要有国际级的活力中心区、魅力都会生活区，也要有便捷的交通和信息联系。广州提出了打造国际航运枢纽、国际航空枢纽和国际科技创新枢纽三大枢纽的发展理念。深圳则不断加强国际化、创新型城市的特质，并通过东进、西联扩展腹地，提出了在更大区域范围内进行资源配置。

香港大学的王缉宪提出了不同时代门户城市关于流的升级演变过程，与全球化相关的、处于最高级形态的是信息/金融流，其次是空运、海运和陆路运输。王晓阳博士也认为现在的时代已经远不同于哥特曼（1961年，Jean Gottman提出美国东北部大城市带megalopolis的概念）的时代，交通与信息流动更加快捷，空间正在被重新认识，要关注城市间联系背后的企业/个体因素，强调关系的邻近。

根据学者对企业数据的初步研究，深圳与全国的联系是强于广州的，广州与国际的联系又强于深圳（例如领事馆等）。同时，应该跳出区域来看区域，城市与其他城市（群）的关系，会反过来影响城市群内部城市间的关系：北京与深圳的关系，北京与香港的关系，影响着粤港澳大湾区未来的走向。

7.3.2 网络化的粤港澳大湾区

"伦敦2050基础设施规划"提出在东伦敦建设四跑道的新机场枢纽。新机场将带动伦敦更均衡地发展，新机场配套建设带来的道路和轨道交通改善将可以带动区域发展，对于泰晤士河口地区的再开发起到促进作用。这个规划虽然因为政治等原因不一定能实现，但仍给我们以启示。

世界级城市群规划建设必须从国家大战略的角度出发谋划，正如雄安新区，其实承载了国家战略安全、区域发展可持续性等重要考量。珠三角新干线机场的选址也是如此。粤港澳大湾区西部塌陷，江门经济发展水平较低，肇庆新区开发建设乏力，珠海机场经济带动力不足，这些问题困扰了珠江西岸的发展。作为对策，珠江西岸提出了建设省域副中心的政策建议，建设反磁力中心。如果将广湛、江肇等高铁线路引入新干线机场，打造空铁一体的枢纽，航空与高铁相结合，可以在更广阔的国土空间上配置资源。

建立区域的协调管理机制，加强高铁建设，机场港口的互联互通、分工合作在大湾区合作中多次被提到。随着未来高铁和城际轨道与机场的结合，在粤港澳大湾区将形成与高等级交通网络密切联系的快速交通网。

香港机场将更好地服务整个大湾区。珠三角的旅客可以乘坐广深港高铁抵达西九龙，再换乘机场快线抵达香港国际机场，港珠澳大桥的开通也可以使香港机场在区域中发挥更大的作用。

穗莞深城际全线建成后，将区域两大机场——白云机场和宝安机场联系起来，带动广深科技创新走廊的发展，未来机场竞争少不了，但也会有更多合作。对于各机场来说，如何进行分工合作，可以参考美国东海岸城市群的经验，纽约都会区三大机场各有分工：肯尼迪机场更注重于洲际的航线，纽瓦克机场国内航线多、国际国内中转方便，拉瓜迪亚机场的商务旅客占比很高。

纽约都会区三大机场通航机场数量与平均日频（2016年）　　　　　　　　　　　　　　　　　　　　　　　表 7-3

类别	肯尼迪机场			纽瓦克机场			拉瓜迪亚机场		
指标	通航机场（个）	日均航班量（架次）	平均日频（架）	通航机场（个）	日均航班量（架次）	平均日频（架）	通航机场（个）	日均航班量（架次）	平均日频（架）
国内	67	337	5.04	126	422	3.35	78	470	6.03
国际	133	256	1.93	93	127	1.37	5	41	8.23
合计	200	594	2.97	219	549	2.51	83	511	6.16

香港、广州以及深圳机场依托其良好的经济条件和航线资源，应该更好地服务整个大湾区，在建设世界级机场群的过程中，差异化的发展必不可少。而在其他条件接近的前提下，机场服务也应考虑"就近原则"，通过GIS对大湾区以及广东省规划的几大机场的规划公路可达性进行分析，可以判断各机场公路衔接的主要服务区域。

粤港澳大湾区南北向发展动力强劲，穗莞深城际接近完工，广州地铁18号线已启动建设，而大湾区东西向的发展轴线，或者说广东省东西向的联络十分不足。从大区域角度，广州、深圳双核发挥东西向辐射功能，广湛高铁、深茂铁路、广河高铁、广汕高铁、沿海客专等高铁联系作用不可或缺。目前广州与长沙、武汉的高铁联系比去省内汕头、湛江等区域中心城市更加便捷。通过高铁网络的建设，可以串联区域内的几大机场，例如新干线机场、广州第二机场、粤西新国际机场等，将机场的辐射作用扩大至更远的地区，打造复合型的综合交通枢纽，提高流空间的效率。

7.3.3　流空间：都会性要素

如前所述，"中心地+中心流"可以描述城市群的不同发展路径。这个复合理论，既考虑到了城市中心-腹地的经济规律，又考虑到了城市网络化、联系多向化的发展趋势。

根据斯科特（Allen Scott）对美国大都市区域的研究，区域性的要素（对应于中心地理论）主要是：零售，教育/医疗/社会服务，制造业。

而都会性的要素（对应于中心流理论）则依次是：专业/科研/管理，信息技术和通信，金融/保险/地产FIRE（Financial/Insurance/Real Estate），批发，交通物流与仓储。

对城市群内部的各个核心，要想提升其在区域内部的地位，那么都会性要素的发展极其关键。

中心地理论以"地"为中心，强调的是城市间的竞争和等级次序；中心流理论以"流"为重点，强调的是城市间的合作。这是两种不同的视角，它们的区别是：是先有场所再有联系流，还是联系流决定了场所。

美国的城市行政面积较小，相对于美国都市区的概念，广州、深圳都可以说是一个都市区，由若干个"城市"所组成。中心流理论说明了，粤港澳大湾区之间更应注重城市或者不同城市的功能区块之间的分工合作，促进区域内信息流、金融流、人流、物流等的快速便捷流动。

【作者：陈斌，原中规院深圳分院交通规划设计研究所，研究员　发表时间：2018年3月21日】

第 8 章
战略地区发展

8.1 自贸区,到底为城市带来了什么?

8.1.1 自贸区 VS 保税区

自贸区是继经济特区、经济开发区、保税(港)区之后,国家为适应深化改革开放需要而设立的特殊政策区。对城市空间而言,目前的自贸区与保税区有很大的不同,首先,并没有明确的物理围网空间范围,而是作为融入城市的一部分存在;其次,从功能特征来看,保税区更偏重于为生产服务,而自贸区则更注重为消费人群服务;另外,相比保税区,自贸区的政策开放程度更高,享有贸易自由、货物进出自由、货物存储自由、货币流通自由、人员进出自由等方面的特殊优势。

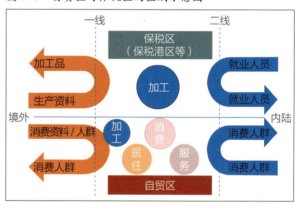

图 8-1 自贸区与保税区的区别示意图

自贸区与保税区的具体区别   表 8-1

区别	自由贸易区	保税区
海关监督	境内关外,一线放开,二线管住,自由度高	境内关外,海关监管的特殊区域,一线、二线同时管住,自由度低
管理体制	政府直接管理,区内管理机构代表国家行使管理权力	地方政府管理,保税区管委会代表地方政府管理行政事务
贸易管理	企业拥有外贸经营权	企业需经外经贸主管部门审批
功能	功能较多,对周边地区有辐射作用	仅仅是一个终端,功能单一
商品零售	部分自贸区的货物可零售(如香港)	进口货物不能零售
货物存储	货物存储不受时间限制	最长不超过 2 年,逾期由海关拍卖

自贸区占据双向开放市场的高端，政策赋予的核心功能使其具备成为区域/城市的组织管理与控制者的条件，例如前海蛇口自贸区未来可以发布前海指数，引领区域大宗商品贸易、期货、航运等市场风向。我们的研究将自贸区的功能组织分为三个层级，包括核心功能（自贸区试验成功的主要功能）、附属功能（与自贸区核心功能密切相关的功能）、外围功能（非核心功能的外围疏解）。自贸区内强化集聚金融贸易等高等级功能，并以新型平台组织附属和外围的生产服务要素空间。

图8-2 前海蛇口自贸区功能构成示意图

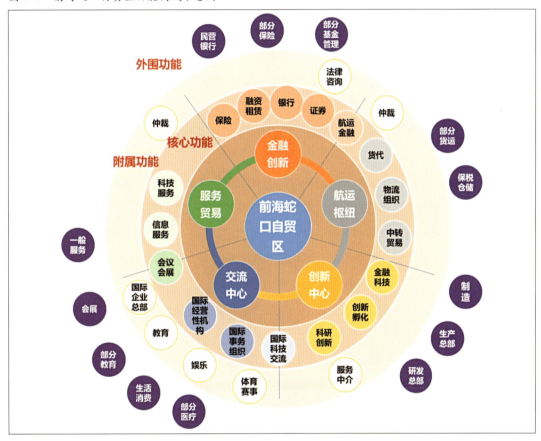

8.1.2 自贸区对城市生产、生活方式的影响

全国各个自贸区除国家使命不同外，其改革创新的根本出发点都是调节政府与市场之间的关系，通过建立"负面清单"，使经济要素市场开发程度更大更广，从而获得比较竞争优势，实现区域推广，拉动所在城市和地区的产业与空间转型，促进科技创新能力的崛起，适应人口结构的改变，营造更为丰富的城市活力。

在新的网络化时代下，营商环境发生了重大的变革，自贸区拥有国际化的法律和投资环境，特别是自贸区带来新的跨境电商模式后，更多的高科技设备和技术可以更加便捷地进入国内，这也将带来国际科技合作方式的新变化。

从未来实体经济和虚拟经济联动发展的格局来看，自贸区的政策深化将衍生出更多的要素平台，而衡量要素和交易平台是否运作成功，重在看这个交易平台对要素价格的影响力。广东自贸区获批以来，要素交易平台建设成为前海蛇口、南沙、横琴三个自贸区片区发展的重点。

随着自贸区通关、金融、税收等政策创新的细化，自贸区内国际化的就业岗位聚集的特征将更加明显，需要在公共服务和生活休闲领域实现与港澳和国际标准的统一，而这些也成为自贸区内房价暴涨的重要原因之一。

图 8-3　自贸区对城市生产、生活方式影响示意图

8.1.3　自贸区带动城市空间体系的转型升级

自贸区金融服务创新和网络金融支持导致城市中心体系呈现离心化趋势和簇群化特征。随着自贸区内政策支持的国际化金融服务的不断发展，其所在城市的商务办公布局将呈现一定程度的离心化趋势，在核心区（自贸区）周边（5~6公里）形成中心簇群，以高等级金融与贸易功能为主，专业服务及其他总部在外围布点。目前深圳也开始呈现出这一趋势，自贸区促使福田—罗福中心和前海中心逐渐出现差异化分工，前海中心侧重服务国际，福田中心侧重服务内地，而前海中心的功能内涵也在不断丰富，形成由前海、后海、蛇口、宝安中心等共同构成的中心簇群。

跨境电商政策推进城市高品质商业中心的网络化布点。随着跨境电商、平行进口等营销模式的兴起，高品质消费需求呈现爆发性的增长，仅仅依靠自贸区已不足以满足商业消费的增长需求。以深圳为例，依托前海"跨境易"以及全球商品保税展示交易中心等项目，南山、罗湖、福田等区的电商企业可对接前海跨境电商服务平台，借助前海在跨境商业交易、展示和线下体验方面的功能，在自贸区内设置服务平台，其总部和运营机构则设置在自贸区外其他地区。

城市科技创新体系呈现出自贸区内、外差异化的空间组织方式。自贸区在科技金融、科技信息服务等方面所具备的国际化创新环境，决定了自贸区内部主要发展创新孵化功能，更加重视创意与融资活力；而自贸区外围则发展研发设计与生产功能，重视产业创新空间，例如，南山区的部分公司将总部设置在大沙河创新走廊内，同时在前海设置研发、设计等环节业务的公司分部，实现便捷融资和与不同产业链环节的优化布局。

自贸区建设提升城市国际化水平，并带动城市公共事务领域的改革。自贸区是国际化城市建设的示范地区，目前，前海蛇口自贸区依托法律服务业集聚基地，不断推进深港服务业专业资格互认试点，吸引了大量香港等地律师、医疗和教育机构入驻前海。同时，依托自贸区政策，通过在国际人才引进、劳工制度、工资待遇、社会保障等方面的改革，可以推行具有国际通则的社会公共事务系统，形成引领未来的"社会特区"。

8.1.4 结语

近期，国家新批复的陕西、重庆等7个自贸实验区，对于自贸区如何带动城市的转型发展也将上升至普遍性问题，如何防止自贸区不是简单成为原来保税（港）区的空间范围叠加，摆脱把自贸区当成新的"开发区"以获得国家优惠政策和投资的片面思维，就需要清楚地意识到自贸区不是"政策洼地"，而是制度创新的"试验田"，其最大的意义不在于自贸区本身，而在于对城市和更大区域转型升级的辐射带动作用。

【作者：魏正波，中规院深圳分院青岛分部，副主任　发表时间：2016年12月28日】

8.2 超越 CBD：前海人性化中心区营造的思考

8.2.1 缘起

近年来，随着经济全球化和国际资本的流动，以吸引跨国公司和国际金融机构入驻、塑造现代化国际大都市形象为核心的CBD深刻地改变着上海、北京、深圳等国际化大都市的城市面貌，但是，对经济的逐利性和对人性化需求的忽视也导致了其在空间品质和使用方面的诸多问题而深受诟病。

前海作为深圳未来的中心区，在规划建设之初也面临着诸多争论，如一种观点认为，前海作为现代服务业集聚区，以产业为主，应尽可能地利用有限的空间发展现代服务业，为此，前海的生活及服务设施配套需寻求区外解决，以最大限度地腾挪空间发展产业。

从规划师的角度来看，以上观点毫无疑问是有问题的，甚至有些滑稽可笑。但是，在GDP导向的背景下，面对着承载着深圳希望、2020年目标GDP要达到1500亿的前海来说，以上观点却又是可以理解的。前海综合规划也为此事反复进行修改。

鉴于福田中心区的经验和教训，前海规划建设部门也意识到，各类设施配套对于以现代服务业为主导的中心区（CBD）而言不仅必要，而且可能起到举足轻重的作用。为此，在编制综合规划的同时，前海管理局委托中国城市规划设计研究院深圳分院开展业态需求专题调查工作，旨在通过国外案例的分析和市场需求调查为前海的开发和物质环境建设提供参考。

8.2.2 反思：国内主要 CBD 规划建设的经验与启示

以国内较为著名的陆家嘴和福田中心区为例，与欣欣向荣的经济气候相比，陆家嘴、福田中心区在城市空间品质和使用方面出现诸多问题而深受诟病。在陆家嘴，高端豪华的城市空间挤占了日常生活所需的空间[1]，公共空间和公共活动有效供给不足、商业设施对外缺乏吸引力、步行环境不友善以及空间尺度过大等等[2-3]。福田中心区则于1985年开始规划，1996年开始建设，号称完全按照规划设计蓝图建设和实施，目前建设已初具规模，但仍然以单一商务功能为主，城市空间综合功能和多样性仍显不足，相关配套不够完善[4]。

当前CBD存在的问题，一个重要原因在于传统CBD规划往往自上而下地进行，缺乏公众、市场主体广泛参与，偏离了市场预期，甚至存在着过分规划的嫌疑，结果往往使得CBD出现"效率有余、活力不足"的特征，与现代服务业人群对于人性化空间组织愈发强烈的需求相背离。

为此，我们提出，城市CBD的规划设计要从关注功能形态的经验模式转向关注人的行为特征与产业的空间需求。本次业态需求调查，正是基于对国内主要金融区及相关企业、从业人群的实地调研和访谈，探讨人性化导向的中心区规划建设和管理，试图通过工作方法的创新，寻求"自上而下"的政府宏愿与"自下而上"的市场需求相结合。

8.2.3 回归：人的需求和行为特征

从国际案例中，我们发现，即使是纽约、伦敦这样的大都市，城市中心区并不都用作产业发展，商务办公面积只是其中很小一部分，大部分都是围绕金融等产业的功能配套。根据经验，国外中心区的商务金融等核心产业一般以高层建筑群的形式高度集聚于很小的区域，形成金融城（约0.5~1km^2），而在金融城周边则配套金融从业人员工作、生活、居住所必需的设施，并在较小的范围内实现各类功能的有效组织，形成一个充满活力的区域。

也就是说，即使是以现代服务业为主导的生产区域，为企业和从业人员提供支撑的各类设施配套也至关重要。

香港中环和西九龙的案例进一步证实了这一点。有调查发现，作为香港新兴的中心区之一，西九龙拥有超一流的商务品质和服务配套，但其对现代服务业的吸引力却始终不如中环，这与服务配套模式和从业人员的出行习惯密切相关。调查发现，金融商务从业人员的出行习惯和消费半径大约为15分钟，即需在15分钟半径范围内实现工作、生活、休闲娱乐等需求的有效组织，而西九龙在这一方面却无法很好地解决和适应从业人员的行为特征，成为西九龙对外吸引力不如中环的重要原因。

8.2.4 国际经验：人性化中心区营造的三个维度

基于人性化行为特征的城市中心区主要从行为方式、行为尺度和行为交往三个方面进行调整和优化。

8.2.4.1 促进多种城市行为方式的交混

强调中心区功能的混合，融入居住、教育、保健等多元功能，从而实现多种城市生活方式和行为方式在中心区有效交混，是吸引更多活动、提升人气的重要保障[5-6]。国际上也提出了中央活动区（CAZ）的概念和理念，试图重塑中心区的魅力和吸引力。与CBD相比，CAZ倡导多种土地使用的共存，包括办公、零售、酒店、居住、会展等，使区域更加充满活力，同时，居住也是CAZ的重要内容之一。

8.2.4.2 建立适宜人步行的城市尺度

国际经验一般认为，城市中心区的尺度和人的出行范围具有"15分钟法则"和"1km^{2}市中心面积公式"两个特征。

一是"15分钟法则"。也即上文所说的，商务从业人员的出行习惯和消费半径大约为15分钟，即需在15分钟范围内实现工作、生活、休闲娱乐等需求的有效组织。

二是"1km²市中心面积公式"。与"15分钟法则"相对应的是,丹麦的建筑师扬·盖尔发现,大多数城市市中心面积都在1km²左右,也就是只需走不超过1km的距离,就能够达到大多数的城市设施;像伦敦、纽约这样的大城市,也有类似的模式,因为这些城市可划分为多个"市中心"及其他区域,所以即使在这些城市里,也能找到上述的"1km²市中心面积公式",可接受的步行距离并不会因城市大而变化。

基于上述原则,中心区规划建设需要在地块划分、公共设施配套等方面充分考虑人的出行习惯和出行半径,尽可能在可接受的步行距离内实现工作、生活、休闲娱乐等需求的有效组织。

8.2.4.3 推动人性化交往的行为需求

要在信息化过程中保持CBD的吸引力,关键在于为人提供人性化交往的条件。要有以良好的人车关系为基础的立体化交通体系,如空中连廊和地下步行系统。同时,推进人性化交往的行为需求,还需要强调广场、街道、公园等城市公共空间,建立相互关联的城市公共空间体系,并整合多元化城市功能,与中心区商务活动紧密结合,相互促进,激发活力[5]。

8.2.5 探索:人性化导向的前海中心区规划建设与管理

8.2.5.1 开发模式:"大社区"培育与单元平衡

人性化中心区的营造,需要重构城市空间组织体系,构建一个更加适合于人出行特征的"微单元"。借鉴《深圳市城市总体规划(2010~2020)》总体城市设计专题对于人性化领域圈的界定[7],考虑到15分钟及1km的"可接受步行距离"特征,我们提出可以这一"可接受的步行距离"为基础构建"大社区",形成一个与其他社区相互独立且内部相对平衡的完整单元。

以前海为例,前海"大社区"可分成以生活为主导和以产业为主导两类,其中,生活单元以半径1km(15分钟出行)为范围整合相关配套设施,以步行、自行车系统连接核心公共设施、开放空间和公交站点,塑造生活领域圈。

依托创新金融、信息科技、专业服务、现代物流等四大主导产业分别构建产业单元,形成四座商务主题城,包括创新金融城、信息智能城、国际智慧城、现代物流城,根据不同产业的特征和需求,在每个产业单元内,重点配置适合于该类产业发展的生产环境和配套设施,形成相对独立且富于特色的专业化设施配置和空间形态。

8.2.5.2 实施机制:探索综合性开发的市场化实施机制

中小型公共空间对于提高城市的人性化和宜居性具有重要作用,但由于公共空间的公益性和非排他性,市场往往会把公共空间排除在建设主体之外。在我国,公共空间私有化仍处于自发探索阶段，城市公共空间的市场化实施机制尚未建立。为此，须转变计划经济思路，引导私人资本进行公共空间的投资生产，实现公共空间开发和管理的社会化、市场化。

此外，以控规为依托的开发控制管理方式，对用地类型以及建筑密度、建筑退界等都作了较严格的限制要求，但过于刚性和缺乏弹性的管控机制往往无法表达综合性开发的目标，不利于多元市场主体的进入。为加强开发的灵活性，达到业态理想的组合效果，建议经营性用地在土地出让和开发管理阶段应明确用大类进行表达。此外，中心区协议用地不应出现，应尽可能发挥市场对于大类用地的多种使用方式选择，即交由市场确定业态类型，通过多元化市场主体的引入，实现中心区土地利用从单一功能到多元化混合使用的目标。

8.2.5.3 管理体系：建立以"负面清单"为核心的管制体系

在推行相对灵活、综合性的市场化实施机制中，为保证开发的品质，防止市场失灵，需要在自由的基础上加强管制，重点对中心区各类功能的"不准入业态"门槛进行"细线条化"规定，明确哪些功能和业态类型不能要。

如对于商务办公功能，应适度限制以单一地块为主的独立开发模式，倡导成片综合性开发；对于零售商业功能，应避免发展摊位制批发、农贸市场以及仓储式会员店、大型家居店等占地规模较大的业态类型；对于酒店会展功能，应限制大规模且独立占地的会议会展中心，尽可能地选择在酒店、办公综合体中寻找会议会展空间；对于居住配套，则应限制大户型住宅和其他低密度、单一化的居住形式。

【作者：邱凯付，中规院深圳分院规划研究中心，主任研究员　发表时间：2016年1月27日】

参考文献

[1] 刘晓星，陈易. 对陆家嘴中心区城市空间演变趋势的若干思考. 城市规划学刊，2012（3）：102-110.

[2] 黄大赛. 上海 CBD：变种还是纯种？. 新经济，2003（3）：35-38.

[3] 孙施文. 城市中心与城市公共空间——上海浦东陆家嘴地区建设的规划评论. 城市规划，2006（8）：66-74.

[4] 陈一新. 探讨深圳 CBD 规划建设的经验教训. 现代城市研究，2011（3）：89-96.

[5] 王一，卢济威. 基于行为特征的 CBD 形态——杭州运河江河交汇处城市设计. 城市规划学刊，2008（2）：39-44.

[6] 张庭伟，于洋. 经济全球化时代下城市公共空间的开发与管理. 城市规划学刊，2010（5）：1-14.

[7] 张若冰. 城市空间组织秩序的人性化反思、转型与重构. 南京：2011 中国城市规划年会，2011.

8.3 立于国家责任,成于转型创新
——广州南沙新区总体规划回顾与展望

8.3.1 背景与回顾

8.3.1.1 国家新区批复

2012年9月,国务院正式批复《广州南沙新区发展规划》,南沙新区成为第六个国家新区,总面积约803平方公里。它地处珠三角地理中心,是国家为了进一步推进改革开放、加快现代化建设步伐、提升东部沿海地区科学发展水平而设立的重要国家新区,承担着探索新型城市化道路、强化珠三角发展转型、深化粤港澳全面合作的重大使命。

8.3.1.2 新区发展历程

2000年以来,南沙新区的发展大体可概括为三个阶段:

1. 谨慎工业化阶段

2006年以前,执行工业化推进城市化的战略,强调以重大工业项目推进产业和土地开发,比较依赖大型项目,投资和建设周期长,出现了土地和基础设施的阶段性闲置,土地开发进程较慢。

2. 战略调整阶段

2006~2008年,政府重大项目引进的冲动愈发强烈,但受经济环境变化和国家战略影响,中科炼化项目并未成功落地,引发南沙在发展定位和发展路径上的激烈争论,发展取向不断调整。

图 8-4 南沙新区发展路径示意图

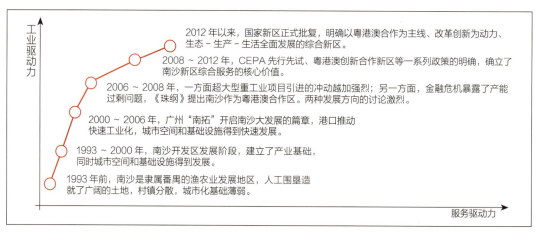

3. 新时期发展阶段

2008年以后，新区发展思路逐步明朗，尤其是国家新区的提出，明确了南沙作为国家战略，以深化与港澳全面合作为主线，以生态、宜居、可持续为导向，建设粤港澳优质生活圈、新型城市化典范、现代化产业新高地、具有世界先进水平的综合服务枢纽和社会管理服务创新试验区的定位。

中规院自2000年编制《广州战略规划》起即关注南沙这一区域战略性节点，先后进行了《广州南沙区发展规划（修编）》《南沙新区发展总体规划》《南沙新区发展策略和概念规划》等总体层面的研究，国家新区规划是对前期规划思路的总结、提升和创新。

8.3.2 立意与思考

国家新区是国家改革开放过程中遇到发展困难和瓶颈，需要攻坚克难，在特定的区域内探索解决重大问题的区域，是国家发展中的重要"穴位"。

2012年以前国家新区基本情况一览表　　　　　　　　　　　　　　　　　　　　　　　　表8-2

名称	浦东新区	滨海新区	两江新区	舟山新区	兰州新区
时间（年）	1993	2009	2010	2011	2012
面积（平方千米）	121	2270	1200	陆域1440	806
功能定位	改革开放先行先试区、自主创新示范区引领区、现代服务业核心集聚区	北方对外开放的门户、现代制造业和研发转化基地、北方国际航运中心和国际物流中心	城乡综合配套改革试验先行区、先进制造业和现代服务业基地、长江上游地区的金融中心和创新中心	海洋经济发展的先导区、海洋综合开发试验区、长江三角洲地区经济发展的重要增长极	西北地区重要的经济增长极、国家重要的产业基地、向西开放的重要战略平台、承接产业转移示范区

总结我国国家新区发展的历程和经验，本次规划将南沙新区的国家责任落脚在三个主要的方面：

8.3.2.1 国家城市群发展层面：探索国家对内和对外的新突破

对内，国家需要实施以五大核心城镇群为带动的国土开发和城市化，南沙新区应在珠三角区域率先探索经济、社会发展的进阶模式，带动区域转型，优化战略性资源要素的布局，与区域城市共同建设具有国际竞争优势的城市群；对外，国家需要更深层次地参与国际事务、树立良好的国际形象，南沙新区应积极发展战略性产业平台，成为珠三角城市群参与国际事务的重要触角，特别是在海洋贸易和海洋开发权益上体现自身价值。

8.3.2.2 粤港澳合作层面：探索协调融合的共同家园

CEPA协议实施以来，中国内地与香港贸易总额增长迅速，赢利效应所掩盖的矛盾差异跟随2008年金融危机显现，两地的文化差异愈加显现。南沙新区应立足粤港澳深化合作的主题，在基本的经济、产业合作以外，特别强调软环境建设，突出社会治理创新、制度对接转化与文化共通融合，重点消除粤港澳三地融合中的柔性壁垒，强化文化共建与融合，以实验性平台的发展促进粤港澳共同家园的建设。

8.3.2.3 新型城市化探索层面：城市价值的回归

反思珠三角过往三十年来城市化成果和教训，重新探讨现阶段城市对于珠三角的价值和意义。人们对高品质生态、生活的追求，甚至源自心底的乡愁应成为珠三角城市转型的本质动力。珠三角城市正在由以往的产业基地向生活家园回归，这一城市价值回归的趋势正是南沙新区探索新型城市化的关键点。南沙新区以水为脉、以田为底、以城为基、以人为本，探索山、水、城、田和谐共荣的"岭南钻石水乡"新型城市化模式。

8.3.3 困境与设想

8.3.3.1 问题的提出

总体规划已完成3年多时间，新区建设和发展确实取得了显著成效，尤其在城市综合服务和环境治理上的改变特别明显，基本实现了工业开发区向综合性城市的转型。但同时也存在大部分新区起步期面临的普遍问题，即政府对土地资金的依赖与土地资源有效调控的矛盾。在国家推进深化改革的背景下，我们尝试探讨新区土地经营模式创新的可能性。

8.3.3.2 问题的认识

规划界对地方政府大规模推进新区建设和依赖土地财政的批评从未间断，其中部分批评甚为尖锐，对于这个问题，我认为至少应该从以下两个角度综合看待。

一方面，土地自身的资产属性与生俱来，那么其作为现代金融工具支持政府投融资、促进资金流动具有其合理性，尤其是在经济运行如此艰难的时刻，政府并没以更有效的方式缓解经济下行的压力，"宽松"成为全球政府应对危机的基础性措施，在某种意义上这与央行扩大流动性的各项措施并无本质差别。

另一方面，土地是生态、农业、建设、乡土文化和其他经济活动的空间载体，是宝贵的不可再生资源，它的开发建设和使用权出让应以最谨慎的方式保证可持续发展。显然，现阶段大部分新区政府的土地经营更多地倾向于投融资方向而弱化了对不可再生资源使用应有的谨慎。

8.3.3.3 创新的设想

对政府土地经营的大部分批评声音主要集中在不可再生资源使用的角度。未来土地管理创新就是要改变现阶段土地融资"一锤子买卖"的现状,在充分发挥土地投融资功能的同时,更有效地保护、可持续利用土地,这对于新区来说更为重要。

土地供给侧改革是调整现阶段无效(低效)土地供给、释放土地活力、保护土地资源的有效手段,而制度创新则是其改革的核心。土地管理制度创新首先应坚持公共资源合理配给这一基本原则,以土地可持续发展为目标,平衡政府投资与市场反馈、解决土地泡沫与过度投放等一系列公共资产运营中的矛盾,从用地功能许可、土地出让方式、土地出让年限、开发模式、建筑模式等多渠道寻求突破,并建立政府投资增值绩效考核、土地价格指数监控等一系列配套机制,寻求新区土地投融资与可持续发展的创新途径。

【作者:律严,中规院深圳分院规划设计二所,主任工程师 发表时间:2016年3月9日】

8.4 澳门—横琴的磨合与未来

澳门和珠海横琴之间的十字门水道,古称"濠江",珠海因澳设市,而横琴是因澳设区,濠江将两地紧密地联系在一起。历史上澳门与珠海、横琴的关联度虽然也在不断加强,但相互之间的磨合一直存在着某些隐形的门槛。

8.4.1 海关史与水界争端:澳门与珠海、横琴的历史渊源

历史上珠江口外海面上有近十个洋澳,为什么葡萄牙人选择了澳门作为贸易地点?根据葡萄牙历史学家徐萨斯的研究[1],澳门的便利之处在于:

第一,离广州较近,可节约货运费用;第二,澳门周边已是人烟稠密之地,物资供应充足;第三,澳门有充足的泉水和井水;第四,澳门半岛与大陆一径相连,除水路,还有陆路;第五,澳门岛外的水深、水文利于帆船航行。

然而,当澳门海关税收源源不断增长的时候,清政府广东衙门的税收却在逐年下降,于是两广总督下令在香洲(今珠海香洲渔港)设立海关,与澳门逐利。而后面关于水域边界的争端[2],更是一直持续了很长时间,澳门在近代以来开始填海造地,目前陆地面积已经达到29.9平方公里,是1912年面积的2.6倍。中华人民共和国成立后,根据中葡两国的协商,澳门周边的水域都归珠海所辖,而澳门在向外填海发展的过程中,一直在与珠海协商水域边界的问题。2015年12月21日,国务院总理李克强签署第665号国务院令,公布澳门特别行政区行政区域图,将澳门特别行政区海域面积明确为85平方公里,从而彻底解决了这一困扰多年的历史争端。

8.4.2 两地从各行其道到协同发展

澳门的社会具有更浓厚的家族、社团化特征,传统的几大家族控制着澳门主要的博彩业和周边产业,市民则根据行业、祖籍等不同形成了众多的社团,因此澳门被称作"社团社会"。2010年底,澳门社团总数已经超过5000个,差不多涵盖了社会各个领域。

而一江之隔的珠海横琴,也是改革开放的四大特区之一,在制度上保留有传统的管理体制,制度的差异带来了两地的差异。以规划编制和管理为例,澳门在2009年有了第一部规划法,并且开始建立城市规划条例和制度,虽然也借鉴了内地规划编制和管理的做法,但在公众参与上却与内地差异很大,澳门新城区总规经历了多个阶段的公众咨询,公众咨询时间长、方式多元,例如第三阶

段征集意见就通过公众咨询会、专场咨询会、电邮、网络、书面、意见表和媒体等多种方式，而横琴过往的规划编制是遵循住房和城乡建设部颁布的城市规划编制办法，公众参与程序是通过网站公示1个月的形式完成。

两地规划也有一些文化上的不协调。典型案例是关于珠海十字门中央商务区的超高层建筑对澳门历史城区压迫感的讨论，澳门市民更是对此表达了长久的不满。而站在横琴的角度，澳门氹仔岛西侧是其主要景观界面，而澳门由于历史的原因，此处是葡萄牙人墓地所在（面向西方葡萄牙祖国），对横琴也产生了一定的消极影响。

但是，总的来看，近年来澳门和横琴之间不断加强合作，推动了两地的协同发展。新一版的《横琴新区城市总体规划》更是列出专篇阐述横琴与澳门在空间布局、景观协调、基础设施等方面进行了充分衔接。粤澳中医药产业园开发模式的创新、横琴口岸广珠城际与澳门轻轨无缝换乘方案的反复磋商等等，都体现了双方深度合作的态度。2014年12月18日零时起，珠海横琴口岸与澳门莲花口岸实施24小时通关，更是为两地全天候的交往提供了保障，加之正在向国家申报的澳门车辆自由进出横琴的通关制度创新，澳门—横琴的磨合逐步迈入良性发展的轨道。

8.4.3　目标的一致性：共建世界旅游休闲度假中心和葡语系国家经贸平台

8.4.3.1　大湾区的世界旅游休闲度假中心

在粤港澳大湾区走向世界级城市群的过程中，澳门和珠海横琴所起到的作用看似有限，但又是那么的独特而不可或缺。粤港澳大湾区与世界上一些城市密集湾区最大的区别，就在于它的生态休闲和宜居品质：澳门和珠海横琴集中了最具未来竞争力和魅力的旅游资源，除了澳门的博彩业，世界最大的国际海洋旅游度假区——长隆外，仍在不断扩大规模和研发更多的、富有新意的旅游产品，投资300亿的香港丽星影视文化基地即将建成，还有国际顶级的WTA网球赛事、哈佛医学院等国际顶级健康养生中心。这些项目建成后，珠海横琴助力澳门共建世界旅游休闲中心不再是幻想。

8.4.3.2　葡语系国家经贸平台

澳门是一个自由港、独立关税区，它背靠西江流域广阔的经济腹地，面向的国际经济贸易对象主要是欧盟与葡语系国家。澳门本身经济规模较小，但它背后的腹地经济前景广阔。因此，在国家战略中，澳门—珠海横琴是联系欧盟和葡语系国家以及中国内地（特别是珠三角地区）的区域性商贸服务平台。

横琴被批复为自贸区后，随着金融改革和服务贸易创新的不断深入，澳门建设葡语系国家经贸平台又找到了横琴这个"小伙伴"，粤港澳大湾区广阔的腹地和珠江西岸的珠中江一体化，为澳门未来商务、经贸、会展的发展提供了无限想象和发挥的空间。

8.4.3.3 珠江西岸地区的区域合作龙头

澳门—横琴带动粤港澳大湾区发展的另外一个重要使命是推动珠江西岸地区的区域合作，澳门特首崔世安在施政纲领中提出：未来澳门在区域合作方面，将拓展广东横琴、南沙和中山翠亨等合作平台，争取最终实现所有口岸的24小时通关。

根据澳门、横琴相关规划，以及《澳门与珠江口西岸地区合作与协调规划》，按照出行半径和时间，澳门与珠三角地区的区域合作可划分为15分钟、30分钟、1小时和2小时等不同层级的需求圈层，每个圈层中澳门对区域的合作需求都呈现不同的特征：15分钟需求圈：范围包括横琴、拱北、湾仔、跨境工业园等，侧重于居住、公共服务、商贸服务、商务金融、旅游休闲度假、产业发展等方面；30分钟需求圈：范围包括珠海市域其他部分，侧重于生态设施对接、基础设施共享、生活休闲、产业发展等方面；1小时需求圈：范围包括珠三角核心湾区的广州南沙新区、中山翠亨新区，侧重于产业拓展、文化旅游等方面；2小时需求圈：范围包括江门、肇庆、茂名、湛江等粤西地区，侧重于中医药生产基地、物流等方面。

8.4.4 澳门—横琴一体化的未来：独具魅力的环澳国际都会区

如果说粤港澳大湾区是由一系列大都市、中等城市、小城镇组成的银河星系，那么澳门—横琴则是其中稍显另类却又独具魅力的那个双子星座。

澳门规划和横琴规划中都提出了建设环澳国际都会区的设想，与深港都会区、广佛都会区不同，这个独特的都会区不是以人口规模和经济总量取胜，而是在城市宜居品质和消费环境上成为粤港澳大湾区的标杆。除了澳门众多外观越来越酷炫和体验感越来越超前的赌场娱乐设施，还将出现大量类似长隆的国际顶级主题度假区、适应未来各类人群需求的免税购物天堂、人工智能时代的大健康养生休闲目的地等新型消费业态，而澳门—横琴相对封闭的海岛地理特征和分线管理制度为实现这一梦想提供了可能。我们畅想着在濠江两岸，形成连续的滨海旅游休闲长廊，串联起澳门的历史城区、星光大道、港珠澳大桥人工岛、澳门大学以及横琴的十字门中央商务区、横琴口岸商务区、南部填海区、红树林湿地公园等。

另外，随着通关制度的不断创新，我们在空间上预留了陆地、隧道、码头等多种类型的口岸，将澳门和横琴两地紧紧地联系在一起。

在更长远的未来，以澳门—横琴的旅游度假为引领，带动粤港澳大湾区珠江口外海面上的众多海岛旅游开发，通过粤港澳游艇自由行、邮轮目的地游线组织等方式，实现粤港澳"一程多站"的区域整体旅游发展格局。

8.4.5 小结:跨越无形的门槛,缔造美好的未来

回顾历史,我们可以发现,澳门—横琴两地合作虽然存在障碍,但这些门槛并非是不可跨越的。放眼未来,两地极强的互补优势,又为它们在粤港澳大湾区的创新发展格局中提供了无限想象的空间。规划师在促成两地深度合作中的作用也许是有限的,但我们至少为之畅想过、努力过,可以欣喜地看到,两地政府机构、市民团体价值观的磨合正在逐渐加强,越来越多的澳门人不只是在横琴买房,也开始住在横琴、工作在澳门或者住在澳门、工作在横琴。澳门—横琴一体化时代即将到来!

【作者:魏正波,中规院深圳分院青岛分部,副主任 发表时间:2017年5月17日】

参考文献

[1] 徐萨斯. 历史上的澳门. 澳门基金会出版社,2000.

[2] 徐素琴. 晚清中葡澳门水界争端探微. 岳麓书社,2013.

Part C 第三部分 湾区论坛

2017年9月16日,中规院粤港澳研究中心举办了第一届"大湾区论坛"。2018年9月15日,中规院粤港澳研究中心再次举办了第二届"大湾区论坛"。通过主旨演讲和不同主题的圆桌论坛,不仅沟通了城市间的信息,增加了彼此的了解,更通过专家精彩纷呈的发言,为粤港澳大湾区协同发展提供了非常有价值的建议!

通过每年一度的湾区论坛,希望大家能够从沟通开始,从规划着手,推动粤港澳大湾区的协作不断深化。

第 9 章
第一届大湾区规划论坛收录（2017 年）

9.1 "一带一路"倡议下的国家区域空间格局之变

9.1.1 构建多中心、网络化、开放式的国家城镇空间框架

"一带一路"发展构想和倡议的提出，将为国家空间格局和粤港澳大湾区带来重大的影响和机遇。

深化落实国家三大战略，在"两横三纵"空间格局的基础上，以多向开放的城市带和发展走廊为空间骨架，以重要节点城市为战略引领，以城市群为主体形态，引导城市群地区的协同发展，促进群外地区的特色发展，构建"多中心、网络化、开放式"的国家城镇空间布局。

9.1.1.1 开放式：多向开放、内外联通的总体格局

1. 国际

充分贯彻"一带一路"和长江经济带的开发、开放发展理念，加强与国际经济合作走廊的联系，以国内发展廊道支撑城镇发展，以重要节点城市强化战略引领作用，共同打造内外联通、多向开放的城镇空间新格局。

2. 国内

国内以"两横三纵"和多个城市群为骨架，衔接国外六大经济走廊、三大航线和多国多港的开放格局。

9.1.1.2 网络化：连接东中西、贯通南北方的发展走廊

以国家战略为引领，以发展走廊构建城镇空间格局的总体框架，构建区域的互联互通网络和生态安全格局，推进公共服务水平区域均衡，基本形成区域一体化格局。

推动发展走廊的双通道建设，形成沿海（海陆）、丝绸之路（陆桥+青兰）、长江经济带（沪汉蓉+沪昆）、京哈京广（京广+京九）、西部南北（兰成昆+西渝贵）的网络化格局。

9.1.1.3 多中心：以城市群为主体形态，以中心城市为战略引领

形成世界级城市群和国家级城市群的城市群体系，作为支撑我国城镇化空间的主要载体。以京津冀协同发展为示范，推动城市群地区的一体化建设，促进区域经济结构更加合理，同时构建以世界级、枢纽型、边境型、支点型城市群和城市为主体的多中心体系，不断强化中心城市的引领作用，带动辐射周边城市发展。

9.1.2 "一带一路"视角下粤港澳大湾区的新定位

粤港澳地区经过改革开放近四十年的合作发展，已经是国家开放程度最高、经济活力最强的区域之一，是国内市场和东南亚新兴市场的枢纽。从经济规模、外向程度、产业形态、城市竞争力和区域合作水平等方面看，粤港澳大湾区已具备建成世界一流湾区和世界级城市群的基础条件，在"一带一路"塑造的多向开放、经贸文化更高层面、更深层面的交流格局中将发挥重要的战略支撑作用。

9.1.2.1 链接内陆与海外市场的全球经济枢纽

粤港澳地区应把握"一带一路"机遇，充分发挥各自资源、文化、产业优势，主动对接新兴市场，以深化开放带动内部转型提升，通过链接内陆市场与海外新兴市场起到生产组织和服务中枢的作用。

珠三角：推动生产组织模式的转变，从简单的产品输出，转向以输出技术、信息、服务和标准为主，提升全球生产组织和市场管理能力。

香港：进一步发挥国际金融、贸易和航运中心以及全球离岸人民币业务枢纽地位，扮演超级联系人角色。

澳门：围绕"世界旅游休闲中心"和"中国—葡语系国家商贸合作服务平台"定位，在促进经贸文化交流、与葡语系国家商贸合作中发挥服务支点作用。

9.1.2.2 代表国家参与全球治理和竞争的世界级城市群

"一带一路"推动国家由全球化的"世界工厂"向全球化的创新、服务和标准输出者转变，这将面临更广泛、更高层级、更为激烈的全球化治理竞争与挑战。一方面，粤港澳大湾区应强化国际影响力，主动参与全球贸易规则制定和资源定价，提升全球话语权；另一方面，强化国际服务、科技创新、文化交往、门户枢纽等核心功能，提升全球竞争力。特别是粤港澳大湾区应发挥市场成熟度、产业链合作分工、自主科技创新以及港澳的营商环境优势，促进科技、产业、金融的深度融合与协同创新，建设全球科技创新中心，引领国家创新发展。

图 9-1 "一带一路"背景下粤港澳大湾区功能结构示意图

9.1.2.3 全国改革开放的先锋与发展经验输出的示范区

珠三角发展模式及粤港澳区域合作机制对"一带一路"沿线国家具有重要借鉴意义，尤其在倡导包容性全球化价值导向下突显了更为重要的意义。

首先，珠三角长期积累的引进来经验以及相关的土地、市场等制度创新，无疑为广大发展中国家提供重要参考价值；其次，粤港澳地区本身就是"一国两制"下互利合作共赢的地区，二区九市分属不同关税区，拥有不同法律制度和行政体系，粤港澳地区长期积累的合作机制创新、制度创新甚至发展经验教训等，将为跨地区的互利共赢合作提供良好的范本。

9.1.2.4 促进东西方文化合作交流的窗口和国际交往中心

粤港澳地区是历史上丝绸之路的起点，与"一带一路"沿线国家保持稳定和持续的经贸文化交往，在科技、社会、文化等方面交流紧密。粤港澳与东盟地区文化一脉相承，拥有独特的历史渊源、地理区位、多元文化、开放前沿等条件，使得其在"一带一路"沿线国家尤其是东南亚地区文化合作交流中扮演着窗口和交往中心的地位。

粤港澳要发挥香港、澳门和广州、深圳等核心城市国际化优势，充分利用侨乡、英语、葡语三大文化纽带，推进东西方文明交流互鉴，加强与沿线国家和地区的人文交流，建立全方位的交流平台，推进全方位深化的文化交流合作，推广互利共赢、平等合作、共同发展的价值理念，形成命运共同体。

9.1.3 响应"一带一路",粤港澳大湾区需要统筹国内国际两个扇面

响应国家"一带一路"倡议,粤港澳大湾区需要统筹国内国际两个扇面,建构多极支撑的网络化城镇体系,形成兼顾双向开放、统筹海陆发展、全面互联互通的开放型空间格局。围绕自贸区建设,结合深圳大空港地区和广州白云空港等战略性平台建设,强化湾区国际化职能,形成世界级的活力湾区。

要建设互通互联、全面开放的基础设施网络联系,加强与沿线国家港口合作,与东南亚国家合作兴建经济合作区、港口、自贸区和工业区,构建"国内、海外港口+国内、海外生产基地"的网络生产组织模式。

要提升机场群整体运能,建设面向东南亚、南亚的航空客货运转中心,进一步拓展西欧、大洋洲及北美洲等地区航线,形成"X"形对外航线布局。

要加强与东盟的陆路联系,形成粤港澳至东南亚、中东、欧洲的新陆路通道;强化辐射国内腹地的战略通道,构建双向开放的空间格局。

【作者:李迅,中国城市规划设计研究院,副院长】
文章整理者:邱凯付,中规院深圳分院规划研究中心,主任研究员

9.2 从"珠三角城镇体系"到"大湾区集合城市"

当透过珠江入海口的云层向下凝望,一个聚合11座城市、有着近7000万人的世界级湾区徐徐展开在您的面前。

9.2.1 粤港澳关系演进:国家意志体现,经济规律使然

海丝起点:2000多年前,秦始皇修建灵渠,连通长江和珠江的支流,从此中央政府的影响力可以更好地深入到现在的广东与广西区域。至汉代丝绸之路开启,第一条海上丝绸之路的始发港在徐闻,随着唐代宰相张九龄开辟梅关古道,打通岭南与中原沟通的大动脉,海上丝绸之路的始发港逐渐从徐闻转到广州。

西岸先发:1553年,澳门开埠,澳门成为西方的文化经济输入到中国大陆的桥头堡,所以相当长时间内,珠三角的西岸、佛山一带的经济比东岸繁荣。

穗港双核:第一次鸦片战争之后,香港成为西方技术、商品输入中国大陆的桥头堡,同时也进一步强化了广州面向内陆中转港口的地位。近代,穗港双核,广州成为香港向内地的一个转运枢纽。粤港脱离,香港从港口城市一跃成为工业城市。香港凭借着"一国两制"的优势,无缝嫁接全球贸易体系,成为东方转口贸易基地和国际性商业都会。

多核崛起:21世纪,随着广东改革开放的发展,深圳、东莞、佛山等城市的崛起,粤港澳大湾区经济格局发生变化,已经不是香港的一枝独秀,而是形成湾区内部多核崛起的局面。

在这样的背景下,先发城市各自寻求自己的主力位置。

全球城市香港:随着内地对外开放,香港海外市场的桥头堡作用弱化,但仍是中国内地企业对外拓展的重要平台。

枢纽中心广州:广州与全球城市联系紧密,是全球贸易体系中的重要枢纽中心。

创新中心深圳:通信设备转型升级,互联网服务迅速壮大;创客群体崛起,成为产品创新转化中心。

在政府和市场的作用下,粤港澳大湾区中各城市不断优化调整功能定位和空间关系,共享"湾区"的品牌,为低等级的地区带来发展机会。

从空间上、城镇群的角度上,怎么去更前瞻地研究它未来的发展呢?——首先要理解珠三角规划工作领域三十年来的主要探索和思路演变的脉络。

9.2.2 珠三角五次代表性规划：从结构化的珠三角城镇体系走向弹性互动的大湾区集合

9.2.2.1 第一次规划（20世纪80~90年代）：《珠三角城镇体系规划》

1989年，为适应经济转变和中小城镇迅速崛起，广东省建委编制《珠三角城镇体系规划》。当时是计划经济的时代，城镇体系规划讲三大结构，职能结构、规模结构和等级结构，更强调的是国家意志主导下构建理想的城镇体系。重点主要放在：城镇培育及体系建构与经济发展的适应性、资源的开发利用、区域性重大基础设施的安排。

作为广东省的规划，第一次不仅仅局限在辖区城市里面，而是把眼光放到区域，从区域上考虑未来的发展。

9.2.2.2 第二次规划（1994年）：《珠江三角洲经济区城市群规划》

1994年，珠三角的经济发展已经有了一定的规模，于是提出了珠江三角洲经济区的概念，并开展《珠江三角洲经济区规划》，同时要编制五个专项规划，其中珠三角经济区城市群规划就是其中的专项规划之一。本次规划的重要思路包括：强调区域可持续发展空间结构的建构和建设形态、建设标准的引导；首次提出建立都会区、市镇密集区、开敞区和生态敏感区四种用地发展模式；通过点轴空间的建构、都市区的协调发展，推进城乡一体化的实现。

9.2.2.3 第三次规划（2004~2005年）：《珠三角城镇群协调发展规划》

2004年，随着改革开放的深入，广东的经济领先优势已经不那么明显，广东要再发展、再上台阶，必须要继续在珠三角这里做文章，于是有了全国第一个部省合作的区域规划。在本次规划中，湾区概念首次登台亮相：规划提出珠三角发展的脊梁，强调产业、交通、生态与空间发展的协同；通过轴带体系的建构和中心体系培育，推进区域与城乡统筹；通过空间政策区划和管治引导，实现区域发展机会的公平；通过实施机制建设和行动计划，加强规划的实施性。

9.2.2.4 第四次规划（2008年以来）：《珠江三角洲地区改革发展规划纲要》《环珠江口宜居湾区建设重点行动计划》

广东省发展至此时，经济特区以及珠三角先行开放政策优势减小，来自外部及全球竞争加大，探索科学发展、改革发展、创新发展成为必然要求。

一个地区的发展，没有政策的支持是不可行的。国家发改委编制了《珠江三角洲地区改革发展规划纲要》，侧重从产业政策、用地政策、财税政策、资金政策等方面支持广东发展：构建新型产业体系，促进产业升级，以面对国内及全球竞争；通过城乡一体化解决区域发展失衡问题，创造城乡公平发展机会；通过设施的网络覆盖和快慢体系建设，提升区域发展效率；通过深化与港澳合作，共建宜居区域。

2008年,《珠江三角洲地区改革发展规划纲要》颁布实施。根据"支持共同规划实施环珠江口地区的'湾区'重点行动计划"的工作要求,粤港澳三地政府达成合作开展《环珠江口宜居湾区建设重点行动计划》的共识,并将此列为粤港、粤澳合作框架协议的一项区域重点合作规划项目,这是三地规划合作从过去"策略性规划研究"向"可操作性行动计划"转变的重大实践。

9.2.2.5 第五次规划(2014年以来):《珠江三角洲全域空间规划(2015~2020年)》

时至今日,珠三角已经到存量经济的时代。怎么样在存量中找增量,怎么通过存量的更新实现空间的重塑和提升?珠江三角洲全域空间规划是全领域、全地域的规划,是空间和政策的共同叠加,所以规划中更强调的是复合、协同和制度上的创新:本次规划强调以城市群"全域协同"为主旨,以"转型升级"为主线,以空间"重塑提升"为主题,从城市和区域发展的客观规律出发;统筹优化空间、规模、产业三大结构以及生产、生活、生态三大布局,面向规划、建设、管理三大环节,衔接国家和广东省"十三五"国民经济社会发展规划,制定助推"珠三角九年大跨越"的行动纲领。

9.2.3 与先行者的差距:发展韧性与内涵不及美欧日,影响力稍逊京津冀和长三角

9.2.3.1 与世界级湾区的差距

珠三角在人口聚集、建成区规模、基础设施建设等硬环境方面与美国波士顿—华盛顿、英国中南部(伦敦)、日本太平洋沿岸(东京)等公认世界级湾区的差距不大。

但在国际影响力、服务功能、创新能力、环境品质、区域发展"韧性"等软环境上还存在较大差距。

珠三角与世界级湾区接近程度及主要差距总结表　　　　　　　　　　　　　　　　表9-1

	珠三角与世界级湾区接近程度	主要差距描述
规模能级	★★★	人口规模和密度已达到世界级湾区的要求,经济规模与世界级湾区的差距较小,GDP超过旧金山湾区
服务功能	★★	粤港澳大湾区服务业增加值占GDP比重超过60%,但与三大世界级湾区85%的水平有较大差距,特别是服务业层次上差距更为明显
国际影响力	★	粤港澳大湾区仅有16家世界500强企业总部,与拥有28家世界500强企业总部的旧金山湾区、拥有60家世界500强企业总部的东京湾区差距显著
基础设施	★★★★	粤港澳大湾区机场、港口吞吐量以及高速公路网密度居世界前列,城际轨道交通发展方面与世界级湾区有一定差距
创新能力	★★	东京湾区、旧金山湾区、纽约湾区三大世界级湾区分别拥有2所、3所和2所世界大学排名100强的高校,而粤港澳大湾区拥有的4所世界大学排名100强的高校位于香港,珠三角高校尚未进入世界前100强

续表

	珠三角与世界级湾区接近程度	主要差距描述
分工体系	★★★	城市间形成了分工有序、功能互补的差异化发展格局，但大中小城市以及村镇地区的分工相对较差
人居环境品质	★★	珠三角以村镇工业化为带动的城镇化，在空间表现为各类用地犬牙交错、功能混杂、魅力和品质相对不高
生态环境品质	★★	三大湾区 $PM_{2.5}$ 浓度为 $12~16μg/m^3$，而粤港澳湾区则是这些地区的 3~4 倍
城市群"韧性"	★★	珠三角城镇化过程中，生态系统呈现破碎化状态

9.2.3.2 与京津冀、长三角的比较

珠三角的优势体现在企业创新能力强、城镇化水平高、城镇体系相对完善等方面，但在高校等基础创新能力、企业总部等国际影响方面与长三角、京津冀有较大差距。

珠三角与长三角、京津冀地区类比表　　　　　　　　　　　　　　　　　　　　　　　　表 9-2

类别	指标	珠三角	长三角	京津冀
规模能级	人口规模（万人）	5874.3	14081	8936
	经济规模（GDP，万亿）	5.77	12.88	6.65
服务功能	第三产业增加值占 GDP 比重（%）	54.63	51.2	54.3
	近 5 年服务业增加值年均增长率（%）	11.6	10.3	9.3
创新能力	985/211 高校数量（所）	2/4	10/27	8/22
	工业企业 R&D 活动人员数（万人）	52.10	67.14	27.78
	专利申请量（万件）	17.14	37.54	9.10
	高技术制造业增加值占规模以上工业比重（%）	31.8	28.3	26.7
国际影响力	国际组织总部（含使领馆）和地区代表处数量	73	74	195
	"世界媒体 500 强"数量（家）	3（含港澳 18）	12	11
	2013 年全球银行 500 强总部（个）	3（含港澳 7）	2	5
	2014 年世界 500 强企业总部（个）	6（含港澳 10）	10	52
	举办国际会议次数（次）	18（含港澳 141）	793	109
	举办国际性体育赛事次数（次）	13	16	9
	重要性功能组织	广交会、深交所	上海合作组织、上交所	—

续表

类别	指标	珠三角	长三角	京津冀
城镇化特征	城镇化率（%）	84.59	71.84	58.93
	城市群结构特征（人口首位度）	双核扁平化（1.22）	单核扁平化（2.27）	双核极化（1.44）
	500万人以上规模城市	广州、深圳、佛山、东莞	上海、苏州、杭州、南京、温州、宁波	北京、天津、石家庄
	50万人口以上规模城市密度（个/平方公里）	1.36	2.34	0.6
	建成区密度（平方公里/千平方公里）	25.4	32.1	16.9
	城镇人口密度（人/平方公里）	390	485	273

9.2.4 珠三角的空间应对：全球大脑链接全社会网络，集合城市激活边缘空间

在粤港澳大湾区视角下，珠三角的空间规划上有什么样的应对思考？仍要从全域规划的角度来分析。

9.2.4.1 统筹国家海丝战略和珠三角功能地位提升的关系

建立海上丝绸之路的战略枢纽，建立链接全球的大脑中枢，建立更紧密的社会联系网，将金融、法律、会计、咨询、评估等专业领域引入珠三角，构建珠三角的"大脑"。

9.2.4.2 对内加强珠三角跟泛珠地区、北部湾的合作，拓展合作的空间

广东沿海经济发展带来欣喜变化，北部是生态的屏障，沿海地区不仅仅局限在珠三角，它会形成一种沿海岸展开的发展趋势。

同时，把握基底环境与区域开发策略，通过对区域基础资源的分析识别潜力地区，寻找最具开发潜力的战略性地区，重点关注中山—江门连绵地带、广州南站—佛山西站地区、深圳北站—前海新区等。

9.2.4.3 创新发展与空间优化的关系，创新驱动是粤港澳大湾区的核心战略

粤港澳大湾区最有创新力的地方，现在有环广佛和环港深地区，比较密集。同时还有一个廊道，就是广深科技廊道。构建创新空间体系，建设广深科技创新走廊成为重要创新轴带，目前正在积极探讨中。

在一些边缘的区域，如目前比较混杂的地区，应考虑怎样重新组合以优化空间。全域规划团队提出"集合城市"的概念，形成"集合城市"来实现共赢发展，以"集合城市"建立工业化城镇地区新秩序。

9.2.4.4 生态空间和生活空间上的统筹

珠三角约63%的面积被纳入基本生态控制线的区域，未来各个城市都要遵守，同时还要构建公园体系，如国家公园、区域公园、社区公园等等，其中区域公园是我们全域规划里面提出要特别关注的，因为这是跨界、带状的，在这样的带状公园上可以串联很多城市，既是生态廊道，又是休闲通道。

9.2.4.5 粤港澳合作在机制上的考量

应从加强统筹协调、创新合作机制、建立资金保障机制、共建优质生活圈等方面进行合作机制的考量。在粤港澳大湾区规划中可成立领导小组、建立联席机制、建立发展基金等等，这还只是一个初步的思考。广东、香港、澳门有各自的优势，在绿网行动、区域公交网行动等方面需要粤港澳合作，再如通关便利、跨界环保也应合作，各自的文化街区、特色空间、宜居社区等事务可在共同认同的基础上各自推动。

【作者：李永洁，广东省住房和城乡建设厅，总规划师】
文章整理者：胡思鹏，中规院深圳分院规划设计一所，研究员

9.3 粤港澳大湾区的社会论述、区域协作和城市行动

9.3.1 社会论述

9.3.1.1 香港社会对粤港澳大湾区的反应

2017年政府工作报告中提到:"要推动内地与港澳深化合作,研究制定粤港澳大湾区城市群发展规划,发挥港澳独特优势,提升在国家经济发展和对外开放中的地位与功能""我们对香港、澳门保持长期繁荣稳定始终充满信心"。

随后,国家发改委会同粤港澳三地政府于2017年7月1日在国家主席习近平的见证下于香港签订《深化粤港澳合作,推进大湾区建设框架协议》,协议内容包括了下列五项合作原则和七方面的合作重点领域。

合作原则:

(1)开放引领、创新驱动。

(2)优势互补、合作共赢。

(3)市场主导、政府推动。

(4)先行先试、重点突破。

(5)生态优先、绿色发展。

合作重点领域:

(1)推进基础设施互联互通。

(2)进一步提升市场一体化水平。

(3)打造国际科技创新中心。

(4)构建协同发展现代产业体系。

(5)共建宜居宜业宜游的优质生活圈。

(6)培育国际合作新优势。

(7)支持重大合作平台建设。

对于"粤港澳大湾区"这一热词,粤港澳三地政府、有关部门和社会高层快速回应,积极为大湾区战略描绘蓝图;香港基层也比较广泛意识到香港与内地的合作是共赢局面,发挥香港作为内地与世界各地交往的平台作用,也为香港发展增添动力,共同开拓商机。

涉及"一国两制"的合作,规划编制的工作仍需要"广泛听取粤港澳三地政府、有关部门和社会各界意见,倾听来自各个层面的声音,统筹照顾方方面面的利益"。香港与湾区各大城市一样,将被赋予新担当,迎来新机遇。

现在香港社会整体对"粤港澳大湾区规划"的回应比较平静，这是好的一面，但同时，湾区规划和政策制定者在规划中一定要多了解不同社会环境下的思维方式和社会论述方式。

9.3.1.2 粤港澳如何共同论述大湾区？

粤港澳大湾区规划是包括港澳在内的大珠三角城市协调发展的升级版，应该顺势而为，探索"异中求同"的意义。

粤港澳大湾区应该是一项主动策略，它也应该是粤港澳城市的共识。通过大湾区内各个城市的共同进步，来促进大湾区更进一步的整体发展。

粤港澳大湾区建设，关键词是区域协作，本质是协同发展，区域内城市需要互相信任、分工合作、各尽所长，形成合力，共同发展。

粤港澳大湾区在一国之内，但毕竟有"两制"的区别，香港、澳门与内地的边界管理仍客观存在。为避免形成粤港澳大湾区规划是政府强加于民间的印象，建议论述粤港澳大湾区各项议题时可使用以下关键词（而避免使用另一些）：

"营造"：耐心、顺势地"经营"与"创造"，而非以行政力量去"打造"。

"区域协作"：强调"协调"与"合作"。

"城市融通"：着力于"融和"与"畅通"，方便各项要素的流动，避免随意使用"融合、同城化、一体化"等易引起误解而内涵定义不清又易被随意解说的词汇。

9.3.2 区域协作

粤港澳大湾区是国家整体发展策略的重要一环。在《深化粤港澳合作，推进大湾区建设框架协议》中，也明确列举了五项合作原则和七个合作重点领域，其中产学研合作、宜居环境建设是本文中区域协调的两大重要方面。

9.3.2.1 粤港澳"产学研"合作

2018年亚洲大学前十名排名中，中国的大学占了五名，其中香港的大学占了三名（香港大学、香港科技大学、香港中文大学）。负责排名的总编辑Phil Baty认为：香港是亚洲高等教育的耀目之星。其在教学、学术研究、论文被引用次数、国际化评分指标中表现强劲，但产业收入表现较为逊色，未有香港院校在此产业收入指标中占据前50名。

此外，在英国《泰晤士高等教育》首次公布的2017年亚太地区大学排名、建科院中国城市竞争力报告中，香港具备强大的竞争力，但是创新竞争力是其软肋。

香港高校密集，基础研究能力较强，在人才、科研、资本、法治等软硬条件上均具备世界级水平，但科技应用、科技产业发展薄弱，没有形成充满活力的创新科技生态园。科技创新的短板已经导致香港综合竞争力下滑。

英国《泰晤士高等教育》公布的 2018 年亚洲大学排名 [1] 表 9-3

排名	大学名称	综合得分	国家/地区
22	新加坡国立大学	82.8	新加坡
27	北京大学	79.2	中国内地
30	清华大学	79	中国内地
40	香港大学	75.1	中国香港
44	香港科技大学	72.7	中国香港
46	东京大学	72.2	日本
52	新加坡南洋理工大学	70.5	新加坡
58	香港中文大学	68.5	中国香港
74	京都大学	64.9	日本
74	首尔国立大学	64.9	韩国

在创新发展已成为全球趋势的当下，紧邻香港的深圳具备了成为全球科技创新中心的潜质：深圳以企业为主体、市场为导向的产学研紧密结合的科技创新体系，已初步形成国际科技、产业创新中心架构，但深圳没有高质量的研究型大学，缺乏世界级的基础性、前沿性研究平台，产业发展和转型急需的生命科学、人工智能、信息技术等重大科技设施较少。

在未来粤港澳合作的蓝图里，高等院校和科研院所可以给周边的城市提供技术研发支持。国际科技、产业创新中心架构等也离不开高等科研院校的反哺。产学研的紧密合作、优势互补、合作共赢正是粤港澳大湾区香港与深圳科技创新领域布局的新机遇。

9.3.2.2 粤港澳宜居湾区

香港最新的策略规划《香港2030+》中，规划宜居的高密度城市是实现宜居"亚洲国际都会"重要策略方针之一，与大湾区建设框架协议中"生态优先、绿色发展"的合作原则、"共建宜居宜业宜游的优质生活圈"的合作重点领域不谋而合。

在社科院公布的2016年宜居竞争力前十名中，粤港澳大湾区中的港、穗、澳、深共占了四名，而以香港位居第一名。可是在经济学人智库2017年全球宜居城市排名中，香港却只排在第45名（比2016年的排名下跌2位），也未能进入亚洲前三名，空气污染、社会矛盾是其软肋。由此可见，粤港澳大湾区城市与世界宜居城市仍有很大差距。

中国宜居城市 2016 年度排行[2]   表 9-4

城市	排名
香港	1
无锡	2
广州	3
澳门	4
厦门	5
杭州	6
深圳	7
南通	8
南京	9
上海	10

2017 全球十大最宜居城市[3]   表 9-5

国家	城市	排名	总评分
澳大利亚	墨尔本	1	97.5
奥地利	维也纳	2	97.4
加拿大	温哥华	3	97.3
加拿大	多伦多	4	97.2
加拿大	卡尔加里	5	96.6
澳大利亚	阿德莱德	5	96.6
澳大利亚	珀斯	7	95.9
新西兰	奥克兰	8	95.7
新西兰	赫尔辛基	9	95.6
德国	汉堡	10	95

未来粤港澳大湾区的发展应该是建立在宜居的高密度城市建设之上，其宜居的重要性应该被提升。我多次在港澳和内地规划同行的交流研讨中提出"规划宜居的高密度城市，是我们城市规划师没有句号的责任"。粤港澳大湾区在区域协作方面必须全面携手，改善各个城市的宜居水平，这必须成为整个区域协作方面重中之重的努力目标。

9.3.3 城市融通

9.3.3.1 《香港 2030+》与深圳的主要连接走廊

区别于以往从需求回应入手，《香港2030+》是由愿景主导规划。《香港2030+》从就业空间分布、环境刚性保护等方面着手，思考就业与房屋发展并进共赢、环境保护与容量、发展与宜居的关系，其空间发展模式主要落实到三个方向，即一个都会商业核心圈、两个策略增长区、三条逐渐形成的发展轴心和运输配套网络。

在空间模式方面，三个发展轴心都和大湾区的整体发展格局有非常紧密的关系。

第一条是西部经济走廊，把握住通往北大屿山国际及区域双门廊优势，利用全新交通基建的发展，把一些新发展区、新市镇地区和两个门廊连起来，并需要关注洪水桥地区与前海自贸区的交通联系。

第二条是东部知识与科技走廊，串联多所大专院校、科研机构、科学园、落马洲河套地区等科研与产业发展的基地，加速发展知识与科技方面的配套。

在全球权威的城市评级机构发布的世界城市名册GaWC中，香港金融中心指数仅次于纽约与伦敦。在未来粤港澳大湾区的角色中，香港具备枢纽角色，以促进粤港澳大湾区发展成为世界级城市群的作用。西部经济走廊与东部知识和科技走廊可将香港金融中心的辐射力带动到周边城市中共同发展。

第三条是与深圳密切相关的北部经济带，涵盖6个现有和1个兴建中的过境通道，以及建议的新界北新市镇，包括现正陆续落实规划发展的4个新发展区，这些土地将通过可持续规划及发展过程，改造超过600公顷棕地，用作新市镇发展。其未来发展仓储、科研、现代物流及其他新兴行业，为新界北部创造新的就业据点，达致更均衡的全港职住布局。

因边境禁区取消而释放出来的土地，涉及港深交接的环境及生态敏感地区，应作为港深两个高密度发展城市之间的环境缓冲区，关注保育自然生态及人文生态高价值地区，并采取积极措施创造、提升及再生环境容量。

除现有的口岸设施，未来将强化莲塘/香园围口岸建设，满足新界东部往北连接的交通需求和香港东部高新科技产业走廊与珠三角东岸科技产业带的融合发展需求。

9.3.3.2 香港融通大湾区的三个主要方向

我认为未来城市融通具备以下三个方向趋势：

方向一：西部经济走廊沿港珠澳大桥伸延，加强北大屿山双门廊及较长远的东大屿都会CBD3的辐射引力，连同深中通道等策略性跨珠江交通基建，促进珠江西岸的经济及民生发展，达致更均衡的区域发展格局。

方向二：东部知识及科技走廊经落马洲河套地区及莲塘/香园围口岸向北伸延，连接深圳及珠江东岸至广州的蓬勃高新产业带，促进大湾区的"产学研"优势互补，共同提升。

方向三：构建洪水桥新发展区与前海自贸区更便捷高效的交通连系，并以铁路连接莲塘/香园围港方口岸，为北部经济带注入更活跃的发展动力，形成大湾区新的产业及就业平台，促进港深融通，均衡香港职住空间分布。

9.3.4 结语

粤港澳大湾区规划给予湾区众多城市发展新机遇。全面深化区域协作，促进城市之间的合作，整体提升大湾区的宜居质素、环境质素和产业质素，令要素流通更加畅通，形成粤港澳大湾区的整体优势。

【作者：凌嘉勤，香港理工大学赛马会社会创新设计院总监、香港规划师学会原会长】
文章整理者：周一程，中规院深圳分院设计中心，研究员

参考文献

[1] Times Higher Education, World University Ranking 2017.

[2] 中国社会科学院财经战略研究院，中国社会科学院城市与竞争力研究中心. 中国城市竞争力 2016 年度排行榜. 中国社会科学出版社，2016.

[3] 经济学人（英）. 2017 年全球宜居城市排行报告. 2017.

9.4 澳门城市规划的探讨与分享

无论是逾百年东西文化融合的殖民时期还是近几十年现代化跨越式发展的"一国两制"时期，澳门一直呈现特色化的发展路径，以其产业经济特色及资源优势不断加深与内地的合作，成为中国人均GDP最高的城市，创造了"小而强"的微型经济体（2016年澳门人均GDP达69372美元，是我国最发达富裕的地区之一）。

独特优势：世界文化遗产；知名旅游目的地；葡语系国家交流及经贸合作基础。

区域机遇：粤港澳大湾区城市群协同发展。

空间瓶颈：澳门是世界人口密度最高的地区之一，人口持续增长严重考验着弹丸之地的城市空间，暴露出本土土地资源不足、岛内基础设施滞后、绿地和滨海开放空间匮乏等问题，面临着城市可持续发展等多方面挑战，需要人居和生态环境的整体改善。

9.4.1 澳门规划的关键结构

澳门近来的发展思路和建设重点可以通过四个重要规划及其建议进行总结，包括：《2015新城区总体规划第三阶段公众咨询》《澳门特别行政区五年发展规划（2016～2020年）》《澳门旅游业发展总体规划》和澳门《粤港澳大湾区城市群发展规划》的建议。

9.4.1.1 澳门规划实践的关键词：连通与可达（connectivity & accessibility）

无论是区域协作还是城市内部发展，澳门的规划始终需要围绕连通（connectivity）和可达（accessibility）去探索，这不仅是要强化交通的联系与可达，更是要把澳门的发展放到粤港澳大湾区互联互通的网络中去探讨人流、物流和信息流的关系。

澳门本土资源局限性，其"小"的困境突破需要依赖湾区的"大"格局，其"内"部问题解决和优势发挥需要通过"外"部协作，澳门的规划实践要不断强化区域合作。

9.4.1.2 澳门规划实践的三个层面

国家层面：融入国家战略——《澳门特别行政区五年发展规划（2016～2020年）》制定中长期发展目标，主动对接国家"十三五"和"一带一路"合作倡议等。

区域层面：加强湾区协作——澳门《粤港澳大湾区城市群发展规划》的建议等，积极融入湾区发展。

城市层面：空间资源挑战——《2015新城区总体规划第三阶段公众咨询》，致力解决岛城内部问题，打造可持续发展的宜居环境。

9.4.2 国家定位:"一中心"与"一平台"

根据2011年《中华人民共和国国民经济和社会发展第十二个五年规划》,中央政府支持澳门发展成为"世界旅游休闲中心"和"中国与葡语系国家商贸合作服务平台"。2016年公布的"十三五"规划也进一步明确了该定位。

围绕"一个中心"与"一个平台"的定位展开区域合作,发挥澳门在粤港澳大湾区中的作用及优势,澳门"五年发展规划"与"旅游业总体规划"是对如何建设"一中心"与"一平台"的规划应对。

世界旅游休闲中心:澳门建成"一个中心"是未来澳门长期发展的愿景,成为名副其实的旅游休闲城市、宜居城市、安全城市、健康城市、智慧城市、文化城市、善治城市。

中国与葡语国家商贸合作服务平台:以语言文化为纽带推动经贸合作,支持在澳门成立中国——葡语国家金融服务平台、企业家联合会、文化交流中心、双语人才培养基地、青年创新创业中心,可为内地与葡语国家之间提供语言、金融、法律等中介专业服务。

9.4.2.1 规划实践:澳门特别行政区五年发展规划

由澳门特别行政区政研室于2016年9月8日正式发表的《澳门特别行政区五年发展规划(2016~2020年)》为澳门首份未来发展总体规划,并主动与国家"十三五"规划接轨。确立了兼顾短、中长期发展需要的目标。

1. 核心目标

核心目标1:产业结构进一步优化。促进经济适度多元发展,争取非博彩业务收益占博彩企业总收益的比重增加至9%或以上,优先培育澳门的会展业、中医药业、文化创意产业和特色金融业,维护中小企业在城市发展中的空间。

核心目标2:居民生活素质提高。这是五年规划的重点,包括土地问题、基础设施建设问题、交通问题以及公共服务设施,统筹治理道路水浸是民生工程之一。

核心目标3:旅游休闲大业态逐步形成。发展综合性旅游项目成效显著,提升旅游市场、客源、产品等方面的多元化、精细化、国际化程度,文化旅游、休闲旅游、海洋旅游、养生旅游、小区旅游等创新旅游产品持续成长。

2. 对外连通

另外,如何与湾区城市建设产学研纽带,与珠海及周边城市高效紧密合作,提升大众教育素质非常重要。澳门落实国家"十三五"规划对接重点工作包括:参与和助力"一带一路"建设;促进跨境电商合作;推动澳门金融机构进入内地市场;积极参与泛珠合作;加强与内地、香港对突发公共卫生事件应对的合作;深化粤港澳知识产权合作;推动青年参与区域合作;加快优化口岸通关服务。

9.4.2.2　规划实践：《澳门旅游业发展总体规划》

为实现建设"世界旅游休闲中心",旅游局于2015年编制了《澳门旅游业发展总体规划》。旅游业是澳门的支柱性产业,旅游业产值占澳门GDP的80%以上,其中又以博彩业为主导,也存在标志性旅游产品有限、旅客留宿率低等问题,澳门旅游业发展应该充分借力粤港澳大湾区,加强多形式交通联系、合作开发旅游产品体系及拓展湾区和国际市场。

关键目标1：旅游业可持续发展。包括推动居民对旅游业发展的认同和参与；管理旅游业发展并提升接待能力；提升旅游行业的环保标准；区域的无缝连接。

关键目标2：发展多元化旅游产品。包括打造标志性旅游产品；营造滨水空间；拓展海上旅游产品。

关键目标3：开拓优质客源市场。包括发展澳门成为多日旅游目的地；持续开拓具潜力的商务、会展和其他目标客群；利用创新科技发展智能旅游；与邻近城市联合开拓具策略性旅游产品。

关键目标4：提高旅游质量。包括持续培训本地旅游从业人员；设立综合旅游质量机制；提升旅游业服务质量与国际标准接轨。

9.4.3　区域协作：粤港澳大湾区城市群发展

粤港澳大湾区上升为国家战略为澳门带来了更多的区域机会,澳门一直致力于对接湾区各城市发展合作,发挥固有优势和外联功能,承担更多湾区发展责任。

9.4.3.1　规划实践：澳门《粤港澳大湾区城市群发展规划》的建议

就参与粤港澳大湾区及《粤港澳大湾区城市群发展规划》而言,澳门特区初步计划围绕两大角色、三个定位、八项重点开展工作,并建立健全工作机制。

两大角色：在中央政府支持下,促进"一国两制"方针全面准确理解和贯彻落实；发挥澳门独特优势,打造服务"一带一路"建设的开放合作纽带。

三个定位：世界旅游休闲中心；中国与葡语国家商贸合作服务平台；"以中华文化为主流,多元文化共存"的交流合作基地。

八项重点：打造粤港澳大湾区开放合作纽带；多方合作推动经济适度多元发展；推动共建粤港澳优质生活圈,探讨粤港澳大湾区内澳门居民的同等待遇；推进人文交流,促进文化繁荣；推进双向合作,支持青年创新创业就业,拓展中小企业发展空间；加强基础设施建设互联互通；积极应用前沿技术培育创新生态系统,支持新经济、新技术、新业态在澳门的发展；强化粤港澳大湾区的宣传推介。

9.4.3.2 城市可持续发展：澳门宜居新城建设

致力解决空间瓶颈和基础设施匮乏等老城发展问题，澳门在超过300公顷的填海区规划新增16.2万人，提供约5.4万个住宅单位，探索新城A区、B区以及C区、D区、E区价值整体最优、特色发展的方案，拓展岛内容量，建设多元、宜居和永续发展的新城区。

以《新城区总体规划第三阶段咨询》为分析重点：在澳门新城区总体规划中，公共设施、公共空间、公共交通是提升居民生活素质的核心资源，在各分区中各有侧重。A区（公共房屋、民生配套、城市门户）：加大公屋单位的供应量，粤港澳大桥接入点；B区（政法区、滨海绿廊、旅游设施）：建立滨海开发空间体系，完善绿地系统规划；CDE区（低碳居住区、滨海绿廊、交通枢纽）：完善市政设施提高防灾避险能力和环境可持续发展。

9.4.4 结语

在粤港澳大湾区城市群发展规划对澳门"两大角色"和"三大定位"的基础上，澳门的具体操作和进一步思考重点应当关注：共建大湾区优质生活圈如何让澳门居民积极参与并享有更多的生活便利？怎样支持澳门年轻人创新创业和中小企业的发展？深圳前海青年人梦工厂，很多香港高校毕业生也参与其中，这方面澳门如何发挥更多的作用，激发年轻人创新创业？如何借力湾区科技发展，促进自贸区之间的互动与合作，推动新科技、新业态和创新产业在澳门的发展与应用？如何提高城市韧性，加强极端天气的基础设施应对能力？

——这些将成为澳门城市规划未来关注的主要方向。

【作者：陈振光，澳门城市规划学会，监事长】
文章整理者：肖瑞琴，中规院深圳分院规划设计四所，研究员

9.5 宜居湾区与绿色生态：宜居湾区背景下的规划治理思路探讨

在当前城市群及城市规划的整体背景下，宜居环境因其对于本底环境的基本诉求和城市发展的根本目的之双重属性，而受到城市研究及规划实践工作的重点关注。具体到国家宏观战略下的粤港澳大湾区，宜居湾区规划也已经积累了一定的工作基础，并在共同关心的议题上开始谋求共商机制和努力达成共识。

本章节将以2017年湾区论坛中的宜居湾区分论坛为素材，以规划治理的整体思路分析整理论坛嘉宾演讲及发言如下：

9.5.1 应从区域的视角探讨粤港澳大湾区的整体宜居环境问题

环境问题如大气质量水体污染等本就具有区域连通的特点，并在世界范围内均以区域格局的视角进行研究。而粤港澳大湾区由于跨行政边界的要素及发展阶段的差异，造成虽环境互通但环境关注、环境响应、环境治理及对策存在人为的制度差异，并给环境问题有效解决带来了一定的挑战。

但随着中国对生态文明建设的逐渐重视以及发展模式的转型，区域对环境共同体的关心已经在近几年得以突显，如香港的NGO组织对于东江水质的关注、广东江门的几个县自发建立"潭江保护联盟"等。由此可见，整个粤港澳大湾区区域的环境理解与共识已经成为当前的重要前提和方向。

因此，具体到粤港澳大湾区的宜居建设问题，亟须从区域的视角和整体的诉求中探讨出路。而这需要基于目前粤港澳大湾区"一国两制"地区合作的现实考虑，找到共同关心的环境要素及共同认可的路径模式，进而打破目前在地区合作中的制度壁垒并利用当前湾区的技术乃至经验优势。总体上，宜居湾区规划应关心粤港澳三地的居民，作为开放的、世界级的湾区也应具备吸引全球精英人才的宜居环境。

9.5.2 应从生活方式的路径理解和定义宜居环境的本质机理

如何形成对粤港澳大湾区宜居要素的共同理解应受到该地区的首要关注。而针对粤港澳大湾区目前的环境本底，可发现其在人口高度聚集的背景下需从社会学的角度探求污染本源。当前，相对于中国其他地区，粤港澳大湾区的空气质量已经处于相对较好的水平，但仍与国际著名湾区存在较大差距，而通过对空气污染的源头梳理，交通拥堵尾气排放成为重要的影响因素，而这一要素也与城市规划的思路有着密切的联系。在过去的几十年内,"新城规划"成为中国城市规划的重要特征,但新城的绝大部分仍为产业新城,并没有考虑产业发展的配套设施以及重要的居住保障。因此,在当前中国城市中普遍出现产业与居住的分离以及随之而来的社会及环境问题。

由此可见,居住形态和生活方式是关联在一起的,今天的问题就是居住形态和生活方式产生了矛盾。但宜居城市的最重要因素在于"以绿色的生活方式塑造宜居的城市形态",而不是将房地产豪宅当作宜居。应通过自由的、多样的、跨界的、自治的社区,而不是用规定的形式和形态的内容来理解和定义宜居湾区。且应该从生活方式的角度来思考居住情况,进而从居住情况再去探讨宜居的模式,且怎样的生活方式才应该被提倡将会影响到整个城市乃至区域的宜居质量。

以香港作为重要的研究对象,目前宜居的重要逻辑在于其能够提供吸引人才的有力支撑,真正能够使人才得以留下没有大批北迁的原因仍在于香港的生活态度、生活追求、城市认同感与满足感。而香港比较注重在居住层面的认同和参与融入,因此,香港更加重视"社区"这一居住环境中的直接单元。虽然自改革开放以来,香港人多有在内地置业的潮流和现象,但具体到稳定的生活却并没有多少香港人被内地吸引。由此可见,个人想法、福利保障、教育及退休问题的考量均会影响居住的最终选择。而在探讨生活方式的同时,需要注意的是内地城市一直以来以房地产开发作为土地财政的重要模式,因此普通居民也以投资和商业模式理解楼盘,而忽略了房地产自身最根本的居住功能。而个别地区由房地产开发商主导,地方政府获利,居民迎合和添柴的一整套流程曲解了应有的城市生活方式,这必须引导到正确的轨道上来。

因此,探讨宜居湾区的议题,不仅仅是需要单纯自然环境的问题,更需要的是从社会学及经济学的角度进一步梳理城市发展的脉络。

9.5.3 应从共同发展的愿景通过更加紧密的交流最终达成宜居湾区合作并形成具体策略

联合国的新城市议程提出"不让任何人、任何地方和任何生态掉队"。希望在城市发展过程中尽一切力量让人、生态都变得更好。由此可见,环境问题是一个客观事实,也是湾区潜在的社会共同意识。但具体到粤港澳大湾区中的不同城市,其均有自己的相对考量与分析。例如:香港更加重视社区的融入感,澳门更加关注未来气候变化下的城市土地空间和生态安全,而珠海则希望打破原有的刻板印象并能够将生态本底的优势转化为人才吸引的实际效益,且生态本底的目光已经投向香港以南的6000平方公里海域。而更多其他的内陆城市,诸如惠州更加重视对香港产业的承接、基础设施联通、经验分享等。而涉及粤港澳三地居民的现实生活,作为开放的、世界级的湾区也应具备吸引全球精英人才的宜居环境,基于共同的环境问题和宜居湾区的环境规划目标,组建环境共同体组织机构和治理机制是目前湾区已基本达成的合作共识。

对于共同的理念与发展目标,湾区的生态环境本底理应成为整个湾区的共识。生物多样性、基础设施建设以及人类城市居住空间之间的关系，这些问题均涉及本底问题。而经济与消费是人类发展的必然规律，因此应在必要的经济活动中探讨人与环境的关系问题。人类的经济活动可分为很多种，对于社区空间及社区基础设施的投资是必要的经济活动的一种，社区内的绿地空间乃至整个城市的绿地空间分配也是经济活动的一种，因为城市土地资源也是稀缺的经济要素资源。除此之外，经济活动也涉及防灾减灾工程与人力资本的投入，并需要从长远生态系统的视角对气候变化等背景下的所有活动进行细致的评估与探讨。

而对于宜居城市的理念，目前仍主要落脚于湿地公园、生态河流、生态道路等工程，从而全程贯彻生态理念。而对于人的关注却并没有完全有效的体现，而在此方面香港则可以带给我们优良的经验，包括城市拆迁旧改、城中村历史文化保护等城市规划的重要问题。珠三角城市应在最基本的公共服务上缩短和港澳地区的差距，实现接近国际水平的服务质量对提升整个湾区竞争力是很有帮助的。除此之外，公共空间、公共交通还有其他公共服务设施等等，均与城市的形态优化调整有关，这些维度组合起来才能形成城市有特色和品质的生活方式，这些与生态结合在一起，才能支撑起宜居城市的概念。且在认同和共同合作的角度上，需要持续的湾区间各个城市的交流与合作。而粤港澳大湾区就是支桌子、搭大台，促进理念的相互理解和经济的融合，从而实现湾区各城市间更紧密的交流。

本文根据2017年第一届湾区规划论坛"宜居湾区与绿色生态"分论坛整理而成。发言者包括：

袁奇峰　中山大学教授
周剑云　华南理工大学教授
陈汉云　香港理工大学教授
伍美琴　香港中文大学教授，未来城市研究所副所长
王锦堂　澳门城市规划学会秘书长
王朝晖　珠海市住房和城乡规划建设局局长
撒朝锋　惠州市住房和城乡规划建设局总规划师
曾宪谋　江门市规划局总工程师
朱文华　深圳市铁汉生态环境规划设计研究院院长
王泽坚　中国城市规划设计研究院深圳分院副院长

文章整理者：赵亮，中规院粤港澳研究中心，研究员；王旭，中规院深圳分院规划设计三所，研究员

9.6 粤港澳大湾区：开放创新与合作治理

本章节将以2017年湾区论坛中的"创新湾区"分论坛为素材，整理论坛嘉宾演讲及发言如下：

9.6.1 大湾区是命运共同体

粤港澳大湾区是一个多中心的缝合，如今，这里建设起来的已经不再只有港口、工业，还包括高端的服务功能。服务功能向湾区的不断集聚，形成大湾区城市之间多中心的融合，并把差异化的制度汇集在一小时生活圈里，类似于一个城市，使粤港澳大湾区成为一个命运共同体。

未来，湾区的连接打通之后，将为各等级的城市带来更多的发展机会，从而推动整个湾区城市进入共享时代。

9.6.1.1 产业发展动力将从"双动力"转向"五动力"

历史上，珠三角形成了协作互补的产业集群，金融以深圳和广州为主，批发零售业广州占主导，电子信息业以东岸为主，机械装备西岸最强。几年前，珠三角地区的劳动密集型产业就开始向外转移和转型，今天，技术密集型产业也开始向外转移和扩张，从而推动珠三角地区产业发展动力从"双动力"（劳动力和资本投入）向"五动力"转变（劳动力、资本、科技进步、教育创新和制度创新）。

9.6.1.2 投资格局将从吸引投资输入转向拓展投资输出

从2014年开始，中国"走出去"的资金开始超过"引进来"的资金，未来将会逐步形成沿海接单、多区加工、内外两个市场共同销售的新格局。如今，珠三角地区的企业已经开始跨国转移，有6%的企业进入东南亚地区，4%的企业进入非洲。湾区的企业通过全力以赴地占领新兴市场，正在走向全球市场，从这个意义上说，大湾区是当仁不让的海上丝路起点。

9.6.2 大湾区城市的优势与挑战

9.6.2.1 湾区领军城市：香港、澳门、深圳、广州、东莞的优势特征

目前，广东省和港、澳的经济关系竞争性逐渐加大。香港和深圳联系度强、竞争性强，广东省和港、澳也呈现出竞争加剧的趋势。但与此同时，湾区内的城市依然存在着很多互补性，合作在不

断加强，如广州与佛山的结合、大学与产业园的合作等。

香港是中国面向全球的门户城市，它的大学大多位于亚洲大学前列，信息自由流通，还拥有完善的金融、法律制度。

澳门地理位置和历史背景独特，拥有多元的共融文化，是湾区重要的旅游休闲中心，其旅游业持续高速增长。

深圳是粤港澳大湾区的创新中心，高科技产业全国领先，高科技产值全国第一。作为世界最大的手机制造基地，超过一半的手机是在深圳制造。

广州与珠三角城市联系较强，呈现出明显的门户城市特点。

东莞位于广州与深圳之间，正充分运用自身优势，大力发展高科技和文化创意产业，融入粤港澳大湾区发展。

9.6.2.2　湾区城市关系从"联合—分开—联合"转向"合作—竞争—合作"

粤港澳大湾区在经济创新能力、市场化、国际化方面都有很大优势，经济发展表现出良好的增长态势。它拥有强大的腹地和政府推动力度，生命力非常旺盛。但由于湾区"一国两制"、三个关税区的特点，港、澳与其他九大城市不仅法律规范、关税不同，人民币国际化政策、营商环境、人员税收和人员流动方式也不同，管理更是存在较大差异，这给粤港澳三地的服务业合作带来很多难题。同时，粤港澳大湾区既有工业化中期的城市，也有工业化后期和后工业化的城市，战线拉得很长。

粤港澳大湾区需要探索如何在这么大的制度和产业跨度中推进区域合作，并实现经济增长动力向科技创新领域转型，提升经济发展效率。以生态环境保护为例，珠三角已经成为东亚最大的巨型连绵城市区域，虽然$PM_{2.5}$在全国较低，但臭氧却高过其他地区，酸雨也已经是周边地区的3倍，二氧化氮、热岛效应的状况也都不容忽视。

9.6.3　大湾区合作的方向：关注多中心城市制度的厚度

粤港澳大湾区的合作应该是全方位的，需要关注"和平的赤字、发展的赤字、治理的赤字"，未来更需要着重研究产业创新合作、环境共同治理、社会体制创新和创新协同管理多个方面。

9.6.3.1　关注产业创新合作

根据目前的国家战略导向，粤港澳的合作需要完成共建世界级城市群、落实"一带一路"倡议、促进科技创新发展等重要任务。目前，粤港澳合作已进入以"科技创新+走出去"为主导的3.0时代，这也是未来产业结构调整最重要的一项任务。为应对这种新的变化，我们的产业园区也需要向第三代和第四代转型，并关注产业体系、空间形态、社会功能、环境观念等四个维度的提升。粤港澳的合作和未来的产业发展应该保持和充分发挥国际化、市场化和开放性的特征，学习伦敦等城市发展经验，推动文化创意产业与高科技产业的高度结合，最终构建一个创新的产业生态体系。

9.6.3.2 关注环境共同治理

湾区需要共同面对环境治理问题，应完善人为意外和重大事故的通报机制，通过了解世界经济发达地区的灾害防御能力，学习各城市防御灾害的经验，建立湾区城市面临灾害时的应对制度与措施。

9.6.3.3 关注社会体制创新

粤港澳大湾区的发展要走高科技路线，需要吸引顶尖人才，优质的生活环境与要素的自由流通是最为基础的条件。因此，大湾区的发展，如何让体制更加方便投资、人才资源等要素更加畅通流动，才是最重要的。

创新来自于多样性的包容和人才的自由流动，真正颠覆性的创新往往来自于差异的边缘和非主流，人才的自由流动则会极大促进多元创新的融合。粤港澳大湾区的多元创新禀赋是长三角和环渤海地区所不具备的，如果把上一轮协作中对交通、生态、产业的聚焦，转化为新一轮合作中对人的社保、就业、教育、医疗等方面的互联互通和共融，粤港澳大湾区的竞争力将不可限量。

由于泛珠地区与长江经济带高度重合，且珠江流域空间有限，国际腹地更成为粤港澳大湾区在"一带一路"倡议全球布局中独具的地缘价值，东盟、丝路沿线国家为大湾区提供了更为广阔的市场和庞大的人口，使得粤港澳大湾区更具参与联系国内外两大腹地的战略区位与体制创新优势。

9.6.3.4 关注创新协同管理

粤港澳大湾区应建立城市联盟，为多个领域的创新搭建平台，如，可在城市规划、经济发展等多个方面尝试"轮流坐庄"，让行政管理人员、专家学术团队、民间机构广泛参与进来，共同促进粤港澳大湾区规划与发展的统筹协调。

在粤港澳大湾区内部，适合采用矩阵式的协同治理方式，在重点区域、重点平台、重点专项领域交叉治理。除平台之外，这一轮空间规划提出了集合城市的概念，即打破不同城市间的行政区划界限，基于功能的相似性和经济的联系性构建的空间单元，相邻地区可能完全打破行政区划调整形成经济区，以轨道交通为支撑，构建以居住、就业、保障功能为主的相对独立单元和体现宜居的空间平台。

粤港澳大湾区的规划，应该以一体化为共识，不仅关注基础设施、城市功能、防御灾害等空间问题，追求经济发展和产业创新，还要关注制度创新和协同管理，最终实现进一步的开放包容、信息共享、环境共治、政策耦合、合作机制创新等，完成粤港澳大湾区国家战略所赋予的使命。

本文根据2017年第一届湾区规划论坛"开放创新与合作治理"分论坛整理而成，发言者包括：
张宇星　深圳市罗湖区政协副主席（原深圳市规划和国土资源委员会副总规划师）
马向明　广东省城乡规划设计研究院总工程师
沈　迟　国家发改委城市和小城镇中心副主任
曲　建　综合开发研究院副院长
梁焯辉　香港中文大学荣誉教授
赵丽霞　香港大学城市规划及设计系主任
区颂儿　澳门城市规划学会副理事长
彭高峰　广州市国土资源和规划委员会主任
王幼鹏　深圳市规划和国土资源委员会主任
黄宇东　东莞市城乡规划局党组书记、局长
李　迅　中国城市规划设计研究院副院长
方　煜　中国城市规划设计研究院深圳分院副院长（主持工作）
罗　彦　中国城市规划设计研究院深圳分院总规划师
文章整理者：石爱华，中规院深圳分院规划设计二所，主任工程师；罗丽霞，中规院深圳分院规划设计四所，研究员

9.7 大湾区：从南来北往的直线联系到各具特征的网络互通

本章节将以2017年湾区论坛中的"互联湾区"分论坛为素材，整理论坛嘉宾演讲及发言如下：

9.7.1 湾区关系的嬗变——从深港城市关系管中窥豹

粤港澳大湾区不同于其他知名湾区和城镇群，该区域内的城市实行"一国两制"，政治体制、思想文化和发展逻辑上虽然同源但却百花齐放。湾区城市间一直具有紧密的交流和联系，但在不同时期表现形式不同，其中，深港关系最为典型，其演变体现了湾区城市关系发展的缩影。

9.7.1.1 南来北往：分工共赢，角色分明

改革开放初期，内地城市以深圳为代表，经济发展和生活诉求迅速提升，适逢香港国际贸易风生水起、产业结构转型发展，在内外经济环境的推动下双方合作紧密，双城互惠、互利、互补发展。以"前店后厂"模式为代表的深港关系和两岸城市关系发展迅速，香港依托深水良港和国际平台形成国际贸易港、金融中心，深圳等内地城市发展"三来一补"贸易形式，以政策优势和人口红利快速带动经济发展。

9.7.1.2 东成西就：各有千秋，分担协作

2000年以来，珠三角经济发展快速追上香港，2015年以来，深圳、广州等城市GDP逐渐赶上香港。经济结构方面，通过腾退传统工业、拓展内外贸易、引进全球企业总部、发展创新经济，广深城市实现快速转型，以前海、南沙等为代表的创新型经济区域快速崛起，逐步分担香港在世界经济中的功能和角色。

9.7.1.3 区域互联：共性个性，合作交流

随着珠三角地区特大城市在经济上的全面追赶，港澳与珠三角城市的经济差距逐渐缩小。在文化和社会等各个领域，广深城市也逐步从师法港澳，发展到挖掘和塑造自身特色。从向香港学习"郊野公园""法定图则"，再到共建港珠澳大桥、"一地两检"的深圳湾口岸和西九龙车站，内地城市正在快速向港澳看齐。近年来快速发展的互联网经济、共享经济，则是内地城市在港澳经验之外另辟蹊径走出的创新发展模式。随着各个城市的发展和自身特色的确立，深港、广佛等传统的城市交流关系也逐步演变，形成了跨越多地、紧密交流的网络化城市联系，并成为粤港澳大湾区城市群关系的基础。

9.7.2　湾区关系变化的动力

粤港澳大湾区是"一国两制"、多种文化下的复杂城市群体，如何利用这两种不同体制和相应的文化、社会差异，使"2+9"城市群真正做到统筹发展？

大湾区的城市发展和交流基于三个基础：社会经济交流、交通基础条件、智慧城市和区域关系，而交流和互通的水平与方式又受到交通设施、智慧城市等方面的影响。这些基础既为湾区城市未来发展、合作指明了方向，同时也点出了过去30多年深港、湾区城市关系演变的原因，即以经济发展和市场需求为动力的两岸交流十分活跃，推动了两岸关系过去几十年的快速发展。

全球和中国经济发展影响香港、澳门和珠三角城市的关系。过去几十年，欧美、港澳和内地城市间在经济总量、人均经济水平、经济服务水平等方面存在显著差异，20世纪60年代香港的经济奇迹奠定了其亚洲四小龙的地位，20世纪80年代后内地沿海城市借助改革开放快速发展，港澳城市作为全球中转站，为世界各国与中国内地城市间搭建了经济和文化等多元的交流平台。

21世纪以来，这种差距逐渐缩小，欧盟、美国等西方主流经济体在世界经济中的作用逐步减弱，我国内地经济发展逐步达到世界先进水平。广深等城市经济也呈现出赶超港澳的趋势，城市经济结构从制造业转型到服务业，在全球总部设置、交通设施等多方面逐步追上港澳地区，香港的中间人作用减弱，湾区城市关系向网络化发展。

在新型湾区城市关系中，湾区城市的合作发展依然存在多种可能。首先是知识型经济的快速发展，带来更多的教育、人才、创新等合作共赢机会。其次是以信息通信技术、共享经济为代表的新经济模式，正在逐步改变湾区城市结构和城市关系。此外，以智慧交通、智慧经济、智慧环境、智慧政府和智慧医疗为代表的智慧城市将为区域发展带来巨大变革。依托智慧城市和新型经济的发展，将逐步形成无边界的湾区城市格局。

9.7.3　湾区合作的价值：多元特征下的文化插线板

城市的差异成就了湾区城市的交流与发展，在文化、生态、社会等诸多方面突显了各自的价值，从某种意义上来说，是"一国两制"和中西方文化的融合造成了这种差异，只有这样才使得湾区更有趣味。

湾区要构建对接多元文化的"插线板"，城市在保持个性的基础上寻找共同的文化、空间架构，搭建共赢的合作平台。

其中香港以其独特的东西方文化融合背景和开放包容的国际视野以及无限创意、专业的服务精神和优良环境，成为联系国际、国内社会最为活跃的枢纽和平台。澳门则是体现湾区差异化的经典城市，既有高人均GDP、博彩业发达等特征，同时也是一个有温度的熟人社会、一个小而美的舒适城市。肇庆位于珠三角边缘，经济总量不突出，却拥有丰富的历史文化和生态资源条件，这里不仅是宋徽宗早期封地、两广总督近200年驻地和利玛窦登陆地,还拥有珠三角最高的绿化率和最充裕的发展用地。佛山与广州联系紧密,拥有丰富的制造业基础,随着水陆各类交通设施的完善,与珠江东部和南部城市联系更加紧密,但同时也面临用地紧张、环境恶化等问题。中山拥有丰富的人文资源,且位于大湾区几何中心,有深中通道和水上交通的便利条件,与周边城市联系的轨道交通进展迅速。

市场需求是粤港澳大湾区跨城市、跨体制发展和交流的重要动力,例如:正是成本压力的流转促成了"前店后厂"城市关系的形成,导航地图的发展促进了交通信息大数据跨越行政边界,保税制度和电商发展打破了贸易壁垒,两岸公共项目共建促进了设施标准统一。湾区城市的发展,需要重视市场手段的作用,引导市场力量认可湾区共同发展的价值判断,而不是仅仅依靠双方政府的力量推动。

9.7.4　湾区合作的目标:特色湾区中的网络化城市

与世界其他湾区相比,粤港澳大湾区拥有更广阔的国际视野、更长远的历史文化、更独特的政治体制,更有条件成为东西文化融合及生态价值最高的一流湾区,其发展不应仅仅强调金融、科技、航运、经济、服务等方面,更要将文化、生态作为名片,以文化、历史为背景,以生态环境为骨干,以百姓福祉为目标,形成以人为本、可持续发展的湾区关系。

9.7.4.1　交通设施:湾区城市立体化发展网络逐步成型

湾区空港、高速公路网络发达,水运、轨道交通建设也在加快,城市之间的联系已经从"中心+腹地"模式走向"枢纽+网络"模式。传统的"中心+腹地"模式中,层级概念更加突出,核心城市向周边辐射、同级城市联系较弱,而在"枢纽+网络"模式中,规模再小的城市,都有机会参与区域交流与合作,但各节点的相互竞争将更加激烈,尤其是对于中小城市节点而言,需要坚持适度多元化、差异化、特色化的发展策略。这种转变也需要我们从关注城市腹地的大小转向关注城市网络的强弱。因此,高铁、航空等高效率的交通方式成为"枢纽+网络"模式下各城市竞相争夺的优势资源,高铁和机场紧密衔接组合而成的综合交通枢纽将极大强化城市在区域中的枢纽地位,支撑城市在网络中地位的提升。

此外,随着无人驾驶汽车、飞机的逐步兴起,我们在构建复合化、网络化的湾区交通设施的同时,需要考虑应对新交通方式的解决方案。

9.7.4.2　生态设施:湾区多元生态本底和不同生态发展理念

生态设施的发展也是体现两岸文化差异、促进湾区城市交流的重要方面。从深港双城对落马洲两岸地区的开发认识差异和谨慎态度,到内地城市引入香港郊野公园概念,再到澳门突破传统规划认识,在城区内发展垃圾焚烧和发电设施,两岸城市对于生态空间的理解和利用方式都存在诸多显著的差异。在湾区城市关系中,不仅对待城市建设、生态环境的理念、方式值得相互借鉴,各个城市在生态条件方面的差异也形成各自的优势资源,为未来城市发展、协作奠定了基础。

9.7.4.3 智慧城市构建:高科技领域的创新和应用

信息通信技术的快速发展和现代设施的不断完善,为大湾区的智慧互联创造了良好的基础。地图导航跨越行政边界、无线支付遍及港澳、线上医疗沟通多地科室……事实证明,在信息技术快速发展的今天,科技创新在不断突破区域边界和行政壁垒,智慧互联在技术层面条件日趋成熟。

目前的壁垒主要来源于体制,例如澳门法规出于保护个人隐私的严格规定,禁止采集私人信息,造成了大数据平台发展的壁垒;香港、内地由于受到英国、苏联两种制度的影响,在工程标准等方面存在诸多差异;金融方面,国内互联网金融快速发展和金融制度不断创新,而香港、澳门受限于相关法律法规,无法完全享受这些成果。在两岸增加通关口岸、交通方式的基础上,实时电子商务签证、商贸专用柜台和通道等方面也需要政策支持。如何利用技术创新手段整合资源、跨越行政边界和法律法规的鸿沟,构建湾区城市无缝衔接的交流平台,是湾区城市未来交流的重要议题。

本文根据2017年第一届湾区规划论坛"设施互通与交通互联"分论坛整理而成,发言者包括:
朱荣远　中国城市规划设计研究院副总规划师
叶嘉安　中国科学院院士 / 香港大学教授
赵鹏林　深圳市轨道交通协会会长 / 雄安新区特聘顾问
麦凯蔷　香港规划师学会前会长
刘伟棠　奥雅纳国际规划和工程顾问董事
杨　晶　澳门城市规划学会会员 / 澳门大学学者
周　霞　佛山市国土资源和城乡规划局党组书记 / 市轨道办主任
黄海波　中山市城乡规划局局长
陈军忠　肇庆市城乡规划局总工程师
戴继锋　中国城市规划设计研究院深圳分院副院长 / 中国城市规划设计研究院城市交通研究分院副院长

文章整理者:石爱华,中规院深圳分院规划设计二所,主任工程师;许丽娜,中规院粤港澳研究中心,研究员

第 10 章
第二届大湾区规划论坛收录（2018年）

10.1 粤港澳大湾区发展规划

10.1.1 对大湾区的基本认识

对粤港澳大湾区概念的准确理解，才能认识其历史使命。粤港澳大湾区概念的重点是："粤港澳"，它是"新时代背景下推动粤港澳合作的重要平台"。

对粤港澳大湾区国家战略的五点基本认识：

10.1.1.1 它是与京津冀协同发展、长江经济带发展并列的第三大区域发展战略

2018年的政府工作报告，第一次将之明确列入"区域协调发展战略"章节，与"京津冀协同发展""长江经济带"并列。在"一带一路"构建的对内对外总体开放格局下，"京津冀协同发展战略"重在疏解北京非首都功能；"长江经济带"重在生态优先、绿色发展，"共抓大保护，不搞大开发"；而粤港澳大湾区重在全面推进内地同港澳互利合作。未来中国的改革再出发，牵引带动中国参与世界经济体系，首要平台就是大湾区。大湾区的站位，应该等同于改革开放之初的经济特区。

10.1.1.2 它是代表中国最高开放水平的战略平台

这个地方发展平台集聚，包括2个自由贸易港、3个自贸试验区、2个特别行政区、2个经济特区、2个自主创新示范区、2个国家科创中心以及开放型经济新体制试点试验区等。大湾区拥有港澳两个自贸港的先天优势条件，下一步的重点是如何坚守一国之本，善用两制之利，形成制度合力。

10.1.1.3 它是代表着我国改革开放进入新时代的平台，是承担着改革再出发重任的首要平台

改革开放最早就是从大湾区开始，与港澳的合作模式，一定程度代表了国家对外开放的模式。国家对外开放经历了四个阶段：1.0是跨境加工贸易，代工与贴牌；2.0是传统服务业合作阶段；3.0是高端服务贸易合作阶段；4.0是现在，以制度创新为主要特征的阶段，突出表现为要素自由、标

准对接、资质互认、民生合作、治理协同等，是从制度对接上开展合作。大湾区内的制度创新，可以为广东实现更高质量的发展提供强有力的支撑。

对外开放阶段的划分及特征　　　　　　　　　　　　　　　　　　　　　　　　　　表 10-1

阶段	时间	平台或依托	特征
1.0	改革开放之初	经济特区、出口加工区等	跨境加工贸易为主要内容
2.0	2003 年后	CEPA 及其 10 个补充协议	货物贸易零关税、投资便利化等传统服务业为主要内容
3.0	2014 年 12 月后	广东自由贸易试验区	离岸贸易、跨境金融、互联网经济等高端服务业，以服务贸易自由化为主导
4.0	现今	粤港澳大湾区	要素自由、标准对接、资质互认、民生合作、治理协同等制度创新为特征

10.1.1.4　它是承担若干战略功能的综合性平台

首要功能是政治层面的规划，通过打造一个推动港澳深度融入祖国发展大局的平台，维护港澳长期繁荣稳定；其次是社会层面的规划，通过这个平台来解决若干制约湾区合作发展的内部问题，实现湾区可持续发展，推动社会整体进步；第三才是经济层面的规划，是为了培育形成一个世界级的经济平台，这既是湾区内部可持续发展的需要，也是应对急剧变化的国际环境所需。

10.1.1.5　它是新时代"一国两制"新实践的重要平台

"一国两制"经过二十年的实践，取得了一些成效，但也存在一些问题，并未达到预期效果。未来三十年需要创新思维，需要一些新的平台来进行新实践。一是要解决土地问题，通过飞地等政策，促进融合发展，吸引港澳居民到内地居住生活就业，打开港澳的物理空间和发展空间；二是要解决产业问题，通过产业链的融合，打破行政区域壁垒的限制，实现经济社会的深度融合；三是要提供可持续发展的平台，通过共建优质生活圈，有助于提升认同感，通过教育培训、建设湾区大学系统，集聚高水平的大学，提升科技创新能力，为大湾区可持续发展注入活力。

10.1.2　战略目标

粤港澳大湾区的首要战略目标是"一国两制"新实践，推动港澳融入祖国发展大局，形成正面示范。

社会上对粤港澳大湾区的战略意图有不同的解读，大多是从经济社会发展的角度来理解。实际上，大湾区的战略目标是综合性的，包括政治、社会、经济、文化等多角度。

中央、粤港澳三地以及内地各个城市，对大湾区的关注重点有所侧重。中央高度关注政治、社会层面的功能。粤港澳三方对区域经济整体、内部的辐射带动等更为重视。而内地九个地市对自身的竞争力如何提升，产业如何布局，在区域竞争中如何胜出寄于更多期待。

10.1.2.1 搭建一个促进港澳民间深度融合的平台，维持港澳长期繁荣稳定，深度解决港澳问题

党的十九大报告提出"要以大湾区建设等为重点，全面推进内地同港澳互利合作，制定完善便利港澳居民在内地发展的政策措施"。其中"居民"指的是自然人，而非企业，强调以居民为主体，制定完善便利居民的政策措施。"在内地发展"，发展包括生产与生活，所以是一个融合的概念。

10.1.2.2 成功实践"一国两制"以形成正面示范

"一国两制"的成功实践，会对后续问题，特别是台湾问题形成正面示范。推进祖国统一会有若干具体举措，而大湾区规划的成功实践将会是重要的配合。

10.1.2.3 支撑三大历史任务

党的十九大提出的"三大历史任务"分别是"推进现代化建设、完成祖国统一、维护世界和平与促进共同发展"。粤港澳大湾区这个平台的价值体现在：以全方面制度现代化推进国家现代化建设，借助港澳与国际对接的制度体系，探索新的包容性的现代化制度；探索祖国统一新形式，形成示范促进祖国统一；维护世界和平与促进共同发展，粤港澳大湾区本身就是共建共治共享的平台，是世界文明交流互鉴的高地，是"一带一路"的支撑区，粤港澳携手参与"一带一路"建设，将有助于沿线国家共同发展。

10.1.3 政策保障

实现大湾区的综合性历史使命，需要破解掣肘因素，主要围绕六项重点任务着手进行政策保障。

10.1.3.1 政策支持重点：紧紧围绕六项建设任务

具体包括"支持国际科技创新中心建设，支持基础设施互联互通，支持各地培育具有国际竞争力的现代产业体系，支持推进生态文明、绿色发展，支持建设宜业宜居宜游的优质生活圈，支持三地协作共同走出去"。

中央层面上，经过前期各部委的深入调研研究，相关"政策包"已经形成，拟"成熟一项推出一项"，正在陆续发布。如在支持国际科创中心建设方面，中央已经允许港澳研究机构申请中央财政科技支撑计划项目，允许财政资金过境港澳，国家发改委正在撰写《大湾区科技创新中心建设行动方案》；在支持基础设施互联互通方面，近期广东省正在编制大湾区城际轨道交通规划，西江调

水支援东江工程已经开工；在现代产业体系培育方面，正在研究中的"横琴国际旅游岛发展规划"，将支撑澳门世界旅游休闲中心的地位；优质生活圈方面，在打造教育和人文高地上，教育部正在调研将大湾区作为教育改革压力测试区的相关工作。

10.1.3.2 基础性政策：包括人流畅通、物流畅通、资金流畅通、信息流畅通、资质互认、标准对接、民生合作、税制改革八个方面

直接的目的包括两个方面，一是探索经济发展方式从行政区发展模式调整为功能区为主的经济发展模式；二是推动该区域从区域共同体向经济共同体迈进。除了基础性的政策，研究还提出一些战略构想，比如是否可以尝试在大湾区内部选择特定的区域打造一个平台，成为国家发展特区或者"一国两制"特别合作区，更加关注全面现代化，特别是制度的现代化，承担制度对接的功能，同时承担国家审慎监管区的功能。

对于地方政府而言，应该提高政治站位，谋划自身的发展与国家战略同频共振。具体路径上要与港澳紧密对接，支持港澳发展的同时解决自身问题。内地城市可以通过为港澳提供飞地的生活园区、产业园区等方式拓展港澳发展空间，港澳同时会配备医疗资源产业政策，这可以成为地方发展的重要抓手。

国家层面与区域层面未来的政策畅想汇总整理如表10-2所示。

国家层面与区域层面未来的政策畅想　　　　　　　　　　　　　　　　　　表10-2

拟由国家出台的政策	粤港澳三地可共同出台的政策
建立架构立体、参与多元的协调保障机制	完善省区层面的支持平台
打破市场壁垒推动要素有序流动	设立湾区日常工作机构
在湾区内地推行港澳居民国民待遇	借鉴港澳经验打造国际化营商环境
推动建立统一市场	完善减轻企业负担的体制机制
完善人才吸引机制	大湾区联合打造多种平台
保障大湾区改革创新的自主权	争取更多国际合作平台落户大湾区
支持重大合作平台发展	支持港澳青年人和中小微企业发展
支持行政区划管理模式创新	携手建立信用联动机制
建立合作资金保障机制	搭建粤港澳民间交流合作平台
	加大对科技研发活动支持力度

【作者：王福强，中国国际经济交流中心产业规划部，部长、研究员】

文章整理者：李福映，中规院深圳分院规划设计四所，主任工程师

10.2 深圳·雄安·大湾区：新时代高质量发展的规划启示

10.2.1 深圳速度：深圳特区发展的历程和启示

1979年，深圳由宝安县升级为市；1980年8月，第五届全国人大常委会第十五次会议批准国务院提出的《广东省经济特区条例》，成立深圳经济特区，并赋予其特区立法权和单行经济法规制定权。对比2016年与1980年的数据，深圳户籍人口增加了12倍，常住人口增加了36倍，GDP增加了7219倍，城区面积增加了308倍。

深圳的发展遵循了市场经济的发展规律，实现了从资本的积累到自主创新的产业迭代更新。深圳主要经历了四个发展阶段：1978～1986年，主要是"三来一补"促进贸易发展；1987～1997年，城市进入快速工业化的阶段；1998～2008年，高科技产业带动经济发展；2009年至今，金融自由化与移动互联网创业大潮发展。这个过程也充分展示了"深圳速度"，通过制度松绑、高度发展的市场经济，进入全球产业链，通过抓住信息技术产业实现弯道超车。

2002年，《深圳，你被谁抛弃？》在人民网强国论坛首发，引出了一场关于深圳命运的大讨论；2004年，深圳市委提出城市发展遭遇"四个难以为继"的困境；中国城市规划设计研究院在深圳市规划局的主持下编制了《深圳2030城市发展策略》，提出了可持续发展的全球先锋城市的愿景目标；随后2010年，中共深圳市第五次党代会提出"成为首个国家创新型城市"的目标，孕育了华为、大疆创新、华大基因、腾讯以及中信等一批国际领先的品牌和技术，深圳正在成为一个不断崛起的全球创新城市。

回顾深圳的发展，体现了充分的远见，其中最重要的两点是：一，通过带状组团的结构，使得深圳的空间结构富有弹性；二，适度超前的城市基础设施。深圳特有的基因就是敢为天下先、敢闯敢试的创新精神，从而使深圳成为全球最包容的城市之一以及创新精神的高地。

10.2.2 雄安质量：建设高质量发展的全国样板

中国特色社会主义已经进入新时代，我们要从高速度增长转向高质量发展，雄安新区是党中央提出的继深圳特区和浦东新区之后，具有全国意义的新区，是重大的历史性选择，是千年大计、国家大事。雄安规划的理念可以为大湾区建设给予一些启示。

雄安新区规划中坚持五大理念：

1. 坚持生态优先，绿色发展

第一，基本措施就是保持良好的开放空间，坚持生态优先，生态不再是城市发展的底线而是前提。山水林田湖草是生命共同体，耕地占新区总面积的18%左右，开发强度控制在30%。划定规划控制线，严守生态保护红线，严格保护永久基本农田，严控城镇开发边界和人口规模；第二，实现白洋淀的生态修复。白洋淀需要修复的面积为360平方公里，水质要逐步恢复到四类和三类；第三，加强生态环境建设，开展大规模的植树造林，塑造高品质城区生态环境，提升区域生态安全保障。

2. 坚持因地制宜，组团紧凑、避免蔓延式扩张

雄安新区基本的空间布局采用组团布局，形成"北城、中苑、南淀"。城市在白洋淀的北边；中苑建设公园、绿地；南淀，希望城市能望着淀但不要靠着淀，紧邻城市是一片大水面。

3. 坚持文化自信，保护弘扬中华优秀文化

雄安新区的规划首先强调城市设计贯穿城市规划全过程。一方城、两轴线、五组团、十景苑、百花田、千年林、万顷波。通过最初把城市设计贯穿城市规划过程，塑造中华风范、淀泊风光、创新风尚的城市风貌。

4. 坚持人本导向的规划理念

新区应该是回归生活的城市、是生活的家园，所以特别提到生活圈，规划中也强调了5分钟的幼儿圈、10分钟的老人圈、15分钟的社区生活圈，日常生活在生活圈内完成，基本不用机动车。

5. 坚持数字城市与现实城市同步规划建设

中规院和阿里合作，打造具有深度学习能力、全球领先的数字城市，成为未来智慧城市建设领域的标杆和中国样本。千年以后留给大家的是一种精神财富和哲学价值，它就应该是尊重自然、尊重规律、以人为本、天地人和、天人合一的价值理念、文化理念。

10.2.3　协同湾区：对大湾区协同发展的几点思考

《粤港澳大湾区发展规划纲要》提出要建设富有活力和国际竞争力的一流湾区和世界级城市群，打造高质量发展的典范。大湾区规划是人类命运共同体的重要组成部分，强调协调与合作、关注民生便利性、突出资源共享和优势互补。借鉴深圳的发展历程，借鉴雄安新区的规划理念，大湾区的协同发展要实现高质量发展应该有五个方面的考虑：生态、创新、文化、民生、制度。

10.2.3.1　生态是基础

我们必须看到粤港澳大湾区和世界一流湾区相比仍然存在的差距，我们的空气质量、臭氧污染、水体污染问题还相当突出。大湾区填海造陆的面积也在世界前列，海湾面积在萎缩。我们需要解答的问题是大湾区因海而生，从地区到湾区，从流域到海湾，背后是生态逻辑之变。生态是大湾区的核心价值，各城市相拥一湾，构成了一个难以割裂的生态共同体。

10.2.3.2 创新是动力

大湾区建设本身有很好的优势，是全球超级的供应链枢纽，有高效的创新转化力，但也存在巨大的挑战："中兴事件"折射出大湾区基础创新、核心技术缺失等问题。兼顾基础创新与应用创新，是大湾区实现产业链向创新链转变的关键。我们要思考解决的是如何加强科技资源的开放共享，深化产学研合作，从单一的城市创新走向湾区协同创新，打造科技创新的共同体，破解大湾区的弱"芯"之痛，使大湾区成为全球的创新研发高地。

10.2.3.3 文化是灵魂

大湾区自古有同宗同源的文化基底和族群凝聚力，文化基底和特征非常明显，是中华文化自信的展现，也拥有中西合璧的多元文化。千年岭南文化、侨乡文化、三百年的葡语系文化、海派文化、四十余年的改革开放、亚非文化、移民文化等共同塑造了大湾区最具多元、包容、开放特性的"鸡尾酒文化"新内涵。我们需要思考和解答的问题是如何彰显湾区的多元性、国际性、包容性，如何创造、塑造湾区文化新内涵，如何强化"我是湾区人"的文化认同和归属感的本源诉求。

10.2.3.4 民生是根本

大湾区往来是非常广泛的，我们还面临一些制度的障碍，仍然存在着阻碍人员自由流通的法律体系以及税负和通关的限制条件。也出现一些特别的景象，比如香港青年要北上，但又不来内地。所以我们需要思考如何建设优质的生活圈？最重要的是实现三地要素的自由流动与人才融通。要打破目前各种妨碍湾区协调发展的条条框框，逐渐形成人员、要素、资金、技术自由流动，各方有效沟通的体制机制。

10.2.3.5 制度是特色

1. 制度是大湾区最大的特色

粤港澳大湾区的特点在全世界独一无二：一个国家，两种制度，三个关税区。需要进一步思考如何将我们的特色和差异性转化为人无我有的制度优势。

2. 开放是大湾区的最大优势

香港是全球最自由的经济体，澳门是内地与葡语国家交流的桥梁，广州是中国历史上唯一没有关闭过的通商口岸，深圳是改革开放窗口。大湾区不是减少差异，而是求同存异、异中求和，发挥各自优势。发挥香港"超级联系人"角色和制度优势，特别是在金融领域、创新科技、专业服务方面。以三大自贸区作为深度合作的平台，推动自由贸易发展，通过制度合作建设自由贸易湾，通过更深入的合作，实现更广度的开放。

10.2.4　小结

10.2.4.1　大湾区：五个协同打造高质量发展的典范

大湾区能否成为"国际一流湾区"，不是看GDP总量，也不是看经济结构或三产比重，而是看发展质量。大湾区要实现打造高质量发展的典范，需要通过五个协同，强化发展质量，建设生态的湾区、创新的湾区、人文的湾区、宜居的湾区、全面开放的湾区，这也将是党中央提出的五大发展理念在粤港澳大湾区实现国际顶级湾区的重要实践。

10.2.4.2　从速度到质量协同：体现的是国家治理理念的跨越

通过深圳的历程、雄安的质量、湾区的协同发展，从高速度增长到高质量发展、协同发展，是国家治理体系和治理能力现代化的展现，新一轮的发展轮回展示着国家治理理念的升华：增长不等于发展，富裕不等于幸福，绿水青山就是金山银山。人类命运共同体是全世界的愿景，新的发展动力在于创新、人本、民生和制度设计，需要大家一起努力。

【作者：李迅，中国城市规划设计研究院，副院长】
文章整理者：白晶，中规院深圳分院规划设计四所，主任工程师

10.3 大湾区的独特性与空间规划展望

10.3.1 从"珠三角"到"大湾区"的地理要素称谓转变

对本区域的认知经历了自"粤江平原"到"珠三角"再到"大湾区"的转变，而这背后是对于该区域地理空间的关注点自内陆不断向海洋转变的思维演变。

10.3.1.1 自然：从海湾到三角洲的过程

从自然地理的角度剖析地区的发展历程，可见该地区是由自公元2年以来西江、北江、东江三条河流的不断淤积而成。因此，该地区历史上被统称为粤江平原，且直至1900年代，在自然地理学术届对其是否可称为"三角洲"看法尚不一致。1947年，吴尚时、曾昭璇发表了论文《珠江三角洲》，系统地建立起了珠三角学说。自此，以三水至广州一线为其北界，再往东南延至东莞石龙，面积6000多平方公里的"珠江三角洲"的地理概念逐渐受到大众认同。

10.3.1.2 经济活动：从三角洲平原到湾区的演变过程

这一理念也通过经济地理对城市及人类社会的关注得到认证。明清时期，该区域中广州、佛山和澳门等城市较发达；鸦片战争之后，广州—香港成为新的城市发展中轴；改革开放以来，以深圳为代表的城市崛起，积极参与全球化分工，加强了整个珠三角城市群的整体实力，并在2015年的世界银行调查报告中立身为东亚最大、世界第五大城市群。

对比于传统自然地理对"湾区"概念的理解，可见该区域更应从经济地理角度进行阐述：即随着人类活动的加强，特别是珠三角地理认同下对土地利用及相关城市群规划的前期工作，奠定了从平原内陆农业到湾区海洋经济活动的思维转变。一方面，因内陆的土地利用已经趋于饱和，迫切需要新的空间视角投向（包括港珠澳大桥等珠江口通道建设等）；另一方面，城市群内各个城市间需要更加紧密的空间探讨。而在这两大驱动力下，首先是学界在2009年的相关研究报告中提出珠江口湾区是三地值得关注的地区，随后三地规划届在2014年共同发布《环珠江口宜居湾区建设重点行动计划》，并最后形成政府及中央政府的影响力，2015年国务院发布《推动共建丝绸之路经济带和21世纪海上丝绸之路的愿景与行动》中明确提出"深化与港澳的合作，打造粤港澳大湾区"，并于十二届人大会议中提出湾区，引发了对于整个概念的热点讨论。

回顾该区域的地理认同，并对比于世界其他三大知名湾区的自然地理形态，可以总结粤港澳大湾区是经济地理概念的湾区，其中，"人类活动影响下的城镇群空间形态自内陆向珠江口聚集"及"'一国两制'国家政策"是地理认同演变的重要推动力。

10.3.2 区域地理理解基础上的区域空间规划发展历程解析

粤港澳大湾区区域空间规划回顾：可细分为广东省内的城市群规划（珠三角规划）及包括港澳的大珠三角城市群规划两种形态。

10.3.2.1 总体上，珠三角规划可归纳出"问题推动""政府主导"及"侧重点随着区域转型发展变化"三大特征

首先，广东省内城市群规划在统一的政策指导下，着重对当时的主要问题进行探讨解析，以提出切实的解决路径为核心目标，探讨城市群及空间模式主要策略；其次，虽珠三角经济区的设立是珠三角区域规划兴起的重要触媒，但对其历次的规划进行解读，发现无论是从规划的组织方式、决策过程，还是从规划编制的参与者和规划的实施者，珠三角的区域规划都是以政府为主导；最后，规划的侧重点随着区域转型发展变化而变化。具体表现为1994年和2004年版规划仍主要以为城市经济发展提供有效的区域基础设施网络和产业开发的场所为目标，而进入到2008年版，规划内容开始将内部发展的不平衡列为规划的重要议题。其中，2010年的绿道规划及2017年的"广深科技创新走廊规划"均显著体现了这一特征。

历版珠三角规划的时代背景与关注重点议题回顾　　　　表10-3

版次	规划名称	时代背景	面临问题	发展愿景	主要策略
1989年	珠三角城镇体系规划	1980～1990年代初，"改革开放"激活的珠三角工业经济化和中小城镇的迅速崛起			重点培育广佛、深圳、珠海等10个城镇群
1994年	珠三角经济区城镇群规划	1990年代中期，在特区和小城镇双动力驱动下的珠三角的内部竞争加剧，及因经济增长而产生的区域性环境污染、耕地流失等问题日益突显	土地失控，环境恶化；基础设施建设各自为政	建设现代化城市群	一个城市群，三大都市区，四种用地模式
2004年	珠三角城镇群协调发展规划	进入21世纪，中国发展过程中出现的区域竞争和珠三角内部的资源环境矛盾突显，产业发展与城镇宜居水平的矛盾加剧	市场腹地狭小；城乡混杂；建设质量不高	建设世界级制造业基地和充满生机活力的城镇群	密切泛珠和东南亚的联系；建立"脊梁"增强区域核心竞争力；实行区域政策分区
2008年	珠三角地区改革发展规划纲要	珠三角深层次矛盾凸显，劳动力短缺，出口退税下调、人民币升值等导致低成本竞争模式受阻；全球金融海啸导致出口导向模式遇障碍；土地资源短缺和土地政策收紧导致以地生财模式受阻，原有路径遇到前所未有的困难	原有模式难以为继；区域和城乡发展不平衡	与港澳共建具有国际竞争力的城市群	与港澳密切合作；建设自主创新高地；加强经济区一体化

10.3.2.2 对囊括港澳及相关制度考量下的大珠三角规划进行梳理，其突出特征为"愿景推动""有限规划"及"参与度广"

首先，目前大珠三角现有的两次规划（研究）均在明确的愿景前提下开展：《大珠江三角洲城镇群协调发展规划研究》（简称"06研究"）是基于对未来"共建世界上最繁荣、最具活力的经济中心之一"的愿景，《环珠江口宜居湾区建设重点行动计划》（简称"10计划"）是三地在环珠江口湾区的合作"共建优质生活圈"的共同愿景下开展。愿景发展也在某种程度上促进了当前粤港澳大湾区地理概念的认同，使其从最初的2000年9月香港科技大学校长吴家玮教授提出的"深港湾区"概念（小湾区），在中山大学郑天祥教授的认同下，通过将广州纳入湾区范围而使其提升为"环珠江口湾区"（中湾区），再在国家"一带一路"宏观愿景的推动下，发展成为当前包括了港、澳和珠三角经济区9市共11座城市的"大湾区"。其次，由于当前区域在制度框架层面的现实背景，"06研究"十分慎重而恰当地界定了研究的内容。这种限定在一定范围的"有限规划"模式，是在共同愿景之下对与三方关系密切的要素进行研究并提出建议。这既保证了关键事项能够有前瞻性的安排，又避免了对各自事物做出过细的介入。最后，借助港澳对于公众参与的重视，两次大珠三角空间规划均进行了广泛的行业意见听取和公众咨询活动。

10.3.3 粤港澳大湾区城市群空间规划展望

展望未来的空间区域规划，"制度张力""自然张力"及两者衍生出的"区域中心城市张力"将持续发挥作用。

"张力"（institutional dynamic）可理解为区域系统内部既相互吸引又相互排斥的内生推动力。首先，粤港澳大湾区城市群作为不同的政治经济体制下的集合体，"一国两制"下三地政治制度、法律体系和行政体系都有差异，且分属三个不同的关税区。不同制度主体间存在相互合作学习的吸引，但同时又因本质差别而存在一定排斥。此外，粤港澳大湾区城市群所处的自然地理空间是珠江与南海、海洋与内陆两种形态的博弈。对比于世界其他知名湾区，两种力量间的差异性和主导性互有伯仲，未来随着全球变化，区域城市对海平面上升和洪涝灾害的应对将变得更为复杂，也使得从自然地理而引发的人类活动与战略空间存在一定变数。最后，在"制度张力"及"自然张力"的基础上，可发现该地区的中心体系一直在变动：明清时期是穗主、澳副的双中心，改革开放后的20世纪末是港主、穗副的区域格局，目前逐步向深、港、穗、澳多极多中心的格局转换，这种中心体系不断变化的格局在整个世界范围内同属罕见。城市中心体系是一个区域发展的引擎，它对区域基础设施供给和区域治理都会产生深刻的影响。粤港澳大湾区多核心体系的张力（multi-center dynamic）是区域治理的第三个重要影响因素。

在三种张力的共同作用下，形成了粤港澳大湾区城市群发展的独特结构，使其在功能维度中表现为结构交叉的多功能复杂体，在空间维度中存在多样界面（海陆界面、制度界面、多中心、跨轴带），时间维度中表现为不同城市在不同时期的地位和作用演变。

这些特征也对整个粤港澳城市群的空间规划提出超高的要求，其区域治理与协同也将会比世界其他湾区更为复杂。一方面，涵盖粤港澳三地的区域空间规划，依然会展现出"愿景推动、有限规划"的特征；另一方面，随着粤港澳城市群走向湾区时代，越来越多的内容会纳入跨界协调的范畴，"有限规划"的范围将逐步扩大。在当前区域高快速交通建设的背景下，香港、深圳、广州和澳门四个核心城市之间的功能互动将极大提升，势必将更多的议题带入区域协同的范畴。结合"多核中心体系中区域关系将是高度复杂的多维多边关系"这一理论，粤港澳跨界事务的协调范畴也势必将由交通事务向生态环境和空间优化范畴扩展。

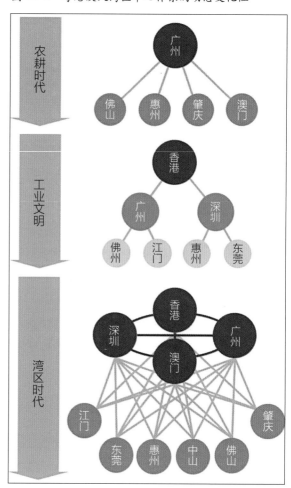

图 10-1　粤港澳大湾区中心体系的动态变化性

在此背景下，三地间共识的营造十分关键，只有当对未来的某种挑战与未来方向出现初步区域共识后，才会展开区域研究和有限目标的行动规划。因此，未来在湾区建立联合的常设机构将会是保障可能性及可行性的切实办法。对于湾区空间城市规划领域，可通过建立粤港澳大湾区城市协会，并由这个常设机构来组织智库对湾区发展面临的问题和挑战进行研究、讨论，逐步营造出对某些问题的区域共识，然后在大湾区城市群发展纲要的指导下，三地政府推动正式的区域研究或行动规划。目前湾区内广泛开展的"飞地模式"，已经在为区域共识的可能及未来合作协同的创新而探路，其中，在香港的制度边界外设立"香港城"，是香港青年介入内地创新的有效手段，也是珠三角增加对国际人才吸引力的重要举措，是当前创新时代的双赢合作。

图 10-2 跨城市及制度边界的区域合作及共识建设路径

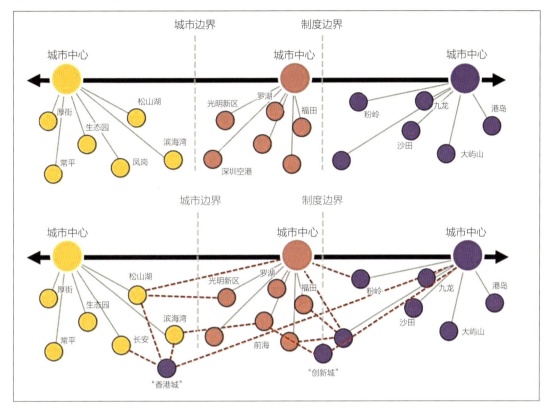

10.4 大湾区策略性合作的三项倡议

在2017年的大湾区论坛上,从社会论述、区域协作、城市融通三个角度论述了粤港澳大湾区城市群的规划建议,提出区域协作的两个重点与城市融通的三个方向。区域协作的第一个重点是粤港澳大湾区在"产、学、研"方面的优势互补与合作共赢,并拥有无限的空间与无穷的机遇;第二个重点是全面携手改善粤港澳大湾区城市的宜居质素,必须成为区域协作的重中之重。

从香港策略规划《香港2030+》的视角出发,城市融通的三个方向:方向一是西部经济走廊沿港珠澳大桥伸延,加强北大屿山双门廊及CBD3的辐射引力,连同深中通道等策略性跨珠江交通基建,促进珠江西岸的经济及民生发展,达致更均衡的区域发展格局。

方向二是东部知识及科技走廊经落马洲河套地区及莲塘/香园围口岸向北伸延,连接深圳及珠江东岸至广州的蓬勃高新产业带,促进大湾区的"产、学、研"优势互补,共同提升。

方向三是构建洪水桥新发展区与前海自贸区更便捷高效的交通联系,并以铁路连接莲塘/香园围港方口岸,为北部经济带注入更活跃的发展动力,形成大湾区新的产业及就业平台,促进港深融通,均衡香港职住空间分布。

讲者认为粤港澳大湾区城市群发展规划,是对大湾区内市民的承诺和责任,大湾区应全面深化区域协作,促进城市之间的融合与要素流通顺畅,提升大湾区的宜居素质、环境素质、产业素质。在本次大湾区论坛上,讲者延续其思路提出以下大湾区策略性合作的三项倡议。

10.4.1 第一项倡议:研究洪水桥新发展区与深圳前海自贸区的铁路联系

研究以铁路连接香港洪水桥新发展区与深圳前海自贸区,洪水桥站提供链接前海地下过境铁路站及铁路走线的用地,把洪水桥新发展区营造成为新界北商务核心区(CBD[N]),使香港的职住分布达至可持续的空间平衡。

目前,香港职位与居住人口的空间分布极不平衡,在非都会区(包含新界大部分地区)有40%多的人口持有居住证,而工作职位却只有20%,早上高峰时段,西铁线和东铁线轨道交通从北到南是满载甚至是超载的,而从南到北只有20%或30%,按照非都会区人口持续大幅度增长的趋势,香港职住空间分布不均衡的状况将持续恶化。

现在香港已经启动了新一轮市镇发展,主要发展项目位于新界北部,包括古洞北、粉岭北、洪水桥、元朗南和新界北新市镇。《香港2030+》的策略规划目标极为重视新发展区内的经济用地规划和工作职位创造,目的是迎接新的经济挑战与机遇,使香港的职住分布达致可持续的空间平衡,而大湾区的机遇和深圳经济发展的引力作用，对于香港实现职住分布空间平衡、改善城市宜居质素的策略规划目标非常重要。

香港北部经济带内有几个比较重要的发展项目，由东到西第一个是新界北新市镇的规划，位于莲塘/香园围口岸旁边，预算可以容纳21万个工作职位。

第二及第三个是粉岭北及古洞北新发展区，在后者的市中心将会新加一个轨道交通——古洞站，位于东铁落马洲支线的上水站和落马洲站之间，这个站将成为连接东铁线与西铁线的换乘站，形成古洞北新发展区非常优越的区位优势。古洞北新发展区内规划了两个非常重要的经济发展带——企业及科技园区和临近落马洲河套地区的R&D园区，共约可以容纳3.7万个职位。

第四个是落马洲河套港深合作区，能提供大概3万个工作职位。

第五个是再往西的元朗南新发展区，它位于元朗新市镇以南，规模相对较小，能容纳1万个工作职位。

第六个是洪水桥新发展区，它是整个北部经济带里非常重要的发展项目，约能容纳15万个工作岗位，就业岗位布置基本上是采用经济发展及就业走廊的发展概念，各类经济用地可渐次灵活转型演进，为应对未来经济用地的可能变化，提供最大的弹性和契机。

因此，建议洪水桥新发展区与前海自贸之间应该构建更紧密、更便捷的交通连接，将有助提升洪水桥在新界北部的整体区位优势，增强洪水桥新发展区的经济活力和创造职位的能力。洪水桥站外的区域广场可提供足够空间，容纳连接深圳前海的地下铁路站，成为港深两地另一个以铁路连接的过境口岸。如果该建议得以实现，洪水桥新发展区将成为新界北部的商务核心区，可称为CBD[N]，同时也将促进前海自贸区发展以及舒缓深圳湾口岸的交通负担。

香港的北部经济带包括新界北新市镇、落马洲河套区港深合作区和"四个新发展区"，以及6个现有和一个兴建中的过境通道，通过新市镇式的可持续规划和发展过程可以改造超过600公顷的用地，总的发展项目能容纳大概40万个职位。应该利用洪水桥片区的区位优势、交通优势以及经济用地规划总量和经济发展就业走廊提供的灵活性，营造洪水桥成为新界北部的商务核心区，从而带动整个北部经济带的发展，使香港整体的职住空间分布更为均衡，改善城市宜居质素。

10.4.2　第二项倡议：研究协调合作规划大湾区"宜居岸道"

以宜居大湾区为区域合作焦点，借鉴粤港两地营造郊游道、滨海廊道、绿道、古驿道的成功经验，大湾区内各滨海城市协调合作规划大湾区"宜居岸道"。以保育天然岸线、重塑生活岸线、改善岸线可达度为策略，达到把岸线还给市民的目标，使之成为提升大湾区知名度的新名片，借此提升大湾区整体宜居质素。

自古以来，珠江口湾区就有"淤沙造田"的历史，"南沙""万顷沙"等地方名称反映了自南宋以来持续不断利用珠江水系河流含沙进行积淤造地、淤沙造田的人为过程。自改革开放以来出现了大量的填海工程，将滨海岸线裁弯取直建设机场、港口、仓库、工业、道路、铁路等基础设施，岸线形态变得功能化、单一化，这使得居民到达滨海岸线并享用滨水空间的机会受到很大的限制。填海造地对于城市建设是必要的，但同时也会对环境、生态、水文、景观以及市民生活造成巨大影响，因此我们需要一个由区域层面出发的水体和岸线保育计划。

《香港2030+》建议东大屿都会填海1000公顷，《深圳市城市建设与土地利用"十三五"规划》也提出2006年至2020年有12处填海，总面积约28.2平方公里，包括大前海、大空港、海洋新城、滨海湾新区等；珠海市横琴区同样提出南部填海的规划，填海区的发展定位为"国际滨海旅游休闲中心、珠三角海洋经济创新发展区"。大湾区沿线每个城市都有填海造地工程。《广东省海洋主体功能区规划》中统计全省自然岸线保育率已不足37%，大量岸线被人工岸线取代，2002年以来全省累计填海面积超过81平方公里。这是相当严重的问题，已经受到国家有关部门及地方学者的关注，并提出相关倡议。这说明我们在城市发展的过程中，对自然岸线的保育重视程度不够，这应该被重新检视。

香港有麦理浩径（100公里）、港岛径（50公里）、凤凰径（70公里）等国际知名的郊游径，也有正在逐步营塑的维港两岸海滨长廊，珠江三角洲有绿道网超过1700公里、古驿道有11条共700公里。建议充分利用这些绿道、古驿道、海滨长廊的成功经验，促进大湾区内各滨海城市协调合作规划及设置"大湾区宜居岸道"，共同努力优先保育仍未受破坏的自然岸线，鼓励重塑生活岸线，改善岸线的易达程度，并作为城市慢行网络的组成部分向公众开放，使市民更好地享受亲水生活。使大湾区沿岸的高密度城市更加宜居，是大湾区城市规划师没有句号的责任。我相信景色怡人的"大湾区宜居岸道"必可成为新的大湾区国际名片，提升大湾区在世界的知名度，既能改善市民生活质量，也有利大湾区吸引人才，留住人才。

10.4.3 第三项倡议：研究迁移集装箱码头等大型设施到桂山岛一带的可行性

大湾区城市合作探讨远期区域发展策略，研究把集装箱码头、油库等大型设施搬迁到珠江口外桂山岛一带岛屿的可行性，统筹平衡海洋保育及远期发展的策略规划目标，集结大湾区内各城市优势，加强推进高科技物流发展，增强大湾区竞争力。

香港的葵涌货柜码头及青衣南油库区位于城市中部偏西的核心位置；珠江口沿线的蛇口港、蛇口油库、大铲湾、空港油库、南沙新港等集装箱码头和油库区域都占据着主要的海岸区。城市的持续发展必会对这些设施形成巨大的"推力"，应探讨如何更好地利用这些城市核心部分的土地。

我们可以借鉴新加坡的填海规划建设经验：新加坡将港口及物流作业由城市核心渐次西移，逐步先创造土地，再腾出土地，让城市有序扩张和发展，不失时机地为市民提供优质生活和就业机会。新加坡第一个集装箱码头位于市中心的边缘地带，随着城市发展的步伐，集装箱码头向西迁移到新填海区上，建成占地456公顷的巴西班让集装箱码头（pasir panjang terminal）。码头功能转移后，新加坡把原集装箱码头的土地规划和发展为城市中心的扩充部分。随着城市发展，集装箱码头会再次向西转移到现在仍在进行大规模填海的大士港（Tuas Terminal），巴西班让又会成为一个新的城市发展区，而新的大士港则会成为一个占地近1400公顷、设计吞吐量为每年6500万标箱的国际最高效先进的集装箱码头。

上海也有相似的经验：上海洋山深水港是在28米深的海洋中填海造地建成，修建了一座全长32.5公里的大桥与大陆相连，是目前世界最大的集装箱码头，设计吞吐量每年1500万标箱。以洋山港为主体的上海港，在2017年全球港口吞吐量排名榜中位列首位。

目前，全世界航运轮船越发大型化，对航道的通行条件和码头操作效率必会形成越来越高的要求。港珠澳大桥、青马大桥、昂船州大桥、深中通道等大型交通设施中的桥梁净空高度和隧道的水下深度，会不会对未来超大型集装箱货轮及油轮进入湾区造成制约，是我们需要考虑的策略性问题。桂山岛位于港珠澳大桥外海位置，在其北岛与南岛一带可能形成的填海造地面积，与东京港等世界级大型港口的面积相似。可以研究在桂山岛一带海域进行填海以迁移大湾区沿岸货运码头与油库设施的可行性，在这里建设大型的集装箱码头及油气等危险品储存设施，与港珠澳大桥之间建设一条15公里长的大桥相连接，使港珠澳大桥成为货运码头的主要运输通道，而以水下管道输送油气到大湾区内的城市。

这项策略性倡议需要考虑以下几方面：

第一是城市核心区土地利用的考虑。城市发展必然会对港口作业及仓库设施产生强大"推力"，腾出港口作业用地可舒缓城市发展用地压力，帮助解决现时大湾区滨海城市土地紧张的问题，也可改善城市居住环境。

第二是地理及交通考虑。桂山岛位于珠江三角洲外海区域中央偏东位置，在珠海市行政范围，东面水深15～25米，航道水深超过25米，西面属于浅水地带，较有利进行填海造地工程，岛的东面主要航道可不受影响，能够应付近年体积不断增加的集装箱船，成为有潜力的海港，减低重型货轮进入及靠泊在大湾区内海码头设施对市区的环境及交通影响。但利用港珠澳大桥接驳桂山岛集装箱码头设施，某些湾区城市距离较远，而对港、珠、澳三个城市的陆路交通影响较大，各相关城市在合作方面需要深入探讨。

第三是环境及生态考虑。搬迁集装箱码头能降低大型货轮对城市环境的干扰，港口作业设施迁离城市后，通过重新规划和设计，可把岸线转型成生活及康乐岸线，改善市民生活及环境质素，但不应忽视对现时桂山岛渔村的影响，需要作出研究及补救措施。桂山岛位于中华白海豚国家级自然保护区以南海面，离白海豚族群活动水域较远，但相关工程对白海豚族群栖息地带的环境及生态影响亦需做出仔细研究及评估。

第四是经济及运输物流发展考虑。该倡议将提升航运业的运作效率，促进大湾区各城市的协同合作。兴建新港口也有利引入创新科技，例如无人操作技术、智能集装箱码头等人工智能技术，使货运操作效率得以提升，并可利用海底管道输油气至各湾区滨海城市，提升油气储存安全度和油气输送效率。

第五是工程技术因素与法规政治因素考虑。需要深入研究外海填海及码头、油库建设及操作的技术可行性，避免对港珠澳大桥及航道产生不良影响，建立新的港口可引入最新科技，以协助行业提升效率，但当中会涉及不少投资、合作、竞争等复杂性因素。此外，需要深入研究在"一国两制""三个关税区"以及各个城市不同法律法规的复杂情况下城市之间的合作模式，这需要相关政府、营运者及持份者互相支持和配合。

在珠江口外桂山岛一带海域建设一个大型的集中式货运码头，是一个区域性远期策略规划的倡议，在当下并不存在迫切需求，但必须从策略规划高度确保不会让短期的、局部的和随意的发展决策，影响这项远期区域性策略基建的机遇及可能性。透过对这项倡议的思考和研究，可让大湾区城市共同探讨更高层次的区域发展合作的可能性。

我们身处一个大时代，1910年九广铁路通车，把香港与内地铁路网连通，2018年9月23日广深港高铁香港段通车，把香港与内地高铁系统连通，我们在一个更高的层次把历史重复。港珠澳大桥和莲塘/香园围口岸的开通运作，加上更多促进融合协作的措施出台，大湾区城市将连接成更紧密的命运共同体，给予规划同行更广阔的空间，祝愿大家共同努力，为大湾区营造更美好、更幸福的生活。

【作者：凌嘉勤，香港理工大学赛马会社会创新设计院总监、香港规划师学会原会长】

文章整理者：吴潇逸，中规院深圳分院照明中心，研究员

10.5 大湾区的机遇

10.5.1 前路是光明的,道路是崎岖的

粤港澳三地要协同发展,必须梳理整合现有制度,进一步融合与创新,为大湾区建设提供有力的保障。现在正值改革开放四十周年,是一个新的契机。推动大湾区的发展,要从国家层面先考量,具体的路一步步走,终将达到目标。

10.5.1.1 粤港澳大湾区概况

在全球四大湾区中,粤港澳大湾区有自己的条件,比较不同湾区发展的前提,其中一些要素可以作为启动湾区建设的关键。要推动人流物流,集装箱码头、机场数量非常关键,四大湾区代表产业以及智囊团和企业指标各有不同。粤港澳大湾区总体情况良好,500强的企业数据比较落后,这些是我们现在起步时期要先做好的。粤港澳大湾区具有可喜的发展势头,2017年广东省全省GDP达8.99万亿元,同比增长7.5%,预计粤港澳大湾区经济总量有望在未来几年超越美国纽约湾区,成为全球第二大湾区。同时粤港澳大湾区是"一带一路"重要组成部分、中国与葡语系国家的桥梁。

粤港澳大湾区与其他世界知名湾区基础数据对比　　　　　　　　　　　　　　　　　　　　　表10-4

湾区名称	面积(万平方公里)	人口(万)	GDP(万亿美元)	人均GDP(万美元/人)	第三产业比重(%)
粤港澳大湾区	5.6	6671	1.36	2.04	62.2
东京湾区	3.68	4347	1.8	4.14	82.3
旧金山湾区	1.79	715	0.8	11.19	82.8
纽约湾区	2.15	2340	1.4	5.98	89.4

粤港澳大湾区与其他世界知名湾区竞争数据对比[1]　　　　　　　　　　　　　　　　　　　表10-5

湾区名称	港口集装箱吞吐量(万TEU)	机场旅客吞吐量(亿人次)	代表产业	世界100强大学数量(所)	世界500强企业总部数量(个)
粤港澳大湾区	6520	1.75	金融、航运、电子、互联网	4	16
东京湾区	766	1.12	装备制造、钢铁、化工、物流	2	60
旧金山湾区	227	0.71	电子、互联网、生物	3	28
纽约湾区	465	1.3	金融、航运、计算机	2	22

10.5.1.2 粤港澳大湾区规划

粤港澳大湾区建设领导小组组长韩正副总理发言指出,"建设大湾区要重点把握四个维度、五个战略定位、坚持六项原则。"

(1)四个维度：推动高质量发展；深化改革，扩大开放；优化区域功能布局；丰富"一国两制"实践。

四个维度给了我们精准发力的策略。国家需要港澳找出自己的优势，同时支持港澳融入国家发展大局。

(2)五个战略定位：充满活力的世界城市群，国际科技创新中心，"一带一路"建设的重要支撑，内地和香港、澳门深度合作示范区，宜居、宜业、宜游的优质生活圈。

五个战略定位是我们新发展的理念，其中，澳门要思考如何解读"一带一路"建设的重要支撑这一定位。澳门有与葡萄牙相关的历史，使得葡语的使用在澳门较为普遍，而南美洲最大的国家巴西和非洲最大的几个国家使用的语言分属西班牙语系及葡语系，澳门要融入大局，应发展强项，在"一带一路"的语境下，在全球寻求发展机遇，推动国家总体发展。

(3)六项原则：创新驱动，规划引领；协调发展，统筹兼顾；绿色发展，保护生态；开放合作，互利共赢；共享发展，改善民生；一国两制，依法办事。

六项原则引导我们着眼长远方略。从政治、经济、民生、环境等因素寻求突破点，做好我们可为的事情。建设科技高地等目标，都需要有平衡的发展，六个原则缺一不可。

广东省省长马兴瑞讲道："粤港澳大湾区发展的目标就是建设国际一流的湾区和世界级城市群；与旧金山湾区、东京湾区和纽约湾区相比，粤港澳大湾区仍需改善科技创新整体实力及生态文明建设；解决人流、物流、资金流、信息流包括技术流的便捷有序流动和资源的合理配置；目标是突破束缚，致力同时发挥出'一国两制'下，粤港澳三个关税区、三种货币、三种法制的优势。"

其中有三个关键因素：科技、文化和金融。澳门在金融和科技方面处于初级阶段，但却有500年与全世界打交道的历史，在文化底蕴上具有特殊的地位。澳门有南欧的浪漫，香港有英国的严谨，中华文化是我们国家文化融合的好机会，所以粤港澳大湾区是充满机遇的。科技是有竞争的，但文化是包容的。澳门具有与台湾的良好合作关系，拥有发达的休闲娱乐产业，具有发展的机会与希望。

10.5.2 发展·创新·人才

10.5.2.1 从制度保障着手，推动制度继续创新

澳门政策研究和区域发展局已于2018年9月1日成立，由原政策研究室与特首办内地工作小组合并而成。粤港澳三地已成功建立"粤澳合作联席会议""粤港合作联席会议""港澳合作高层会

议"等合作机制。建议在现有合作平台基础上，三地各自成立全职的专责小组、部门，全面执行及落实规划。

在官方层面：在制度保障上，探索建立广东九市和两个特别行政区恒常化协调机制。由于大湾区涉及的法域不同，"一国两制"下有3个关税区，6个城市与其他三者有政策差异，三个自贸区中，法规亦有异。该怎样拉近差距形成优势互补？建议用创新的态度、谨慎的步伐，彼此充分研究，创造大湾区内最大程度上的法律扁平化。

在专业学会层面：针对大湾区内规划人才及规划学会、协会的进一步交流、互认以及企业合营等，研究专门的法律基础并出谋献策。

10.5.2.2 深化人才引进、人才管理制度，融合三地优秀人才

赴港澳政策：进一步简化大湾区9个城市的创新人才在两个特区交流互通的手续。允许为赴港澳参与创业项目路演和发展市场需要的创业团队、科研人员办理多次有效的交流签证。具体措施包括人才签注、创业签注、在校实习签注等，促进大湾区人才资源流动，为跨地域的项目及服务提供更多人才资源。

赴九市政策：已出台"凡符合条件的港澳台居民可申领居住证，并享有三项权利、六项基本公共服务、九方面的便利"。而目前澳门个税计算方式与其他城市不同，先免去60万然后再计算12%税率，故呼吁税务以原居地计算。

规划方面：建议设立粤港澳大湾区城市规划师的互动、互认机制。鉴于粤港澳三地的法律、规划制度等有差异，应建立大湾区城市规划师培训、交流机制，增进城市规划师了解其他城市法律及制度。设立粤港澳大湾区规划人才库，让规划人才能在粤港澳各规划学会及协会之间互借，有更多机会一展所长。

10.5.2.3 带动机制改革，融合三地官产学研力量发展

政府层次方面：实施官员挂职制度，兼顾各地官员的知识面、实践面、人事面；规划专业方面：加强粤港澳规划学会及协会进一步合作，如设立恒常信息互通机制、建议大湾区持续进修培训计划等；鼓励粤港澳企业以合作、合资形式经营，互补长短达致共赢。建议粤港澳三地成立科技发展引导资金，集结三地资源，整合杰出的科研力量；三地亦应构建更好的产学研合作机制，建立知识产权资讯交换机制和共享平台，协助科创项目打通产业化"最后一公里"。

国家科技部与发展改革委等部门在回复澳门地区全国人大代表建议时强调：进一步建设一批面向港澳创业人员的科技成果转化、科技企业孵化服务载体，鼓励共建高端科技创新基地、平台和科技成果转移转化机构；将支持粤港澳三地共建、共管、共享一批重大科技基础设施，及完善各类科技信息共享平台，纳入正在编制的支持粤港澳大湾区科技创新的政策文件中。

港澳深化人才培养机会，参考香港"香江学者计划"引入澳门青年学者计划。让国家较为尖端

的人才可以到澳门学习交流，也带动澳门本土的人才可以更有贡献。目前可以看到人才已经开始流动，并逐渐取得成果。

10.5.3 总结

市场新思维：大湾区内近7000万的人口都将是我们的"发展市场"，成为可善用的"杠杆支点"，助力大湾区的科技尤其是规划创业者踏上更高的台阶，使创新者有更大的发展空间。粤港澳大湾区应提供更多机遇让规划师及规划学会及协会互相交流学习，借人才培训、规划师资格互认、建立人才库等达致多赢局面。只要我们把握机遇，共同尝试，敢于创新创意，粤港澳大湾区定能助力大家成就伟业，迈向成功。

【作者：崔世平，澳门注册土木工程师、城市规划师】
文章整理者：邱凯付，中规院深圳分院规划研究中心，主任研究员

10.6 宜居湾区视角下的品质提升路径探讨

在第二届湾区规划论坛的"宜居分论坛"探讨中，诸位与会专家更加广泛地从自然本底、宜居理念的理解、宜居规划建设的长远可持续性等诸多角度进行了探讨，现以品质提升为目标分析整理会议内容如下：

10.6.1 宜居湾区的自然本底解析

2015年联合国举行的可持续发展高峰会确定了17个可持续发展目标，其中的两个目标是保育海洋和陆上环境。粤港澳大湾区因其地理天然要素，曾经具有鱼米之乡与生态环境等优势，且城市的周边还保留有较好的生态资源，可以从湿地和候鸟保护、中华白海豚保护、海洋和渔业保护、森林保护4个方面开展生态保育工作。大湾区河流湿地众多，生物多样性丰富，且位于候鸟迁徙路线上，具有开展湿地和候鸟保育的良好条件。此外，中华白海豚活动于珠三角到广东西部的海域，森林资源及物种数量均有良好的现状基础，这些均是粤港澳大湾区自然生态本底的优势。

此外，湾区的规划工作对自然生态环境有着一贯的重视并取得了一定的时效成果。2010年，粤港澳三地联合开展《环珠江口宜居湾区建设重点行动计划》，宜居湾区建设从"策略性规划协调研究"走向"面向实施的行动计划"。从指标来看，大湾区的地均GDP产出、民生服务设施数量、绿地率、人均公园绿地面积均有所上升，而灰霾天数、人均建设用地面积则不断下降。从行动来看，各市越发注重宜居环境的打造，把城市宜居作为体现城市竞争力的主要指标和内容，新区建设的标准普遍较高。这些举措均使得大湾区的宜居水平不断提升。

虽然宜居湾区建设已经取得一定效果，但不可否认的是，目前湾区各类控制线对生态格局的保护仍有欠缺。如：生态保护区有转变为生态孤岛的可能；海岸自然岸线占比低；原有规划多关注于中心城区，缺乏对外围大量的非中心城建设用地的管控等。生态空间是湾区建设的前提和基底，因此专家重点提出未来的解决之道在于借鉴港澳地区经验，通过法定程序优化大湾区的国土空间格局，加强对生态空间的资源管理和用途管制，进一步优化形成"绿屏蓝带、廊道链接"的区域生态格局。

10.6.2 宜居湾区规划建设中的宜居概念理解

目前学界对宜居概念的表述偏向于地区特征，而区域性宜居则关注人的需求。跨地生活的需求来自于地区的差异性和互补性，而实现这一需求则依赖于地区的连通性和可达性。且宜居城市的要素包括环境健康、城市安全、自然宜人、智慧发展、文化个性、社会和谐、生活方便、出行便捷等八个方面。其中城市安全是宜居城市的底线，并突出表现在土地空间资源层面。目前，湾区增量土地资源非常稀缺，各地普遍采用精准布局的方式，将资源投放在承载粤港澳合作的几个重要平台内，并在建设中注重基础设施的配套，加强各城市在交通、居住、就业、服务、信息等方面的协同以及大数据平台的互联互通，但仍存在大量的低效、低品质的建成空间，亟待改造升级。

在粤港澳大湾区的层面，区域性宜居让人们可以在一定范围内灵活、方便、自由地安排自己的居住、就业、创业、游憩、消费。目前跨地宜居的政策之门已经打开，需要进一步细化和落实。其中，需要针对大湾区目前面临的多方面城市问题，如：区域的整体环境质量有待改善、整体交通效率有待提升、居住及公共服务品质有待提高、区域创新能力亟待加强、经济和创业就业结构仍需继续优化。甚至包括社会老龄化问题日益严峻、城乡休闲游憩空间匮乏、"一国两制"的制度差异等问题，均需充分借鉴港澳旧城改造经验，采取微改造、拆除重建、或两种方式相结合的模式推进城市的基础设施建设。进而从生态环境、要素流通、文化空间、公共服务、交通运输、现代服务、科技创新、智慧城市等八个方面，缓解城市病，促进城市发展，塑造文化肌理，以实现构建宜居、高效、人文、民生、便捷、繁荣、创新、智慧的大湾区这一总体目标。

10.6.3　宜居湾区的重点关注与实施建设的可持续性

粤港澳大湾区前三十多年的发展，是以经济增长为导向的工业化，城市和区域的主要功能是促进经济增长和财富增长，所以宜业是城市和区域的核心主题。2000年，广州战略规划提出建设适宜创业发展和生活居住的城市，重新唤醒了人居意识和人本意识，标志着珠三角从工业时代向后工业时代转变，从宜业向宜居转变。时至今日，建设能够提供幸福生活的美好家园已经成为城市发展的共识。因此，我们需要完善的住房供应体系以保障最根本的居住需求，同时为满足高品质的优质生活，还需要良好的生态环境、建设环境以及便利的生活条件、多元的生活方式和包容的社会文化氛围。为了回应从住有所居到优质生活的诉求，在规划上需要提供从住房到营造地区品质等一系列的解决方案，并且特别需要区域的城市协作共同解决共同关心的宜居问题。

以澳门为例对宜居湾区中宜居要素，特别是宜居的可持续和长久性进行深入探讨。澳门是全球人口密度最高的地区之一，面临着交通拥堵、洪涝灾害、老龄化等城市问题，特别是老龄人口的增加，未来将带来社会福利和医疗保健方面的巨大压力。澳门作为一个小城市很难单独面对这些问题，必须和临近的地区一起合作，增加协同效应。澳门行政长官多次提出，期望澳门居民生活、养老、工作、创业、就学都能融入大湾区，获得更多的拓展空间。以区域协作的理念，利用粤港澳大湾区5.6万平方公里的土地，解决空间承载及品质提升的问题。这不仅仅是澳门更是粤港澳大湾区每个城市建设宜居湾区的可持续长久路径。

本文根据2018年第二届湾区规划论坛"宜居湾区与绿色生态"分论坛整理而成，发言者包括：

王　浩　广东省城乡规划设计研究院副院长
李立勋　广东省城市规划协会副理事长，中山大学教授
刘泓志　艾奕康亚太高级副总裁、大中华区战略与发展负责人
刘惠宁　环谱顾问公司保育及生态总监
王锦堂　澳门城市规划学会秘书长
谭纵波　清华大学建筑学院城市规划系副主任，教授
蔡　震　华夏幸福城市规划研究院院长、总规划师
许　虹　香港园境师学会会长
郑冠伟　澳门科学技术发展基金行政委员会委员
蓝小梅　澳门城市规划学会副理事长
王富海　深圳市蕾英城市规划设计咨询有限公司董事长
王朝晖　珠海市住房和城乡规划建设局局长
摆朝锋　惠州市住房和城乡规划建设局总规划师
林子瑛　江门市城乡规划局新会分局副局长

文章整理者：赵亮，中规院粤港澳研究中心，研究员；何舸、牛宇琛，中规院深圳分院城市基础设施研究中心，研究员

10.7 创新湾区的政策梳理、空间解读及案例分享

粤港澳大湾区具有公认的全产业供应链，且其中深圳等城市一直致力于打造世界级的创新城市，这些均是湾区面向未来发展的良好基础。纵观当前的世界发展竞争形势，创新已经成为粤港澳大湾区保障自身竞争力的重要因素。本章节将以第二届粤港澳大湾区论坛中"创新湾区"分论坛嘉宾发言为材料，紧密结合当前国家及地区面临的新局势下的政策梳理，以对空间应对进行解读为逻辑主线，并在最后分享与会专家对当前湾区政策及空间的思考与期望。

10.7.1 建设创新湾区的政策逻辑梳理

纵观世界历史，世界贸易格局演变经历了15世纪～20世纪初环大西洋，20世纪中～21世纪初环太平洋的历程，并已开始突显在21世纪后进入环印度洋贸易的世界潮流。而当前的"一带一路"倡议顺应了全球经贸格局从环大西洋到环太平洋逐渐向环印度洋变化的趋势，将会对粤港澳大湾区产生重要的影响，而湾区的价值也借助国家倡议的提出而赋予了世界范围的新含义。在贸易重心转换的过程中，中国构建起庞大制造业体系和先进制造企业集群，深度嵌入全球供应链体系，逐渐从廉价采购地转向全球供应链中心，从目的地走向新枢纽；扮演着链接环太平洋地区和环印度洋地区的两洋中枢、链接海洋和陆地的海陆中介、链接发达国家和发展中国家的南北枢纽的重要角色。

而与此同时，中美贸易战引发全球贸易新变局，中国是美国最大的贸易伙伴，也存在巨大的贸易差额，美国现将中国视为最大对手，未来国际贸易格局存在很大不确定性。新贸易格局下，大湾区内部成本持续上涨，供应链网络面临发达国家和东南亚发展中国家双重竞争；成本与市场再博弈，供应链网络存在转移的风险。同时，大湾区基础与前沿创新缺失，关键技术受制于人。以电子信息为代表的珠三角产业链，关键技术一旦被阻断，供应链面临崩溃的风险（中兴事件），难以维护供应链枢纽地位。

由此可见，国内国外的客观情形迫使粤港澳大湾区需要加强创新湾区的建设。未来中国需通过更广度的开放，才能面向庞大的新兴市场地区，并推动更深度的合作，构建更加完备的全球供应链枢纽。需进一步保障全球首席供应商地位，同时需聚焦重大科技资源开放共享，加强基础学科研究，深化产学研协作，以破解大湾区弱"芯"之痛。最后，面对粤港澳大湾区独特的城市属性和制度差异，需要尊重差异合作共赢，才能破解单一城市创新面临的困局。

10.7.2 粤港澳大湾区创新要素的空间解读

空间是创新要素落地的重要部分,在国家层面,空间领域对于创新的响应是建设国家自主创新示范区(国家自主创新示范区是以国家高新区为核心载体,推进自主创新和发展高新技术产业方面先行先试、探索经验、示范带动的区域);在广东省层面,为解决珠三角创新空间分散失焦的问题,应进一步发挥创新优势,打造广深科技创新走廊;在粤港澳层面,于2018年8月粤港澳大湾区领导小组会议上,明确提出将"国际科技创新中心"作为粤港澳大湾区战略定位之一。

而目前在粤港澳大湾区创新空间的建设中,有着连绵式(依托产业带集聚,形成连绵式发展的创新带)、飞地式(依托政策优势和轨道交通发展带来的调控发展机遇,形成飞地式政策性创新平台)等不同空间组织形态。可总结其形成了"一廊、四核、五中心、多节点"的创新网络:一廊:广深港澳科技创新走廊;四极核:广州、深圳、香港、澳门;五中心:前海、南沙、横琴、松山湖、禅南顺(三龙湾);多节点:广州科学城、深圳空港新城、东莞滨海湾新区、中山翠亨新区、珠海唐家湾新区等。此外,广州、深圳、东莞等各城市对自己的创新定位和认识非常深刻,广州科研院所创新成果丰硕,深圳是以企业创新为引擎的典型,东莞的创新转化能力强,澳门以专项创新为主,香港则有着丰富的科研资源,并强烈希望能够打破体制机制障碍融入内地发展。

此外,从大湾区高新技术企业的空间分布分析来看,广深高新技术企业集聚度较高,企业创新是大湾区不同于北京和上海的重要特点。区域内创新空间和产业空间紧密关联,创新要素有向产业空间趋近的趋势。在粤港澳大湾区范围内,产业带、服务带、科技带相互交叠,联系密切,交流频繁,为创新提供了充分的基础。由此可见,多核心的区域城市结构+多核心的支柱功能+城市群的区域产业集群差异化分工是粤港澳大湾区创新产业的空间特征。

10.7.3 粤港澳大湾区创新政策及空间建议

世界未来的竞争不是国家与国家、城市与城市,而是区域与区域之间的竞争,故此粤港未来的持续合作至为重要。在此基础上,需要梳理粤港之间的历史关系。可发现其有着纯市场自发合作,到由市场及政府配合推动的合作。并在具体内容中以香港轻工业带动,香港寻找订单及广东从事生产的"前店后厂"模式,到配合全球供应链发展,生产外包优势,达成以香港生产性服务业与广东省先进制造业合作为核心,并在科研教育、物流、旅游、环保、医疗卫生及居住等各领域的多方面合作。而未来,随着市场中心逐步转向亚洲,庞大的中国内销市场为国际品牌商带来机遇。未来,亚洲(特别是广东)不单是生产采购基地,而是有庞大潜力的销售市场,再配合"一带一路",粤港亦将更加走向国际化。粤港澳有着制造业、相对廉价的劳动力及土地资源的优势,较强的科技实力,极具活力的第三产业如物流、商贸、展览及各项专业服务等,最重要的货物集散的批发及物流中心,庞大的消费品及工业品的市场以及相对中国其他地区较高的市场化程度。其中,香港又有着掌握来自世界各地的客源及销售订单，拥有较为完善的支柱产业，市场运作成熟，管理水平较高。

创新需要使不同行为者（包括企业、实验室、科学机构与消费者）之间进行交流，并且在科学研究、工程实施、产品开发、生产制造和市场销售之间进行反馈。而在这一点上，香港自身的优势明显、澳门也在寻求自己的科研创新（中医药、芯片、微电子），但是这些创新如果能够得以保障，仍需要的是未来在整个区域内的政策保障、市场呼应，这样才能保障创新能够以可持续的方式进展。最终创新品牌及产品的打造应该是集合全湾区城市群的力量，并发挥其在世界潮流中的作用。

由此，可总结未来的创新空间发展建议为：粤港澳大湾区从湾区东岸穗莞深沿线的轴带式集聚创新空间，逐渐发展为内湾广深港澳创新走廊的网络化格局，各极核功能错位分工、协同创新。其中，对港澳有着特别的超级联系人角色：港澳企业熟悉国际科技潮流及技术标准，帮助内地科技成果商业化开拓海外市场、引进国际技术攻克关键技术难关、知识产权方面的专业服务、金融科技优势。同时，鼓励内地城市及港澳著名高校、研究机构合作，共建国际校区、研究院和创新创业示范基地等科教产"三位一体"综合体。但同时需要认识到的是：创新网络的构建，需要在进一步消除物理障碍的基础上，在轨道站点、环境较好、产业基础好的地区进行增量空间、空间品质提升、提升生态功能与环境品质，营造开放、活力社区，注重文化与艺术空间塑造。此外，需要满足人的全方位需求、突出功能混合与多样性，并将功能混合与复合开发相结合，从而形成舒适便捷的工作和生活圈。而在存量空间上，需要进一步将位于城区内部、文化底蕴深厚、周边环境良好地区也转化为城市转型发展的热点区域，这些地区将孕育小微创新，激发城市发展活力；城中村、旧厂房活化利用：置换成高品质、有特色的城市空间。以实现对存量房的活化并降低用地的成本，为孵育创新产业提供重要的基础平台与载体。

本文根据2018年第二届湾区规划论坛"开放创新与合作治理"分论坛整理而成。发言者包括：
李 郇　中山大学城市化研究院院长，中山大学教授
任庆昌　广东省城乡规划设计研究院规划一所所长
方 煜　中国城市规划设计研究院深圳分院院长
张家敏　利丰发展（中国）有限公司董事总经理
余成斌　澳门大学教授
顾朝林　清华大学建筑学院城市规划系教授
范钟铭　中国城市规划设计研究院深圳分院常务副院长
邹　兵　深圳市规划国土发展研究中心总规划师
李晓鹏　国研智库产业经济研究院院长
陈汉云　香港理工大学教授
韩子天　澳门科技大学教授
彭高峰　广州市国土资源和规划委员会主任
王幼鹏　深圳市规划和国土资源委员会主任
张汝春　东莞市城乡规划局副局长

文章整理者：赵亮，中规院粤港澳研究中心，研究员；刘阳，中规院深圳分院规划研究中心，研究员

10.8 互联湾区——效率、人本导向的"枢纽—网络"交通

2018年9月15日,第二届粤港澳大湾区论坛在深圳召开,圆桌论坛以互联湾区为主题,对湾区交通现状问题、未来发展进行了深入探讨,以下论文是根据各位嘉宾发言和观点进行整理而得出:

10.8.1 湾区交通:互联的现状与困境

10.8.1.1 湾区机场

粤港澳大湾区拥有五大机场,旅客量超过2亿人次,为全球第一,香港、广州和深圳机场发展势头良好。除香港机场外,其他机场国际化水平相对较低,中转比例不高,航线和航点数量与国际上著名机场相比还有巨大差距。珠三角在全世界来说都是相当复杂的管制区,因此,湾区机场地域之争主要是受空域限制导致机场提升非常有限。目前正在扩容,包括规划建设珠三角新干线机场和广州第二机场,升级惠州机场,搬迁佛山机场等,目标是构建层次分明、分工明确、满足多样化航空需求的机场群体系。

10.8.1.2 湾区航运

目前香港、深圳、广州三大港集装箱排名前十,单个港口发展以及吞吐总量在各湾区都排名第一。但航运业发展最重要的是带动航运经济,而不是运输量。香港和其他港口尤其是内地几个港口之间同质化竞争严重,港口航线、货源地重叠,80%货物都来自泛珠三角。发展航运中心涉及船舶制造业,航运经济还有海事仲裁、海事法律、教育等产业,目前也处于无序状态,在功能上需要整合。

10.8.1.3 湾区铁路

目前形成五大通道,运量和运输效果是全国其他通道的1.6倍,但现有通道能力不足,标准不统一,存在结构性问题,到北京要八小时,到贵阳五小时,到南宁三小时,到茂名三小时。另外,枢纽布置和线路走向争议较大,每个城市都在独立争取。湾区对外通道有限,需要统一对外,实现线路共享,比如从北部进入的通道,是不是一定要先到深圳,还是直接到广州就可以。目前对广湛、广河、广永等通道与线路已经调整优化,希望建立辐射全国、四通八达的国家铁路网,便捷高效地到达相邻的城市群核心,为湾区各个城市尽可能提供最大的发展机会。

10.8.1.4 湾区城际

现状运营线路280公里,在建项目300多公里。湾区城际轨道独立运营,占比非常低,无法与

东京湾相比。现有城际对走廊设置与功能定位缺乏考虑，未能兼顾对各个城市的融合，城际发展得越快，带来的问题越多。另外，城际与机场等重大客运枢纽衔接不足，未能考虑各市中心通勤等交通。目前正在对以上问题进行调整优化，包括提出三网融合与直联直通模式，使铁路运输网发挥最大效用。

10.8.1.5　湾区高速公路

整个路网密度已经达到国际领先水平，在各湾区里走得比较快。但由于建设不同步等问题，经常出现断头路。虽然港珠澳大桥已经通车，但过江通道仍严重缺乏，影响东西两岸的融合。目前，规划协调已经迈出重要一步，未来需要设立区域协调机构，总体把控湾区发展目标，协调各城市利益，推进同步建设，实现网络资源利用效益最大化。

10.8.1.6　湾区跨湾通道

包括港珠澳大桥、广深港高铁和莲塘/香园围口岸。港珠澳大桥是世界上最长、湾区首次合作的大型基本建设项目，把中山、珠海等西部与香港连接。广深港高铁开通后，广州到香港从三四个小时缩短到47分钟，香港到深圳从一个小时左右缩短到14分钟。莲塘/香园围口岸，使物流通关检查方面效率大大提高。

10.8.2　深圳实践：轨道的发展与瓶颈

深圳地铁乘客已突破550万人，但地铁的大量建设并没有解决城市的交通压力，仍然有上万人的社区无法覆盖，大量主干的、直线型的地方，公共交通覆盖比较好，但在支线层面上，公共交通仍然无法有效解决。这么多年，深圳开小汽车的人仍然开小汽车，并没有因为便宜或覆盖面提高而转到地铁和公交。

全国地铁能上到过两万人次的不多，北上广深有超过两万人次，其他平均不到一万，但由于对财务风险判断不足，深圳投入产出效果并不明显，与中长期规划预期相差较大。而且现有的投资体系是按照城市行政区划来决定，与功能划分不同。比如，投资铁路或者枢纽往往会碰到综合体，大家怎么出钱，与大家在这里盈亏多少密切相关。

与京津冀等地区规划相比，珠三角还需要增加很多的城际网，深圳在规划轨道网时，已经向惠州、东莞延伸，但如何定义城际铁路，如何在大湾区范围内确定轨道规模和功能，可能和传统的城际铁路概念不一样。城际主要受益者是两个城市之间的市民，作息时间、票价、服务水平应由两个城市决定，而不是相隔很远的其他城市决定。

要更好地发挥轨道交通的作用，需要建立多层次的公交系统，突出大中小运量匹配和覆盖面问题。比如骑自行车，虽然有些区域有专门的自行车线路，但是经常跟公交线路和其他车相互交织，需要过天桥和穿地道，非常危险。

10.8.3 以人为本：制度突破与多元连接

10.8.3.1 突破制度约束促进人员流动

要促动互联湾区的发展，必须解决制度对要素跨区域流动的制约。中央提出港澳在内地工作超过138天，可以申请内地身份证，这是一个便民利民的政策，但首先是要解决港澳与内地税收差异的问题，才能促进通勤和劳动力配置的优化。面对严重的老龄化趋势以及高企的生活成本，香港很多退休公务员、老师等，希望考虑到珠三角其他城市生活，但需要首先解决港澳与内地医疗服务等福利政策差异的问题。

10.8.3.2 构建数字湾区，实现信息的无缝连接

打破部门之间的壁垒，完善大湾区信息数据库，建立数字湾区，如在河套等跨境地区划定共管区，这个地区大陆人刷身份证可以进去，跟香港无缝对接，以信息化手段促进管理方式的升级。

10.8.3.3 多元交通方式的支撑

可考虑设置350公里或400公里速度的环湾高铁，最快一个小时，最多两个小时可联系湾区核心七个城市，环湾高铁直接与城市地铁相连，与深圳福田高铁站一样，突破传统的城际轨道概念，实现效率的最大化。

交通的互联应该包括海陆空。水运方面，可以充分利用粤港澳大湾区丰富的水资源，借鉴香港经验，开通水上巴士，完善水运交通方式。航空方面，除了高空资源，还要充分利用低空资源，比如直升机、水上飞机。

10.8.4 寻求共识：从互联走向互融

10.8.4.1 寻求共同的准则与认识

大湾区是一个整体概念，"2+9"城市需要从价值观、利益均衡等角度建立一套整体基准，并转化为各种行为准则，达成共识。在湾区共识下，统筹机场、港口、高铁站等重大交通设施，构建"枢纽—网络"组织方式，并以统一的规范与标准进行规划建设。

10.8.4.2 构建互联的协调机制

中央政府已经成立了领导小组，但地方政府和中央政府考虑的层面不一样，地方都希望高铁进入自己的城市，都想成为一个枢纽。因此，涉及具体的实施决策，还需要在粤港澳三地政府层面建立协调机制，让资源在各城市间更好地布局和发挥作用。

10.8.4.3 从互联走向互融

湾区关系以不同的制度、文明、城市和共同湾区的形式体现了新的结构性,成为人类命运共同体,并从传统的城市群之间简单的物理相邻关系,转向一种新的社会学、政治学上的共同关系,对于服务提供的方式,也需要从单个城市的公共服务转向区域共同服务或共享服务,这就需要湾区建立一种新的区域政治社会的契约或者协议关系。

对于交通的考虑,粤港澳大湾区也需要从一体化阶段的互联走向命运共同体阶段的互融。港口方面,与全球其他湾区相比,虽然吞吐量非常大,但物流链条上属于低端,附加值不高。深圳或广州集装箱运输,完全可以把港口放在其他地方,腾出空间做港航服务,通过港口转型实现湾区合理分工,推动核心城市中心资源重组。机场方面,客运方面形成三大机场,香港优势非常明显,要充分考虑广州和深圳做国际枢纽货物的优势还需不需要发挥,其部分机场职能是否需要疏解到第二机场或新干线机场。枢纽方面,交通过去更多的是为生产服务,现在更多的是以生活服务为核心,枢纽包括互联互通、直联直通的方式都会发生变化,珠三角可能不是一个枢纽,而是一个枢纽群。

本文根据2018年第二届湾区规划论坛"设施互通与交通互联"分论坛整理而成,发言者包括:

戴继锋　中国城市规划设计研究院深圳分院副院长
赵鹏林　深圳轨道交通协会会长,雄安新区特聘顾问
景国胜　广州市交通规划研究院院长
袁美仪　香港物流协会会长
陈振光　澳门城市规划学会副监事长、香港大学副教授
古博诚　香港物流协会会员事务委员会主席
李启荣　香港特别行政区规划署署长
张宇星　罗湖区政协副主席、深圳市规划学会常务理事
林　涛　深圳市城市交通规划研究中心副主任
何立基　香港物流管理人员协会会长
区颂儿　澳门城市规划学会副理事长
罗　彦　中国城市规划设计研究院深圳分院总规划师
刘　宏　佛山市国土资源和城乡规划局总规划师
黄海波　中山市城乡规划局局长
黄　勇　肇庆市城乡规划局局长
文章整理者:石爱华,中规院深圳分院规划设计二所,主任工程师;张浩宏,中规院深圳分院市政交通规划所,研究员

后记
Postscript

作为我国改革开放的先行者，广东省珠三角城市群经历了从小珠三角到大珠三角乃至泛珠三角的长足发展，更是孕育了深圳这样的代表性且具有世界影响力的城市。而历经四十年发展，当前世界政治形势早已与过去截然不同，我国自身的经济发展也进入新阶段，这些均迫使我们在新时代中探寻未来发展的新思路与新路径，且特别需要从单纯经济发展向全面发展的转型，以充实的区域竞争力和国际影响力，参与及应对未来全球发展中的机遇与挑战。

国家基于"一带一路"倡议所提出的粤港澳大湾区国家战略，正是瞄准这片过去四十年快速城镇化、优化基础设施建设、培育高新技术产业及竞争力的土地。国家重视这片区域，不仅仅是因为它是目前国家生境本底最优异、人口基数最大、体制文化最为多元、发展前景最具优势的世界湾区，更是因为它最具中国特色代表性，是目前最有潜力面对未来世界挑战并寻找到问题解决潜在路径的价值所在。

本书是在2017年、2018年两届粤港澳观察蓝皮书会议材料的基础上，收录第一届（2017）、第二届（2018）大湾区规划论坛会议成果及"城PLUS"的相关微信文章，形成本书内容。本书主编为范钟铭、方煜，执行主编为赵迎雪，具体负责组织协调全书的研究思路、工作框架与编写内容，其中，石爱华、赵亮负责全书文字统筹，王婳、许丽娜负责微信稿编辑及图纸统筹，具体各章节参编人员如下：

第一部分湾区综述中，第一章：三大判断部分由樊德良完成；三大背景、四大价值和五大维度部分由石爱华及邱凯付完成。第二章：生态湾区部分由何舸和牛宇琛完成；创新湾区部分由李福映完成；互联湾区部分由戴继锋统筹，李春海、陈斌、李鑫、赵连彦和蔡燕飞完成；文化湾区部分由白晶完成；协同湾区部分由赵亮完成。第二部分湾区观点由王婳和许丽娜统筹，石爱华和赵亮参与编辑，各作者独立完成并已在篇头标注，在此不一一罗列。第三部分湾区论坛由王婳和许丽娜统筹，石爱华与赵亮参与编辑，各作者独立完成并已在篇头标注，在此不一一罗列，其中，特别感谢粤港澳观察蓝皮书（2017年）会议材料组织者及佳，2017年湾区论坛中邱凯付、黄斐玫、胡恩鹏、傅一程、肖瑞琴、王旭、罗丽霞和许丽娜，以及2018年湾区论坛中李福映、白晶、赵亮、吴潇逸、邱凯付、刘阳、何舸、牛宇琛和张浩宏负责文字整理工作。

感谢参与相关研究和指导工作的其他同事，包括朱荣远、王泽坚、罗彦等各位编委在本书的编写过程中提出的宝贵意见与建议；感谢邹鹏、罗仁泽、杨梅、占思思等同事对本书内容的支持；感谢王瑛、罗丽娜等同事对本书出版工作的支持；感谢总院陈明博士、苏心等对本书出版的热心指导；感谢本书中作为案例分析的中国城市规划设计研究院深圳分院各项目团队的辛苦劳动。

本书也参考了国内外一些新的研究成果，在此不一一列出，谨向他们一并表示诚挚谢意。欢迎对粤港澳大湾区规划学术研究感兴趣的朋友和我们交流。

祝愿中国城市规划设计研究院粤港澳研究中心和中国城市规划设计研究院深圳分院明天发展更好！

2019年12月于深圳富春东方大厦